TEOLOGÍA DEL PENTATEUCO

UN ESTUDIO INDUCTIVO DE LA TEOLOGÍA BÍBLICA

Manual del Alumno

TEOLOGÍA DEL PENTATEUCO

UN ESTUDIO INDUCTIVO DE LA TEOLOGÍA BÍBLICA

Manual del Alumno

Jonathan Latham

Teología Bíblica del Pentateuco:
Un Estudio Inductivo de la Teología Bíblica

Autor: Jonathan Latham

Traducción: Elisabeth Piqueras Torrente
Diseño: Juan Durán Ramírez
Portada: Russell Raymer

ISBN: 978-0-9845063-2-3

Impreso en los Estados Unidos de América
Printed in the United States of America

DEDICATORIA

A mis padres.

Asistí a una escuela cristiana muy conservadora. Teníamos prohibido ir al cine, bailar, fumar, tatuarnos, y tomar. En una junta, un hermano propuso exigirles lo mismo a los diáconos. Le parecía hipócrita pedir eso a los jóvenes de quince años, cuando los líderes de la iglesia no les ponían el ejemplo. Sorprendentemente, hubo un buen porcentaje de diáconos en contra. "Tenemos la madurez para hacer esas cosas con cuidado", argumentaban. Sarcásticamente, uno de ellos preguntó: "¿Quién nunca en su vida ha ido al cine? ¡Que se ponga de pie!". Mi padre se puso de pie.

Ese es mi papá. Acaba de cumplir 51 años de matrimonio con mi madre. Ella me comentó que, en todos estos años, quizá solo 5 días mi padre no ha leído su Biblia. Le doy gracias a Dios por un padre así. Conservador. Sólido. Ejemplar. ¿Rígido? Tal vez un poquito.

Mis padres tuvieron un jardín de verduras durante mi juventud. Muchas veces mi mamá salía al jardín por la tarde para ver qué íbamos a cenar. Mi padre cobraba bastante bien. Pero mis padres eran modestos. No gastaban todo el dinero. Siempre querían dar a la obra de Dios. De hecho, fueron misioneros por un tiempo en África. Y, cuando regresaron a los Estados Unidos, tenían 2 hijos, 8 maletas, 16 dólares y ya. Por años, dormí en un colchón que rescataron de la basura. Esos son mis padres.

A mis suegros.

Mi suegro tiene un doctorado en química e hizo estudios posdoctorales en Cambridge, Inglaterra. Iba a ser pianista profesional, pero la química le gustó más. Hace poco dejó de correr por su edad. Pero, cuando tenía setenta años, todavía era más veloz que yo. Corría a diario, siempre con una hoja impresa de textos bíblicos. Estaba memorizando y meditando en la Palabra. Él tampoco falla en su tiempo devocional. Ese es mi suegro.

¿Mi suegra? Un hermoso ángel. En su infancia contrajo poliomielitis. Nunca caminó bien. Los últimos 15 años de su vida ha estado en silla de ruedas. Pero nada la detiene. Sirve a Dios allí sentada. No la amo solo por ser madre de mi esposa. Tampoco porque me compró Bibleworks cuando costaba 700 dólares. Ni porque pagó mi viaje a Israel. La amo porque es una mujer fiel al Señor. Junto con mi esposa, fue la editora principal de este libro. Si un solo párrafo tiene sentido, es gracias a ellas.

ÍNDICE

9

11

1

INTRODUCCIÓN AL ESTUDIO DE LA BIBLIA TEOLOGÍA BÍBLICA Y EL PENTATEUCO

Dios se ha revelado a sí mismo principalmente a través de un libro. La Biblia es la fuente principal para conocer a Dios y descubrir cómo tener una relación con Él.[1] En ella encontramos las respuestas a las preguntas más profundas de nuestra existencia: ¿Quién soy? ¿De dónde vengo? ¿Por qué existo? Es posible decir que nuestra relación con la Biblia es nuestra relación con Dios. Si queremos una relación íntima con Dios, debemos tener una relación significativa con su palabra. Confianza y seguridad en nuestra vida espiritual son el resultado de una interacción profunda y personal con la Biblia.

El propósito de este manual es ayudarte como cristiano en tu estudio del Pentateuco (los cinco primeros libros del Antiguo Testamento). Puedes usar el estudio solo o en un grupo. Aunque el manual puede ser usado por personas que dudan de la veracidad de la Biblia, en general supone que el lector ama a Dios y quiere conocerlo mejor a través de su palabra. La meta es ayudarte a tomar cada historia y conectarla a la gran historia de la Biblia – cómo Dios rescata y restaura la humanidad y la creación a través de su hijo Jesús – observando los patrones del trabajo de Dios en el Pentateuco. En el primer capítulo encontrarás una introducción al estudio de la Biblia, la teología bíblica y el Pentateuco. Los capítulos posteriores trazan la historia de la Biblia a través del Pentateuco.

INTRODUCCIÓN AL ESTUDIO DE LA BIBLIA

En esta sección quiero animarte a continuar tu estudio personal de la Biblia a pesar de los diversos retos que puedas enfrentar. Compararemos los métodos de estudio bíblico deductivo e inductivo; recomendaré el método inductivo por las ventajas que ofrece. La sección concluye con la orientación fundamental que necesitarás para tu estudio inductivo de la Biblia.

El Estudio de la Biblia es Posible

Antes de empezar a estudiar, debes estar convencido de que puedes entender la Biblia. Respondiendo a siglos de control eclesiástico por Roma, los Reformadores como Lutero[2] enfatizan el sacerdocio del creyente, la doctrina de que cada creyente puede leer e interpretar la Biblia por sí mismo. La Iglesia Católica había limitado

---

1 Otras fuentes incluyen la revelación general, conciencia, historia y el testimonio de creyentes.
2 Lutero cita 1 Pedro 2:9 y Apocalipsis 1:10.

este privilegio a unos pocos profesionales. Los Reformadores citaron pasajes como 1 Pedro 2:5, que describe a los creyentes universalmente como "sacerdocio santo".[3] Ellos enfatizaron 1 Timoteo 2:5, que insiste en que solo Jesús, ningún otro ser humano, es el mediador entre Dios y los hombres. 1 Juan 2:20 afirma que a causa de la iluminación del Espíritu Santo, todos (los creyentes) tienen conocimiento. Juan pasa a explicar que "la unción que vosotros recibisteis de él permanece en vosotros y no tenéis necesidad de que nadie os enseñe" (1 Jn 2:27). Así que, mientras las guías de estudio y los maestros son de ayuda, con la ayuda de la iluminación del Espíritu Santo cada creyente puede entender la Biblia por sí mismo, sin la necesidad de un intérprete intermediario. ¡Puedes entender la Biblia!

Retos del Estudio de la Biblia

Aunque estamos equipados como cristianos por el Espíritu Santo para entender la Biblia, cada uno de nosotros debe estar comprometido a estudiarla a profundidad para entenderla con exactitud. Varios factores hacen que esta disciplina sea un reto. Las brechas lingüísticas, cronológicas, culturals, geográficas y filosóficas que existen entre los receptores originales y los lectores modernos de las Escrituras representan dificultades interpretativas. Los autores bíblicos hacen referencia a personas, lugares y eventos desconocidos para los lectores modernos. Escriben desde una perspectiva muy diferente a la nuestra y se expresan de maneras desconocidas para nosotros. Para poder interpretar y aplicar la Biblia correctamente, debemos ser capaces de reconocer estas brechas y cruzarlas.

Retos Lingüísticos

Una gran diferencia entre nosotros y los autores originales es la diferencia de nuestros respectivos idiomas. El Pentateuco, al igual que el resto del Antiguo Testamento, fue escrito mayormente en hebreo.[4] Las diferencias entre las estructuras gramaticales, idiomas, expresiones, culturas y prácticas hacen imposible una traducción literal, o palabra por palabra. Sin embargo, esta dificultad no significa que debemos hablar los idiomas originales para poder entender la Biblia. A través del estudio se pueden superar estas dificultades. Por ejemplo, entender que los traductores a veces escogen una palabra en español para traducir dos palabras hebreas diferentes es de mucha ayuda. Génesis 1:25 en la RV usa la palabra *tierra* para traducir dos palabras hebreas distintas. Traducciones mas recientes como DHH y NTV usan las palabras *tierra* y *suelo* para reflejar en el texto las dos palabras hebreas. Algunas veces la complicación es al revés: los traductores usan muchas palabras en español para traducir una palabra hebrea. La frase *ropa de mujer* de Deuteronomio 22:5 es la traducción de una palabra hebrea que no se traduce de esa forma en otro lugar, a pesar de que se repite 276 veces.[5]

Otro ejemplo de la brecha lingüística es el uso de eufemismos. Génesis 4:1 usa el verbo *conocer* como un eufemismo para tener relaciones sexuales. Otro eufemismo en el Pentateuco es "descubrir la desnudez" de alguien, lo que también hace referencia a las relaciones sexuales.[6]

Entender este modismo explica la naturaleza del pecado de Cam y la severidad de la maldición resultante (Gn 9:22-23). Jueces 3:24 y 1 Samuel 24:3 hablan de "cubrir los pies". Puede que el lector casual no entienda que esta frase es un eufemismo para *defecar*. Leer las dos historias sabiendo esto hace que tengan más sentido. Lamentaciones 2:11 usa otro eufemismo. Aquí la RV dice, "mi hígado se derramó por tierra". Esta descripción no es literal; más bien es una expresión de profunda angustia. Como hemos visto en estos ejemplos, es evidente que para poder interpretar el significado de un pasaje debemos reconocer y entender los eufemismos bíblicos.

---

3 Todas las citas son de la RV60 a menos que se indique lo contrario.

4 Dos palabras en Génesis 31:47, Esdras 4:8–6:18; 7:12–26, Jermías 10:11, y Daniel 2:4–7:28 están en arameo.

5 Los diferentes significados de una palabra hebrea con frecuencia requieren palabras diferentes en español dependiendo del contexto. La misma palabra es traducida "alhajas" (Gn 24:53), "armas" (Gn 27:3), "cosas" o "enseres" (Gn 31:37) y "sacos" (Gn 42:25) las cuatro primeras veces que aparece en la Biblia.

6 Este eufemismo aparece veinte veces en Levítico 18–20.

Una forma común para enfatizar en hebreo es la repetición de palabras. Por ejemplo, las dos últimas palabras de Génesis 2:16 en hebreo son dos formas del verbo comer, y las dos últimas palabras de Génesis 2:17 son dos formas del verbo morir. La estructura gramatical de ambas frases es idéntica: literalmente dice "comiendo comerás" y "muriendo morirás". Puesto que esa traducción literal es extraña en español, casi ninguna traducción usa paralelismo gramatical. En vez de "ciertamente podrás comer", los traductores prefirieron simplemente "podrás comer" en Génesis 2:16. Sin embargo, en el versículo siguiente, sí usaron la palabra ciertamente ("ciertamente morirás") para comunicar el énfasis de la construcción.

Otra dificultad lingüística es que con frecuencia las palabras hebreas son transliteradas y por lo tanto no significan nada para el lector moderno. Por ejemplo, los dos primeros lugares donde acampa la nación de Israel después de Sinaí son Tabera (Nm 11:3) y Kibrot-hataava (Nm 11:34). Ayuda saber que estas palabras significan *incendios* y *tumbas de los codiciosos*. Otro ejemplo es cuando Dios le cambia el nombre a Jacob, que significa *suplantador*, por Israel, que significa *Dios lucha* (por él).

Los juegos de palabras también se pierden en la traducción. Por ejemplo, en Génesis 2:7 Dios formó al hombre del polvo de la tierra. Las palabras *hombre* (también traducido *Adán*) y *tierra* suenan casi igual en hebreo. Después, en Génesis 3:17, Dios maldice la *tierra* por causa de *Adán*. El juego de palabras entre Adán y tierra se repite. Este manual tiene el objetivo de ayudarte a atravesar estas brechas lingüísticas para poder entender mejor el Pentateuco.

Retos Cronológicos

Otro reto que enfrentamos es entender la cronología de los eventos. Podemos suponer que Moisés relata la historia de Israel en orden cronológico. Sin embargo, no es así. Por ejemplo, el nacimiento de Set, el tercer hijo de Adán, se encuentra en Génesis 4:25 aunque Set vivió mucho antes que la gente de Génesis 4:17–19 (los hijos de Caín). Muchas historias no están registradas cronológicamente, sino temáticamente. Por ejemplo, las instrucciones de Levítico 1–7 se dieron antes que las de Éxodo 40. Los acontecimientos de Levítico 8–9 ocurren al mismo tiempo que los de Números 8. Números 9:1–14 relata la celebración de la Pascua, lo que toma lugar dos semanas después de levantar el tabernáculo (Éx 40 y Nm 8). Después, Números 9:15 retrocede dos semanas para hablar del día que "se levantó el tabernáculo". Moisés tenía motivos más teológicos que históricos cuando relata los eventos fuera del orden cronológico; sin embargo, deja suficientes pistas para establecer el orden de los eventos.[7]

Retos Culturales

Otra gran brecha entre el lector moderno y el autor original es la diferencia entre las culturas. ¿Entiendes las normas culturales del periodo de tiempo en el que se escribió la Biblia? Por ejemplo, ¿aprobaba Moisés la poligamia? ¿Qué rito hacían dos personas cuando querían hacer un contrato bilateral (Gn 15)? ¿Cómo podían las parejas infértiles tener hijos legalmente en los días de Abraham (Gn 16)? ¿Cuáles eran los dioses falsos que los egipcios adoraban (Éx 7–10)? ¿Cómo mostraba la ubicación del tabernáculo, en medio del campamento, que Dios era el verdadero rey de Israel (Nm 2)? ¿Cómo hacían acuerdos los reyes en la antigüedad con sus súbditos (Dt 1–31)? Para entender el texto bíblico bien, debemos responder estas preguntas culturales.

Entender el contexto cultural del Pentateuco también exige conocimiento de los pueblos y eventos históricos que se mencionan. Por ejemplo, Moisés menciona a los hititas diecinueve veces. Podemos pensar en los hititas simplemente como en un pueblo antiguo cuyo nombre termina "–itas". Pero en realidad su poder y dominio eran notables. Otro ejemplo son los moabitas, amonitas y edomitas. Su proximidad a la tierra prometida hace que su origen (Gn19:30–38 y Gn 36) e interacción con Israel durante el Éxodo (Nm 21–25) sea de mucha relevancia. Israel conocía muy bien a estos pueblos; debemos conocerlos bien también para poder entender el mensaje que el Pentateuco transmitía a Israel.

---

7 Ver el Apéndice 2 para una cronología del año en Sinaí.

Para superar la brecha cultural debemos entender el contexto político, militar y religioso. Puede ser útil aprender sobre la ropa, transporte, vivienda, comida, educación, comercio, hospitalidad, pasatiempos e incluso mobiliario de la época. Instituciones sociales; relaciones familiares; costumbres y creencias sobre el nacimiento; bodas y funerales; el lugar de los hijos, mujeres, hombres y sirvientes eran diferentes a los del lector moderno. Incluso las costumbres cambian a través de los siglos; por lo tanto, hablar de "la cultura del Antiguo Testamento" es inexacto. Es necesario especificar de qué momento de la historia y qué cultura se está tratando. Hombres como Jacob, Josué y Josías vivieron en Israel rodeados de gentiles, pero sus contextos fueron inmensamente diferentes. Incluso el Pentateuco debe dividirse en varias eras.[8]

Retos Geográficos

Otro reto al estudiar el Antiguo Testamento es nuestra falta de familiaridad con la geografía de Israel y sus alrededores. ¿Cuál es la importancia teológica de la montaña donde Abraham tenía que sacrificar a Isaac? ¿Cuánto tiempo tardaba Eliezer o Jacob en viajar a Harán? ¿Dónde vivía Jacob? ¿Dónde estaba Betel? ¿Cuánta distancia recorrió José para encontrar a sus hermanos? Conocer la geografía y qué ocurrió en cada lugar ayuda a entender los pasajes que hablan de esos lugares. Muchos de los lugares mencionados en el Pentateuco son importantes a lo largo del Antiguo Testamento y son significativos hasta los tiempos de Cristo.

El Reto de la Perspectiva Mundial

Quizás la brecha más difícil de cruzar es la perspectiva del mundo. Este concepto hace referencia a la percepción que tenemos de nuestro mundo y cómo vemos nuestro entorno. Los escépticos modernos niegan los milagros y cuestionan la revelación divina y eventos sobrenaturales, pero en el mundo antiguo, los faraones más poderosos y los emperadores aceptaban lo sobrenatural como algo rutinario. Los magos y hechiceros de faraón lo apoyaron en su oposición a la demanda de Moisés de liberar a Israel. Cuando el rey Balac alquiló un profeta para maldecir a Israel (Nm 22–25) mostró su fe en lo sobrenatural. El pueblo de Dios estaba rodeado de naciones cuyos dioses locales supuestamente controlaban los eventos de la vida diaria. Para estos pueblos antiguos, las fuerzas sobrenaturales explicaban lo inexplicable. Se entendía que un creador de alguna clase existía en un panteón de dioses, y los sacrificios a los espíritus eran necesarios para tener éxito. Sin embargo, la Biblia presenta a Jehová como el único y verdadero Dios universal, un concepto más extraño en aquellos tiempos de lo que es ahora para los occidentales que viven en culturas con influencia bíblica. Por eso puede ser difícil para nosotros como lectores modernos entender la fuerte tentación para Israel, la única nación monoteísta, de usar imágenes y adorar a dioses falsos.

Estas brechas exigen que estudiemos cuidadosamente el contexto lingüístico, cronológico, histórico, geográfico y cultural de la Biblia, así como la perspectiva predominante del tiempo en el que fueron escritos los pasajes. Si erramos al entender estas diferencias cruciales, hacer la aplicación adecuada para la vida moderna será difícil. Superar las brechas arrojará mucha luz al texto bíblico y nos ayudará a entender mejor la Biblia y al autor original.[9]

Escoger un Método de Estudio Bíblico

Una vez que entendemos la necesidad de estudiar la Biblia y estamos listos para empezar, la siguiente pregunta que nos hacemos es cómo y dónde empiezo. Hay dos métodos principales para estudiar la Biblia: inductivo y deductivo. Inducción es "el proceso de sacar conclusiones a partir de un grupo de elementos individuales similares al principio que caracteriza la categoría general a la que pertenece cada elemento", mientras que deducción es

---

8 El Pentateuco puede dividirse en tres periodos principales; pre–patriarcal (Gn 1–11), patriarcal (Gn 12–50) y Mosaico (Éx–Dt).

9 El argumento básico de esta sección depende fuertemente del libro *Lectura Eficaz de la Biblia* de Gordon D. Fee y Douglas K. Stewart, trans. Omar Díaz de Arce, (Miami: Editorial Vida, 2007), 17–31.

"el proceso de inferir de un principio general a los argumentos particulares que forman parte de ese principio".[10] El método deductivo del estudio de la Biblia empieza con las afirmaciones de las verdades que se enseñarán. Después se dan varios pasajes para apoyar las verdades. El estudio va de la verdad general a ejemplos específicos. Un método inductivo es lo opuesto; empieza con ejemplos específicos y con el tiempo se llega a las verdades generales. El método deductivo explica desde el principio lo que descubriremos en la Biblia, mientras que el estudio inductivo nos guía a la información necesaria para descubrir esas verdades, proporcionando pistas en el camino. Por ejemplo, un estudio deductivo de Génesis 1 daría una lista de los atributos de Dios y los versículos donde se pueden observar esos atributos. Un estudio inductivo haría preguntas como estas: ¿Quién es la persona principal de Génesis 1? ¿Qué hace en este capítulo? ¿Qué puedes saber sobre su carácter basándote en los versículos uno, tres y siete? Si todo lo que Dios hizo es bueno, ¿cómo debe ser Él? Estas preguntas dirigen nuestro análisis mientras que nos exigen que observemos por nosotros mismos.

Cada método tiene ventajas. En un estudio deductivo el material se puede cubrir más rápido. No es necesario que se examinen muchos pasajes para llegar a una conclusión; de hecho, normalmente se da la conclusión desde el principio. Otra ventaja es que el contenido puede ser organizado y presentado lógicamente, lo que promueve la claridad y precisión. Tener conclusiones explícitas y bien enunciadas también previene que lleguemos accidentalmente a ideas incorrectas. Una ventaja más es poder tener el control del contenido del estudio. Con el método deductivo, podemos evitar temas polémicos y complicados que se salen del propósito del estudio.[11]

El método de estudio inductivo también tiene muchas ventajas. Primero, no podemos ser pasivos. El método inductivo exige observación; nos involucramos más en el estudio, por lo tanto se entiende y retiene mejor el material. Tenemos que buscar una respuesta. Con frecuencia no tenemos dudas sobre un pasaje hasta que alguien nos hace preguntas sobre él. Podemos pensar que entendemos un pasaje muy bien; pero cuando somos cuestionados sobre el contenido, descubrimos cuánto necesitamos aprender. Un estudio inductivo también promueve la interacción personal con Dios y su palabra. Es más, cuando descubrimos una verdad por nosotros mismos hace que la conclusión sea propia. Obligar a leer despacio y pensar es otra ventaja del método inductivo. Además, este método tiende a enfocarse más en la Biblia y menos en un libro de texto. El método inductivo también nos fuerza a tratar los temas difíciles que surgen naturalmente del texto en vez de evitarlos. Por ejemplo, en un estudio deductivo de Éxodo se puede evitar el tema del endurecimiento del corazón de Faraón. Un buen estudio inductivo del libro no lo evitará.[12] El método inductivo sigue la organización del texto, dándole al estudio un balance bíblico apropiado. Los temas surgen del texto; el énfasis no está en las doctrinas favoritas del autor del estudio bíblico. El método inductivo cubre de forma natural "todo el consejo de Dios" (Hch 20:27). Cada tema es presentado con el énfasis y frecuencia bíblica correcta. Una ventaja final del método inductivo es que su base, estructura y énfasis está en el mismo texto. Este proceso es particularmente propicio para formar conclusiones que resulten en aplicación, la meta final del estudio bíblico. Empieza con observación, continúa con la interpretación y concluye con la aplicación. Hace la pregunta, "¿Qué significó este pasaje para el lector original?" y después, "¿Qué significa para mí?" Para este estudio usaremos el método inductivo ya que encaja mejor con el propósito específico: descubrir la unidad del texto a través de enfatizar temas claves de la teología bíblica.

Factores en el Método Inductivo

Hay dos factores principales que deben ser considerados en un estudio inductivo de la Biblia: la intención del autor y el género. La primera hace referencia al porqué el autor escribió lo que escribió, la segunda al estilo de literatura que usó para comunicar su mensaje.

---

10 Joseph Evans Sagebeer, "The Appeal to Reason," BSac 57:228 (Oct 1900): 716.

11 Esto puede ser necesario, especialmente para nuevos creyentes. Sin embargo, esta ventaja también puede ser una desventaja. El autor del estudio deductivo controla el contenido, haciendo posible inclinar el estudio a temas secundarios u omitir los temas pertinentes. Ver el argumento a continuación.

12 Hay 19 referencias al endurecimiento del corazón de Faraón en Éxodo 4–14.

Intención del Autor

Para poder descubrir la intención del autor, debemos entender el contexto en el que vivió. Sus temas, énfasis, expresiones y argumentos responden a las necesidades de su día. A veces el tema de la intención del autor es muy complicado. Por ejemplo, en muchos de los libros del Antiguo Testamento el autor es desconocido.[13] O como en el caso de Abdías, es casi seguro que el autor es Abdías, pero el tiempo en el que vivió es incierto. Por lo tanto, las referencias históricas son debatidas ampliamente. Otra complicación es el nivel de impacto que un redactor futuro haya podido tener en el libro en cuestión.[14]

A pesar de las dificultades asociadas con determinar la intención del autor, siempre debemos buscar entender el significado original del autor. La meta es escuchar cada libro como lo escuchó el receptor original.[15] Esta afirmación toma por sentado que el significado del texto es objetivo. Su interpretación depende de un acercamiento histórico-gramatical. Además del asunto de quién escribió el texto, debemos considerar las siguientes cuestiones: ¿Por qué lo escribió? ¿Cuándo y para quién fue escrito? ¿Qué significaba cada historia para su audiencia?

Por un lado, la intención del autor en la Biblia puede ser probada al igual que cualquier otro libro porque tiene autores humanos. Por otro lado, la Biblia no es como cualquier otro libro: está inspirada divinamente. Debemos considerar no solo la intención del autor, sino también la intención del Espíritu Santo al guiar al autor humano. No se hace esta observación para sugerir alguna contradicción entre los dos, sino más bien porque la intención del autor humano cae dentro de la intención más grande del Espíritu Santo.[16] La naturaleza divina-humana de la Biblia levanta una pregunta para el lector moderno: ¿debe ser leído el Pentateuco a la luz del resto de la Biblia, especialmente el Nuevo Testamento? La respuesta es a la vez sí y no.

Cuando enfatizamos el elemento humano de las Escrituras, debemos determinar el significado como lo entendió la audiencia original. Por ejemplo, debemos recordar que los lectores originales de Génesis 14, el pasaje sobre Melquisedec, no tenían el Salmo 110 y el autor de Hebreos para iluminar su comprensión de la importancia del rey de Salem. Viendo la Biblia en su nivel humano, Génesis 14, al igual que otros pasajes, tenía sentido y significado en su día sin los libros escritos posteriormente.[17]

Al contrario, cuando se enfatiza la naturaleza divina de la Biblia, debemos considerar toda la revelación dada. Jesús mismo dijo ser el tema de cada parte del Antiguo Testamento (Jn 5:39; Lc 24:44). Existe una lectura cristiana legítima y necesaria del Pentateuco.[18] Los capítulos 29 y 30 de Deuteronomio, por ejemplo, con su amenaza de un juicio severo creciente y un exilio final, deben ser vistos como un paradigma para entender el siguiente milenio de la historia de Israel. Incluso contienen las promesas del segundo éxodo, el Nuevo Pacto y eventos escatológicos que todavía no se han cumplido. Ciertamente Moisés no podía haber sabido cómo ocurrirían estas cosas, pero al igual que Pablo, el lector cristiano puede ver cómo la Torá "dió de antemano la buena nueva a Abraham" (Gá 3:8). El resto del Antiguo Testamento, además de todo el Nuevo Testamento, extiende y desarrolla conceptos del Pentateuco. Regresando al ejemplo de Génesis 14, David (Sal 110) y el autor de Hebreos ahondan sobre la persona de Melquisedec, extrayendo verdades de Génesis 14 que el Espíritu Santo intencionalmente habló a través de Moisés. Puede que Moisés mismo no haya sabido la importancia que tendría después Melquisedec como figura

---

13 Jueces, Rut, Samuel, Reyes, Crónicas y Job son buenos ejemplos. El autor y fecha de muchos Salmos se desconocen. Cómo se organizaron al final los Salmos y Proverbios también es incierto.

14 Por ejemplo, Proverbios 25:1 hace referencia a "los proverbios de Salomón, los cuales copiaron los varones de Ezequías, rey de Juda".

15 La escasez de copias escritas del Pentateuco en los días de Moisés sugiere que el único contacto que tenían la mayoría de los israelitas con el texto era la lectura pública. Moisés escribió su libro principalmente para ser oído por la nación, no leído.

16 1 Pedro 1:10-12 habla sobre este asunto: "A éstos se les reveló que no para sí mismos, sino para nosotros, administraban las cosas que ahora os son anunciadas" (1:12).

17 Esto no sugiere que los autores bíblicos nunca hablaron del Mesías. Al contrario, la simiente prometida, Jesús, es claramente el enfoque de Moisés desde Génesis 3:15 en adelante. El autor de Hebreos indica que la falta de Melquisedec de un תּוֹלְדָה (genealogía) debería haber alertado al lector original de su importancia en el plan redentor (He 7:3).

18 Esta terminología puede sugerir involuntariamente que el lector original no haya sido creyente. Toda la lectura correcta de la Biblia es lectura cristiana. El uso de estos términos ayuda a resaltar la necesidad de la revelación del Nuevo Testamento como una guía para la interpretación.

de un rey–sacerdote, pero el Espíritu Santo sí. Probablemente Moisés nunca se imaginó que el Salvador nacería de una virgen, pero las primeras palabras de Moisés para describirlo son sorprendentes: "la simiente de la mujer". Aqui, como en todas partes, el Espíritu Santo habla a través de Moisés con precisión. Moisés también enfatiza la importancia de la esterilidad de las matriarcas en la historia de la redención; de ese modo prepara el precedente teológico de que el Salvador nacería de una mujer humanamente incapaz de tener hijos.

Para una lectura completa del Pentateuco, y si vamos al caso de todo el Antiguo Testamento, dos preguntas básicas que debemos hacer son: ¿qué habría entendido el lector original? y ¿cómo completa e ilumina el resto de las Escrituras el pasaje en cuestión? La primera pregunta enfatiza al autor humano y el contexto inmediato; la segunda al autor divino y la unidad canónica. Al responder estas preguntas se intenta tener en cuenta la naturaleza progresiva del texto. Recuerda que no hay ningún conflicto entre lo que pudo haber entendido el lector original y lo que el cristiano moderno debe entender. De hecho, el entendimiento final completo del texto tiene su origen en el contexto de la comprensión original. La revelación posterior es más específica; cada autor humano contribuye con más revelación sin contradecir de ninguna manera a los autores anteriores. Por consiguiente, la supervisión de un autor divino garantiza la unidad total. Toda la Biblia debe ser entendida como la "Biblia cristiana".

Género

Además de la intención del autor, otro factor importante a considerar en un estudio inductivo es el género, o estilo literario, en el cual está escrito el texto. Los autores bíblicos usan muchas formas literarias. Narrativo, poético, legal y profético son cuatro géneros literarios básicos.[19] Algunos de los autores usan más de uno de éstos.[20] Moisés usó los cuatro.[21] Estos cuatro estilos principales pueden subdividirse, pero para nuestro estudio será suficiente con las categorías más amplias. A veces los géneros se entrelazan. Por ejemplo, Isaac (Gn 34), Jacob (Gn 49) y Moisés (Dt 31) usan poesía para su bendición profética. En Deuteronomio 1–4 Moisés usa historia (narrativa) en sus sermones (proféticos).

Nadie lee el periódico de la misma manera que lee un himno o un contrato legal. Como estudiantes de la Biblia debemos entender cómo cada género comunica las verdades y cómo aplicar esas verdades. Por lo tanto, antes de ver la teología bíblica de Génesis, estudiaremos como leer literatura narrativa. Antes de explorar Éxodo, veremos sugerencias de cómo leer la ley y cómo aplicarla a circunstancias actuales. Antes de examinar Levítico, hablaremos de cómo analizar la liturgia o leyes religiosas. Y antes de estudiar Deuteronomio, que está compuesto principalmente de los tres sermones finales de Moisés, expondremos factores a considerar al leer material profético.[22] Este manual te proporciona una guía sencilla al género para ayudarte a descubrir el propósito del autor bíblico.

---

19 Literatura sapiencial es otra categoría principal en la que entran muchos libros poéticos (Job, Proverbios, Ecclesiastés y algunos Salmos). No todos los libros poéticos (algunos Salmos, Lamentaciones) son literatura sapiencial. Epistolar y apocalíptica son otros géneros del Nuevo Testamento.

20 El libro de Job es en gran parte poesía, pero empieza y termina con prosa. El libro de Jeremias es profético, pero está dividido en dos partes por una sección histórica. Jeremías también escribió poesía, Lamentaciones.

21 El uso de géneros por Moisés marca las divisiones del Pentateuco. El uso de géneros diferentes nos provee de indicadores para identificar la organización y argumento. Ver el capítulo 2 a continuación.

22 Números es en gran parte narrativa con un poco de poesía y contenido legal, pero estos géneros se cubrirán en el prefacio de los otros cuatro libros.

INTRODUCCIÓN A LA TEOLOGÍA BÍBLICA

Para ayudarnos en nuestro entendimiento del Pentateuco, este estudio usa el marco de la teología bíblica. En años recientes la disciplina de la teología bíblica ha contribuido grandemente al entendimiento de la Biblia como un todo, pero muchos creyentes no han tenido la oportunidad de estudiar los escritos y enseñanzas sobre el tema. Si este es tu caso, pon mucha atención a esta introducción a la teología bíblica y al resumen de sus temas principales.

¿Qué es la Teología Bíblica?

Un sorprendente número de definiciones de teología bíblica se ha ofrecido sin ningún consenso general. Quizá el erudito líder en el campo, D. A. Carson, lo expresa mejor: "Al igual que el pastel de manzana, la teología bíblica es algo a lo que la mayoría de las personas encuentran difícil oponerse (aunque siempre hay unos pocos a los que no les gusta el sabor); a diferencia del pastel de manzana, la teología bíblica es muy difícil de definir".[23] En otro lugar Carson describe cómo la teología bíblica "trabaja inductivamente desde los diversos pasajes de la Biblia buscando descubrir y articular la unidad de todos los textos bíblicos juntos, recurriendo primeramente a las categorías de esos pasajes".[24] Brevard Childs lo ve como "reflexión teológica" de los dos Testamentos. Él enfatiza "una unidad teológica aunque su forma combina dos secciones diferentes (los dos Testamentos), cada una con una voz única".[25] La teología bíblica traza el avance de la historia de la redención libro tras libro, buscando conexiones naturales en el texto para llegar a un entendimiento de lo que trata la Biblia en conjunto.[26] Intenta ver cada libro y sección como un elemento que contribuye a una unidad completa. James Hamilton describe la teología bíblica como "la perspectiva interpretativa de los autores bíblicos"[27] que él define como el "marco de suposiciones y presuposiciones, asociaciones e identificación...que se toman por sentado"[28] por el autor.

La teología bíblica se entiende mejor cuando la comparamos con la teología sistemática. Según Geerhardus Vos, la teología bíblica es como dibujar una línea, mientras que la teología sistemática es como dibujar círculos. La sistemática analiza cada doctrina en un círculo separado y lo presenta en un orden lógico con temas relacionados. La teología bíblica avanza progresivamente de una manera lineal, tratando cualquier tema que surja del texto.[29] En la teología sistemática con frecuencia vamos al texto buscando respuestas para preguntas como, "¿qué enseña la Biblia sobre el bautismo?" o, "¿cuál es la doctrina de la Trinidad y dónde se enseña en la Biblia?" Por contraste, en la teología bíblica encontramos cualquier tema que el autor bíblico trata. Si el autor bíblico no habla sobre el bautismo o la Trinidad, el tema no será parte de la exposición bíblico-teológica en ese momento. La teología bíblica está ligada muy de cerca con la exégesis.[30] Debe ser entendida antes de empezar a sistematizar conceptos teológicos.

La teología bíblica nos ayuda a ver las partes en términos de un todo. El todo está unificado por la naturaleza divina de la Biblia. Si fuera simplemente una colección de libros religiosos, no esperaríamos ver unidad entre los libros, pero el mismo autor estaba trabajando desde Génesis hasta Apocalipsis. Por lo tanto, cada historia es parte de su libro, y cada libro es parte de un libro más grande. Cada historia hace referencia a la historia principal.

---

23 D.A. Carson, "Current Issues in Biblical Theology: A New Testament Perspective," *BBR* 5:1 (1995): 17.

24 Idem, "Systematic Theology and Biblical Theology," en *New Dictionary of Biblical Theology*, eds. T. Desmond Alexander, Brian S. Rosner et al. (Downers Grove, IL: InterVarsity Press, 2000), 100.

25 Brevard S. Childs, *Biblical Theology of the Old and New Testament: Theological Reflection on the Christian Bible* (Minneapolis: Fortress Press, 1993), 64.

26 Chen Xun, *Theological Exegesis in the Canonical Context: Brevard S. Child's Methodology of Biblical Theology*, Studies in Biblical Literature Series Book 137 (New York: Peter Lang, 2010). Alexander T. Desmond da un resumen excelente en su libro *From Eden to the New Jerusalem: An Introduction to Biblical Theology* (Grand Rapids: Kregel, 2009).

27 James H. Hamilton, *What is Biblical Theology? A Guide to the Bible's Story, Symbolism, and Patterns,* (Wheaton, IL: Crossway, 2014), 15.

28 Ibíd.

29 Geerhardus Vos, *Biblical Theology: Old and New Testaments* (Grand Rapids: Eerdmans, 1948), 17–20.

30 La palabra *exégesis* se refiere al estudio del texto con la meta de interpretarlo.

Temas Principales en la Teología Bíblica

Cualquier tema bíblico debe ser considerado dentro del marco de la teología bíblica, pero no todos los temas tienen la misma importancia. Algunos son centrales; otros son más secundarios. Limitaremos el estudio a nueve temas principales. Aunque hay un debate sobre los que son más importantes, nos centraremos en los siguientes: reino de Dios, palabra de Dios, bendición (y maldición), descendencia, tierra, descanso, debilidad, salvación a través de juicio y presencia divina. Estos temas no aparecen en orden de importancia. Rápidamente nos damos cuenta que algunos de estos temas se entrelazan. Por ejemplo, se puede encontrar un claro paralelismo entre salvación y juicio, y bendición y maldición. La presencia divina, restaurada a través de la salvación de Dios, también es una bendición. Tierra y descendencia son parte de la idea del reino, pero cada tema tiene suficiente significado propio para justificar la separación. Estos son los temas principales que expondremos en este manual y el manual del estudiante que acompaña a éste. A continuación revisaremos brevemente cada tema.

El Reino

Bastantes teólogos bíblicos ven el reino como el centro de la historia de la Biblia. Dios ha reinado desde la eternidad, y reinará para siempre. La forma en la que Él concilia su reino con el mundo ha cambiado a través de los siglos. El concepto del reino, por lo tanto, hace referencia a cómo Dios ha gobernado el mundo en un momento específico. En el principio Dios gobierna sobre Adán y sobre su creación a través de Adán su agente. El pecado de Adán es una rebelión contra el dominio de Dios. La Biblia es la historia de cómo Dios, a través de Cristo, restaura su dominio sobre una creación rebelde. Muchos de los pasos más importantes de esta restauración están en el Pentateuco. Después del diluvio, Noé se convierte en el nuevo agente de Dios para gobernar sobre una nueva creación. Pero él y sus descendientes fallan, y Dios levanta a Abraham y su familia para formar una nación que gobierne sobre las naciones (Gn 17:6, 16; 35:11; 49:9–10). En el periodo patriarcal la historia continúa con el hijo escogido que gobierna sobre su(s) hermano(s). En el tiempo de Moisés Dios revela que Israel es su trono (Éx 15:18); Israel es el agente, no solo para bendecir, sino también para gobernar el mundo. El Pentateuco anticipa el día que Israel tendrá una monarquía e instruye al rey a hacer una copia de la ley de Dios para recordar que solo es un agente del rey verdadero (Dt 17). En nuestro estudio seguiremos el tema del reino, considerando sus diferentes administraciones en el Pentateuco. Tradicionalmente a estas administraciones se les llama dispensaciones. El dispensacionalismo enfatiza la discontinuidad del tema del reino. Este estudio intentará expresar con claridad las diferencias y las similitudes entre cada era. El tema del reino ve la Biblia como la historia de cómo Dios, a través de Cristo, restaura su dominio sobre la creación caída.

La Palabra de Dios

Otro tema principal de la teología bíblica es la palabra de Dios. El primer capítulo de la Biblia demuestra su importancia, autoridad y poder. Así es como Dios reina. (Observa cómo se entrelazan los dos primeros temas). Dios crea con su palabra; el hombre es bendecido a través de sus palabras; Adán se esconde cuando escucha la voz de Dios (Gn 3:8); y la pregunta de Dios apela a la conciencia de Adán (Gn 3:9–13). Con su palabra Dios maldice a los desobedientes (Gn 3:14–19) y ofrece esperanza de salvación (Gn 3:15–16). Habló con Noé del juicio que se aproximaba y le dio instrucciones de cómo preservar la raza humana, jurando preservar la creación (Gn 8:21). Hace un pacto con Abraham, Isaac y Jacob. En el monte Sinaí da su palabra a su pueblo de forma audible, en tablas de piedra y en un libro pequeño. Su palabra gobierna sus vidas personalmente y corporativamente. Prestar atención a su palabra es la condición para recibir la bendición y los que la infringen reciben maldición.

Una importante sub–categoría en este tema es la promesa. Dios en su bondad anuncia de antemano la bendición que tiene para las personas obedientes, motivando y dándole seguridad al hombre. Sus promesas guían las expectativas del lector. Los creyentes como José pueden morir confiados de que aunque pasen los siglos antes de que se cumplan las promesas, cada palabra de Dios es verdadera y sus promesas se cumplirán. La historia de la Biblia trata de cómo Dios, a través de Cristo, cumple su palabra dada a los hombres pecadores.

Bendición vs Maldición

La bendición es otro tema que se puede observar desde el principio de la Biblia. Capta en una palabra la posición fundamental de Dios hacia el hombre: es bueno y le desea el bien a la humanidad. El pecado le trae al hombre una maldición divina, pero Dios continúa con su plan de bendecir a través de Cristo. Desde Génesis 3 hasta Apocalipsis 22:3 la bendición y la maldición están en tensión constante. Repetidamente Satanás intenta exacerbar la maldición y frustrar la bendición que Dios tiene para el hombre. El Pentateuco sigue la línea de los agentes que Dios usa para bendecir: Set, Noé, Sem y finalmente Abraham. Los descendientes de Abraham son los agentes que van a traer la bendición divina; Dios bendice a Israel para que pueda bendecir a las naciones.[31] Sorprendentemente, la última palabra del Antiguo Testamento es "maldición" (Mal 4:6). Después de treinta y nueve libros de revelación a través de muchos siglos, la amenaza persiste. La Biblia entera se puede bosquejar de la siguiente manera: creación, maldición, redención. La historia de la Biblia trata de cómo Dios, a través de Cristo, elimina la maldición y restaura la bendición.

Salvación y Juicio

Salvación y juicio también son temas de gran importancia en la Biblia. Se puede debatir que el tema central de la Biblia sea "salvación a través del juicio". En las historias de Adán y Eva, Caín, Noé y la torre de Babel, Dios se revela como un juez justo que muestra misericordia en el castigo. La yuxtaposición de salvación y juicio refleja la misericordia y justicia de Dios. Pablo menciona estos dos temas como "bondad" y "severidad" al concluir su tratado de salvación (Ro 11:22). Dios es justo y sin embargo, justifica a los impíos (Ro 3:26). Él se glorifica a sí mismo mostrando misericordia a los pecadores que se arrepienten y juzgando a los que no se arrepienten. Este patrón se repite una y otra vez hasta la consumación final de la segunda venida de Cristo, cuando finalmente se lleve a cabo en su totalidad la salvación y el juicio. Las dos cosas son necesarias para entender a Dios y apreciar la obra de Cristo. La historia de la Biblia trata de cómo Dios, a través de Cristo, salva del juicio a los que responden a su gracia y juzga a los que no lo hacen.

Descendencia

Descendencia, especialmente la de la mujer (Gn 3:15), es indudablemente central en la historia de la Biblia. Es el medio por el que Dios promete cambiar la maldición por la bendición, y por lo tanto se convierte en el enfoque de la oposición de Satanás.[32] La preservación o la eliminación de la descendencia es el clímax de casi todas las historias del Antiguo Testamento. Cuando Caín mata a Abel hay mucho más en juego que la vida de Abel; Caín es el medio que la serpiente usa para eliminar la descendencia creyente. Noé preserva la descendencia y a Abraham se le promete una descendencia.[33] Jesús mismo resalta la centralidad del tema durante la Semana de la Pasión al preguntar sobre la identidad del Mesías (Mt 22:41–45). La historia de la Biblia trata de cómo la Simiente prometida, Cristo, redime a la descendencia de la humanidad.

La Presencia Divina

La presencia de Dios con el hombre es otro tema central de la Biblia desde el principio hasta el fin. Génesis 1 relata cómo Dios crea un hermoso hábitat para el hombre. Pero su propósito para el hombre es mucho más que una bendición física; es que el hombre disfrute de Dios, que es la mayor de todas las bendiciones. Somos creados a la imagen divina, diferentes del resto de los habitantes de la tierra, expresamente para este propósito. En el Edén el hombre experimenta diariamente la presencia divina de una forma directa; Dios y el

---

31 El Salmo 67 expresa esta verdad con gran claridad.
32 Observa la conexión entre la descendencia, promesa (palabra de Dios) y bendición.
33 Observa las amenazas a la descendencia solo en el Pentateuco: Caín y Abel, Noé, matriarcas estériles, Ismael e Isaac, Esaú y Jacob, Labán y Jacob, los hijos de Jacob y los hijos de Het, José y sus hermanos, Faraón, Amalec, Balac, Seón y Og.

hombre caminan y hablan juntos. Pero cuando el hombre peca, pierde su acceso al Dios santo y es expulsado de la presencia de Dios. A través del resto de la Biblia, Dios continúa ofreciendo al hombre acceso a su presencia bajo ciertas condiciones. Durante el periodo patriarcal unos pocos disfrutan de la presencia de Dios de una forma especial. Después, Moisés es el que más la experimenta hasta ese momento. Pero en el tabernáculo, Israel tiene un lugar específico donde una vez más la presencia de Dios mora continuamente con el hombre. El problema del pecado exige un sistema de sacrificios elaborado para que el hombre pueda acercarse a Dios, pero los creyentes tienen acceso a su presencia, por lo menos hasta cierto grado. El tabernáculo anuncia el templo de Salomón y el día que Dios "tabernaculizará" con el hombre en Cristo (Jn 1:18). Ahora a través del Espíritu que mora en los creyentes, la iglesia disfruta la presencia constante de Dios, pero espera el tabernáculo eterno, la Nueva Jerusalén, donde el hombre final y perfectamente tiene acceso a la presencia de Dios para siempre. La historia de la Biblia trata de cómo Dios, a través de Cristo, restaura su presencia en la humanidad.

Tierra

Relacionado muy de cerca con el tema de la presencia divina está el tema de la tierra. El libro divino tiene un enfoque sorprendente terrenal; Dios es la figura central de la Biblia, pero Él se da a conocer al hombre principalmente a través de sus obras en la tierra. En Cristo, la deidad viene para residir en la tierra, y al final de la historia de la redención Dios mismo trae su morada celestial a la tierra nueva (Ap 21:1). Dios hace un lugar para que su pueblo disfrute de su presencia.[34] En Génesis 1, Dios crea la tierra seca en el planeta tierra, y en el capítulo 2 crea el Edén, un santuario especial donde puede tener comunión con el hombre. Dios preservó la tierra con Noé, y empezó otra vez con la creación. Después le promete a Abraham una tierra para su descendencia (Gn 12:1-3) la cual será un santuario para ellos, una tierra santa (Éx 15:17).[35] El Pentateuco también prepara a Israel para el día en que se escoja en la Tierra Santa un lugar único de adoración (Lv 17, Dt 12, 16). El lugar no es identificado hasta que Salomón, el hijo de David, construye el templo, pero su lugar se anticipa en Génesis 14 y 22. Los términos *tierra, lugar, ciudad, templo,* y especialmente *santuario* son palabras que se pueden relacionar con este tema central. Al final, la nueva creación es el habitáculo santo y eterno para el hombre; pero incluso ahí la Nueva Jerusalén es el santuario especial donde Dios mora con el hombre. La historia de la Biblia trata de cómo Dios, a través de Cristo, restaura un lugar para que el hombre pueda disfrutar de su presencia.

Descanso

La creación termina con la idea de descanso (Gn 2:1-3), otro tema central. Dios descansa en el séptimo día porque ha perfeccionado su creación y no falta nada. El primer día completo de la existencia del hombre es un día de descanso. Dios tiene la intención de que el hombre entre en un descanso espiritual con Él. Los términos *paz, perfección, totalidad, salud, seguridad* e incluso la idea de la *prosperidad* física están asociados con el tema del descanso.[36] Todas estas ideas se resumen en el concepto hebreo de *shalom*. El descanso bíblico no es flojera; incluso en el Edén el hombre trabajaba. Cuando el pecado entró en el mundo, él perdió el *shalom*, pero Jesús ofrece descanso a todos los que toman su yugo (Mt 11:29-30). En la Nueva Creación el hombre servirá a Dios, pero será un servicio de descanso. El hombre tendrá *shalom* eterno en la Nueva Jerusalén.[37] La historia de la Biblia trata de cómo Dios, a través de Cristo, restaura el descanso que Él quiere para el hombre.

---

34 Observa otra vez como convergen los temas: tierra (lugar), descendencia (gente) y la presencia divina.

35 El siguiente versículo, Éxodo 15:18, conecta tierra con el tema del reino.

36 La promesa de prosperidad física para Israel es un contraste con las predicciones de tribulación para la iglesia. David y Salomón hacen que la nación adore a Jehová en parte como respuesta a su prosperidad. Desde Cristo, Dios con frecuencia usa el testimonio de su pueblo en sufrimiento como testimonio a los perdidos. Los creyentes experimentan descanso espiritual presente mientras esperan el descanso completo, espiritual y físico, en la eternidad.

37 El nombre mismo de Jerusalén contiene la palabra hebrea *shalom*.

Debilidad

Los medios que Dios usa para salvar son sorprendentes y paradójicos. No sigue los patrones de la lógica humana. Él no obra a través de lo fuerte y poderoso sino a través de lo débil y humilde, proveyendo la salvación de un modo inesperado. Los primogénitos (Caín, Ismael, Esaú y Rubén) no son los agentes de Dios. Dios normalmente usa a los menores (Set, Isaac, Jacob y Judá).[38] Las mujeres, cruciales para el éxito de la simiente, resaltan el tema de la debilidad. Por ejemplo, cada patriarca tiene una mujer infertil. Moisés es un ejemplo del tema de la debilidad. Joven y valiente, falla (Éx 2); viejo y reacio, libera a la nación (Éx 3–13). Israel también es un ejemplo de este principio. En Deuteronomio 7:7 Dios aclara: "No por ser vosotros más que todos los pueblos os ha querido Jehová y os ha escogido, pues vosotros erais el más insignificante de todos los pueblos". No es el gran Saúl el que mata a Goliat, sino el humilde David.[39] El ejemplo más grande del principio de debilidad es Cristo. Dios se encarna y nace en un pesebre, donde lo visitan pastores humildes. Su vida terrenal fue una vida de pobreza. Él se hace un siervo humilde y al final muere para dar vida (Fil 2:5–9). Algunos consideran el evangelio como debilidad e insensatez (1 Co 1:17–29), pero realmente es "poder de Dios para salvación" (Ro 1:16). Dios prefiere la debilidad porque resalta su grandeza (2 Co 4:7; 12:9). La historia de la Biblia trata de cómo Dios, a través de Cristo, se glorifica a sí mismo salvando por medio de la debilidad (He 4:15).

Un Centro para la Teología Bíblica

En el contexto de la teología bíblica, el término *centro* hace referencia a un tema principal que resume la historia de la Biblia. La existencia de un centro en la teología bíblica es debatido. Si existiera un centro, definirlo generaría más debate. Yo prefiero verlo como un grupo de temas principales sin identificar ninguno como un centro. Sin embargo, todos estos temas giran alrededor de un tema: Dios mismo. Quizás la mejor manera de resumir la historia de la Biblia sea la siguiente: Dios se glorifica a sí mismo al redimir todas las cosas a través de Cristo. Esta frase intenta poner la gloria de Dios en el centro, mientras que intencionalmente generaliza (usando la frase "todas las cosas") para incluir las ideas de reino, descanso, tierra y otros temas principales de nuestro estudio.

La Biblia concluye con la restauración de todas las cosas en Cristo. El propósito divino para el hombre y la creación se cumplirá; el hombre morará seguro en un lugar de bendición con acceso directo a Dios por toda la eternidad. La perfecta obediencia de Cristo a la palabra de Dios es acreditada a los pecadores arrepentidos que son transformados por su gracia, y que con disposición sirven al rey como se merece. La criatura morará con el creador en una creación que, a diferencia de la primera, no se puede desfigurar.

Delimitaciones

Otros temas como el servicio, santidad, gozo, liderazgo, familia, misiones y obediencia pueden considerarse también en un estudio con un enfoque en la teología bíblica , pero nos enfocaremos en el reinado, la palabra, bendición, salvación y juicio, descendencia, presencia divina, tierra, descanso y debilidad. Muchos de los otros temas como pacto, servicio,[40] y ministerio pueden ser incluidos como sub-temas.

Este manual y el estudio que lo acompaña son principalmente un apoyo para un estudio bíblico; no es un manual de la teología bíblica. No está organizado por temas. Al ser un estudio inductivo los menciona conforme van apareciendo en el texto. Mi meta es promover la lectura y entendimiento de la Biblia con un énfasis en temas de la teología bíblica, no tratar a fondo cada tema. Algunas secciones reciben una atención más detallada

---

38 Cam, el hijo menor de Noé, es la excepción (Gn 9:24).

39 La conquista de Jericó, el zurdo Aod, Jael, Gedeón y el muchacho Samuel son otros ejemplos.

40 Este tema se incluye en la categoría de reino ya que el servicio cristiano evidencia el control de Dios en la vida de alguien y busca promover el control de Dios en la vida de otros.

25

(especialmente al principio cuando se están estableciendo los patrones básicos), pero en la mayoría de los casos solo se provee un repaso general de los temas principales. En la bibliografía se sugieren otras lecturas para quienes desean estudiar más a fondo. El estudio está diseñado para ayudar a los creyentes a ver la unidad de la gran historia de la Biblia y cómo cada historia individual contribuye a esa historia.

INTRODUCCIÓN AL PENTATEUCO

Los cinco primeros libros de la Biblia se llaman el Pentateuco. Este nombre viene de dos palabras griegas que significan "cinco recipientes". Después, pasó a hacer referencia a los cinco libros que esos recipientes contenían. Estos libros también se conocen como la Ley, la Ley de Moisés y el Libro de Moisés. Otra forma de hacer referencia a esta sección es la palabra *Torá*, la palabra hebrea que significa *instrucción*. El Pentateuco proporciona el marco para entender el resto de las Escrituras.

La Prioridad del Pentateuco

La prioridad del Pentateuco se puede observar por el simple hecho de que aparece primero en la Biblia. El canon hebreo está organizado de una forma diferente que en las Biblias modernas; hay divisiones diferentes, y a veces varios libros están combinados en uno. El Pentateuco es la única sección que está en la misma posición en el sistema de organización hebreo y cristiano; viene primero, el lugar obvio para un libro que se titula *Principio*.[41] Al ser la primera sección de la Biblia, es el punto de partida para la teología bíblica y la base de todo lo que sigue. No solo se introducen los temas de la teología bíblica más importantes, sino que también se desarrollan y toman forma con una amplitud excepcional. El Pentateuco explica el origen de la nación de Israel y el porqué de su existencia. Ya que toda la Biblia trata sobre los israelitas, y sobre todo del Salvador que sale de ellos, es esencial que entendamos el principio. Los libros históricos que van después del Pentateuco continúan la historia de los israelitas. Ellos son el objeto de los duros sermones de los profetas y de las hermosas reflexiones de los poetas.

Es de gran beneficio para nosotros estudiar el Pentateuco porque contiene una gran porción de los eventos más significativos en la trama de la historia de la Biblia. Ocho de los doce eventos más importantes del Antiguo Testamento, según la lista de John MacArthur, están en el Pentateuco.[42] De las seis figuras más importantes en la historia bíblica (Adán, Noé, Abraham, Moisés, David y Cristo), cuatro se encuentran en el Pentateuco.[43] Peter J. Gentry afirma que la narrativa de la Biblia se resume en seis pactos que "constituyen el marco de una historia más grande. Estos son la columna vertebral de la narrativa bíblica". Cuatro de los seis pactos que identifica Gentry están en el Pentateuco. Establece patrones básicos que continúan a lo largo del flujo de toda la Biblia.

Otra razón para darle prioridad al estudio del Pentateuco es la ignorancia general de los creyentes sobre su contenido. La mayoría de los creyentes no pueden resumir el contenido de los libros más conocidos como Génesis o Éxodo, y mucho menos de Levítico, Números o Deuteronomio. Muchas de las historias son conocidas, pero tenemos la tendencia de verlas aisladas, como anécdotas desconectadas que se usan simplemente para enseñanzas morales e ilustrativas. Un estudio del Pentateuco, con énfasis en la teología bíblica, nos ayudará a ver cómo cada historia forma parte de la gran historia – la historia de la redención.

---

41 *Génesis* es la palabra griega para *principio*.
42 *La Biblia de Estudio MacArthur: ESV.* (Wheaton, IL: Crossway, 2010).
43 Incluso excluyendo a Noé y agregando a Esdras, la mitad de los personajes principales están en el Pentateuco.

Autoría del Pentateuco

El Pentateuco mismo aclara la identidad del autor. Por ejemplo, Números 33:2 dice que "Moisés escribió... por mandato de Jehová", y después continúa con lo que escribió. Sin embargo, en el último siglo, muchos eruditos han cuestionado la autoría mosaica del Pentateuco, diciendo que es el producto de múltiples autores, que cada uno escribe en un tiempo diferente y con un objetivo político y teológico particular. Estos eruditos incrédulos aseguran haber encontrado contradicciones y errores que se consideran normales en un texto tan largo.

Hay muchos argumentos a favor de la autoría mosaica, pero el argumento más fuerte proviene de la Biblia misma. Josué 8:30-31 hace referencia a un altar que se construye según las instrucciones del "Libro de la Ley de Moisés". Esdras 6:18 también hace referencia al "Libro de Moisés" cuando explica la organización de los sacerdotes y levitas.[44] Jesús aceptó y afirmó la autoría mosaica del Pentateuco; respondiendo las preguntas de los saduceos sobre la resurrección al preguntar, "¿No habéis leído en el libro de Moisés cómo le habló Dios en la zarza?" (Mr 12:25-26). Si aceptamos el testimonio del resto de los libros inspirados y del Señor Jesús mismo, Moisés es el autor del Pentateuco.

La autoría mosaica del Pentateuco no significa necesariamente que escribió cada línea. Obviamente él no escribió Deuteronomio 34, que registra su muerte y sepultura. Si alguien, tal vez Josué, añadió el último capítulo, también podría haber añadido comentarios como el de Números 12:3, "Y aquel varón Moisés era muy manso, más que todos los hombres que había sobre la tierra".

Fuentes del Pentateuco

Aunque está claro que Moisés es el autor del Pentateuco, esto no significa que no haya usado fuentes externas para su contenido. Al empezar el segundo capítulo de Éxodo, Moisés presenció los eventos que describe, pero su fuente de información para Génesis es incierta. El contenido de Génesis lo obtuvo a través de la tradición oral y fuentes escritas. Su uso repetido de la palabra hebrea *tôledôt*, que se traduce *recuento* o *generaciones*, puede sugerir que él tenía acceso a registros escritos de genealogías.

La fuente principal de Moisés para la composición final del Pentateuco fueron escritos que él mismo hizo entre Egipto y la tierra prometida. Sailhamer identifica tres narrativas principales en estos libros: "la narrativa de Éxodo (Éx 1-18), la narrativa de Sinaí (Éx 19-34) y la narrativa del desierto (Nm 10:11 en adelante)".[45] Moisés también fue el autor, por la dirección de Dios, de los siguientes códigos legales: los Diez Mandamientos (Éx 20:1-17), el Código del Pacto (Éx 20:22-23:33) el Código Sacerdotal (Éx 25-31, Éx 35-Lv 16) y el Código de Santidad (Lv 17-26). El contenido final del Pentateuco incluye varios materiales legales originales que Moisés escribió por el camino.

La Unidad del Pentateuco

Existe mucha evidencia de que el Pentateuco es una unidad. Primero, aunque ahora está organizado por libros individuales, el resto de la Biblia hace referencia al Pentateuco como a una unidad. Constantemente lo llama el "libro de Moisés" en vez de "los libros de Moisés". Además, la historia es básicamente progresiva. Moisés registró la mayoría de los eventos cronológicamente y tuvo cuidado de aclarar cuando no era así. Otra evidencia de la unidad del Pentateuco es gramatical. En el hebreo del Antiguo Testamento, la tercera persona del singular de los pronombres tiene una forma masculina y otra femenina, como las palabras *él* y *ella* en español. Pero a través del Pentateuco el masculino tiene un uso exclusivo. La mejor explicación para esta curiosidad gramatical es que el Pentateuco tiene un autor único que escribió en hebreo arcaico, reflejando su tiempo. Todo el

---

44 Otros textos incluyen Éxodo 17:14; Deuteronomio 31:24; Josué 23:6; 2 Reyes 14:6; 2 Crónicas 25:4; 34:14; 35:12 y Nehemías 8:1 y 13:1.

45 John H. Sailhamer, *The Pentateuch as Narrative: A Biblical-Theological Commentary* (Grand Rapids: Zondervan, 1992), 46.

Pentateuco tiene la misma perspectiva teológica. Hay un protagonista: Dios. Jehová es quien recuerda los pactos, salva, lucha por su pueblo y los preserva. Él es el héroe del Pentateuco. Una evidencia final de unidad es el uso de Moisés de diferentes géneros para marcar las divisiones principales del libro. Hablaremos sobre los géneros que usa en la siguiente sección.

Los Géneros del Pentateuco

El género más común de la Biblia es la narrativa; este es el caso del Pentateuco. Pero Moisés también usa los otros tres géneros básicos: ley, poesía y profecía. La sección de la ley se encuentra en la segunda mitad de Éxodo, Levítico, un poco en Números y parte de Deuteronomio. Deuteronomio es principalmente profecía. Poesía es el género menos común en el Pentateuco, pero los lugares donde se encuentran son muy significativos. Moisés marca las secciones principales del Pentateuco cambiando el género; usa poesía para separar la secciones históricas, a veces añadiendo un epílogo. Génesis es casi completamente historia, pero el libro termina con un capítulo de poesía de Jacob (Gn 49) y un epílogo (Gn 50). Éxodo 1–14 resume la historia, pero el final de la permanencia de Israel en Egipto es marcado con poesía (Éx 15). La historia de Israel en el desierto va desde Éxodo 16 a Números 21, donde siete poemas breves del profeta falso Balaam dan la conclusión en Números 22–24. La historia continúa en Números 25 y sigue hasta casi el final de Deuteronomio, que termina con dos poemas más (Dt 32 y 33) y un epílogo (Dt 34). El uso de poesía para dividir las secciones principales de narrativa del texto apoya una vez más la unidad y la autoría mosaica del Pentateuco.[46]

El Mensaje del Pentateuco

Después de haber establecido la cuestión de la autoría, el siguiente tema es la intención del autor. ¿Por qué escribió Moisés el Pentateuco? ¿Qué quería comunicar? Para entender la intención de Moisés, también debemos preguntar para quién estaba escribiendo. Es importante distinguir entre la audiencia que presenció los eventos del Pentateuco y la audiencia para la que escribió Moisés. Por ejemplo, Génesis 12–25 habla sobre Abraham, pero no es una historia escrita para que Abraham la leyera. En otras palabras, Dios les habla a los personajes de las historias, pero las historias se registran después para una audiencia diferente. Moisés fue el líder de dos generaciones diferentes de israelitas. Los de la primera generación vieron a Dios castigar a Faraón con las plagas; después cruzaron el mar rojo y estuvieron en Sinaí para recibir la ley.

Pero por no creer las promesas de Dios, se negaron a conquistar Canaán y Dios los condenó a morir en el desierto. La historia de la primera generación se encuentra entre Éxodo 2 y Números 14, aproximadamente dos libros y medio, es decir casi la mitad del Pentateuco. Sin embargo, aunque la mayoría de la historia es de la primera generación, parece que la audiencia principal que Moisés tenía en mente para el Pentateuco era la generación de israelitas que estaba a punto de entrar en la Tierra Prometida, por lo menos cuando fue redactado en su forma final.

Una evidencia del enfoque en la segunda generación es Éxodo 16:35, que menciona que la primera generación comió maná durante cuarenta años hasta que llegaron a la frontera de Canaán. Obviamente este comentario fue escrito al final de la vida de Moisés, cuando la segunda generación estaba a punto de entrar en la Tierra Prometida. Por lo tanto, al menos Éxodo, con sus historias de las derrotas de la primera generación, fue compuesto con la segunda generación en mente. Refiriéndose a Éxodo, Sailhamer resume que "dar la ley" no fue el propósito del Pentateuco (con la primera generación en mente), sino que el Pentateuco fue "dirigido a un pueblo que vivía bajo la ley...y que fallaba en cada oportunidad".[47]

---

46 Ibíd., 29–48.
47 Sailhamer argumenta que finalmente "el propósito del Pentateuco es enseñar a sus lectores sobre fe y esperanza en el Nuevo Pacto (Dt 30:6)". *Pentateuch as Narrative*, 26.

Un segundo indicador de que el enfoque está en la segunda generación es la unidad del Pentateuco. El último libro y medio (Nm 26–Dt 34) trata exclusivamente con la segunda generación. Si el Pentateuco es una unidad literaria, como se ha argumentado, los primeros libros están relacionados con los últimos y contribuyen a la unidad general. Las historias iniciales son parte de la gran historia y sirven para enseñar a la segunda generación su papel como agentes de Dios en la gran historia. Vivir en la tierra es crucial para el plan de Dios de usar a los israelitas para bendecir a las naciones. Él los escogió (Gn) y los rescató con este propósito (Éx), pero deben vivir bajo la ley de Dios para recibir las bendiciones que Él tiene para ellos. Desobediencia por su parte tendrá juicio como resultado, como lo muestran todas las historias anteriores (Adán y Eva, Caín, Noé, Babel e Israel).

Otro argumento para ver la segunda generación de israelitas como la audiencia para la que fue escrito el Pentateuco originalmente surge al observar la cronología de los eventos. Más de la mitad de los miembros de la segunda generación no recuerdan ni el éxodo ni Sinaí. Los que tenían cuarenta años en adelante cuando por fin estaban a punto de entrar en Canaán debían haber sido niños o adolescentes en Cades cuando Dios condenó a Israel a cuarenta años en el desierto. Los menores de cuarenta años habían nacido en el desierto después de Cades.[48] A excepción de algunos de los mayores, no habían experimentado las plagas o la victoria sobre Faraón en el Mar Rojo. Sólo conocían la arena y el calor del desierto. Moisés les cuenta su historia en sus sermones de Deuteronomio con el propósito de explicarles quiénes son, su relación especial con Dios y por qué por ser el pueblo del pacto deben luchar para poseer la tierra de Canaán. Este mensaje, resumido en Deuteronomio 1–4, es el mensaje de todo el Pentateuco para la segunda generación.[49]

Una gran parte del Pentateuco es historia. Moisés quiere que los israelitas entiendan claramente sus orígenes. Sabiendo que la nación se enfrentará a la guerra, les explica que Dios les ama y preservó a sus padres. Su tarea inmediata es conquistar Canaán; cuentan a los soldados y se organizan para la batalla (Nm). El sucesor de Moisés no es un legislador, ni un sacerdote como él; es un capitán militar (Josué). La primera generación construye el tabernáculo y ordena a los sacerdotes, pero no entra en la tierra, ni la conquista. Les toca a los hijos hacer lo que sus padres no hicieron. Pero si los padres no creyeron que Dios les daría la victoria después de haber visto tantos milagros, ¿cómo lo creerán sus hijos? El Pentateuco es la respuesta. Moisés les cuenta los milagros que vieron sus padres, y más importante aún, les informa de su papel en una historia que es mucho más grande que la historia de Israel. Les muestra cómo forman parte de la historia de la redención. La tarea inmediata de una campaña militar está conectada con el plan divino de bendecir a todas las naciones a través de ellos. Escuchar sobre la protección de Dios en el pasado tiene la intención de ayudarles a enfrentar el futuro y fortalecerles para que sean fieles en su obediencia.

Si Israel va a ser la nación a través de la cual Dios va a bendecir a otras naciones, debe vencer dos amenazas: exterminación a través de la guerra con los cananitas y absorción a través del matrimonio interracial con ellos. Dios ha prometido darles la victoria sobre los cananitas si confían en Él y le obedecen. Pero también es crucial que mantengan su distinción como un pueblo único. Al entrar en la tierra hay un riesgo de perder su identidad a través de casarse con los cananitas. Por lo tanto, no se les permite hacer paz con ellos (Éx 23:30). Dios sabía que los cananitas serían una piedra de tropiezo espiritual.[50] De una u otra forma, la simiente de la serpiente buscará eliminar la raza del futuro Mesías. Moisés entiende que el papel de Israel en el plan de redención es crucial. Ve la nación como el agente divino para rescatar al hombre del pecado, y en el Pentateuco explica cómo Israel encaja en el plan.

Entonces, el Pentateuco contiene la historia de cómo Dios crea un lugar ideal para que el hombre disfrute de la bendición de su presencia y le sirva dominando la tierra. Cuando el hombre peca, pierde este santuario, pero Dios promete un campeón, la simiente de la mujer, que triunfará sobre la serpiente (Satanás). El hombre persiste en su rebelión (Caín, las personas antes del diluvio, Babel) y finalmente Dios escoge una familia, dándoles una tierra donde después serán su agente para bendecir al mundo entero (Abraham, Isaac, Jacob).

---

48 Los que tenían menos de veinte años en Cades sobrevivirían (Nm 13), y cuarenta años después tendrían entre cuarenta y sesenta años. Por lo tanto, al final del Pentateuco, todos los menores de 40 años nacieron después de Cades. De todos los hombres del ejército (entre veinte y sesenta años [Nm 1, 26]), la mitad nacieron después de Cades.

49 Pasajes como Deuteronomio 6:20 dejan claro que Moisés tenía en mente las generaciones siguientes.

50 La historia subsiguiente en los libros de Josué y Jueces demuestra este hecho.

De acuerdo a su palabra (Gn 15:13–14), el pueblo migra a Egipto donde la simiente de la mujer prospera a pesar de la oposición. Faraón y los egipcios representan a la simiente de la serpiente, intentando destruir a la simiente rival. Dios les recuerda sus promesas a los padres de Israel y los rescata a través de juicio (las plagas), morando entre su pueblo y prometiendo establecer su "morada" (el santuario) en una tierra a la cual los guiará (Éx 15:7–18). Él les da la ley bajo la cual promete bendecirles y darles descanso. A la nación se le encomienda ser el nuevo agente divino para señorear y bendecir al mundo. Pero Israel, rescatado de Egipto para servir a Dios, sigue el patrón de rebelión pecaminosa de los agentes de Dios anteriores y falla al no entrar en la tierra.

A pesar del fracaso de Israel, Dios es fiel a sus promesas; aunque juzga a la primera generación, preserva a la segunda. Experimentan victorias y Dios los guía a la Tierra Prometida. Dios garantiza que poseerán la tierra, no por su fidelidad o mérito, sino porque son su agente para bendecir a las naciones. Muchos temas de la teología bíblica deben ser evidentes: reino, palabra de Dios, bendición, descendencia, tierra, descanso y salvación a través de juicio.

CONCLUSIÓN

Este manual está diseñado para acompañar un estudio inductivo del Pentateuco. Provee las respuestas a las preguntas de la versión del alumno para que como pastor o líder pueda ayudar a otros creyentes a descubrir la verdad por sí mismos. Supone que cada cristiano puede y debe estudiar la Biblia, mientras que a la vez reconoce e intenta ayudar al estudiante a superar cualquier dificultad hermenéutica. El manual tiene la intención de ser sensible al género e intención del autor del texto, al ayudar a su lectura en dos niveles simultáneamente: la del lector original y la del cristiano actual. La metodología que utiliza es la más natural para la teología bíblica: el método inductivo. Mi meta es que el estudiante de la Biblia adquiera un entendimiento más profundo del Pentateuco, y por lo tanto, de Dios mismo y su plan redentor para la humanidad.

2

EL PRINCIPIO DE LA HISTORIA REDENTORA
UN ESTUDIO DE LA TEOLOGÍA BÍBLICA DE GÉNESIS

UNA GUÍA PARA LEER NARRATIVA

Como estudiantes de la Biblia necesitamos ser conscientes de los diferentes tipos de literatura que usan los autores para comunicar su mensaje. Para entender la intención del autor, debemos interpretar cada género correctamente. Ya que Génesis está compuesto principalmente de historias, es importante aprender a interpretar narrativa. Marco, trama, contexto y personajes son aspectos de la narrativa que el lector debe considerar.

Marco

Quizás la característica más básica que hay que tener en cuenta en una historia son sus marcos. La palabra *marco* hace referencia al lugar donde ocurre una acción o discurso. Para identificar el marco de una sección, hazte esta pregunta: "Si yo fuera a escribir una obra de teatro basada en esta historia, ¿cuántos fondos necesitaría?" Pensar en las diferentes escenas nos ayuda a ver las divisiones del texto. En una obra de teatro, normalmente se deja el escenario hasta que terminan todos los eventos que ocurren en ese lugar.[51] Después, un cambio de escenario marca un cambio de acción. El Pentateuco, como una unidad, es un ejemplo de esto. En el capítulo 1 vimos cómo Moisés usa cambios de género para marcar las divisiones principales del Pentateuco. Estas divisiones concuerdan casi perfectamente con los cambios de escenario más grandes del Pentateuco. En Génesis,[52] se llama a Israel de entre las naciones rebeldes (1–11) y vive principalmente en Canaán (12–46). Hay un cambio de escenario de Mesopotamia (1–11) a Canaán (12–46). Éxodo 1–15 cubre su estancia en Egipto; desde el capítulo 16 hasta Números 25 están en el desierto. Desde Números 26 hasta Deuteronomio 34 Israel está en las llanuras de Moab frente a Jericó.[53] La historia de José es otro ejemplo de cómo los cambios de escenario ayudan al lector a seguir la trama. Su historia empieza en Canaán y termina en Egipto (37). Génesis 38, que se enfoca en Judá, toma lugar en Canaán. En los capítulos 39–41 el marco regresa a Egipto, pero en tres lugares diferentes: la casa de Potifar (39), la cárcel (40) y el palacio (41). Conforme vas leyendo, intenta resumir lo que ocurre en cada lugar. Observar los cambios de escena te ayudará a identificar las divisiones naturales de casi cada historia.

---

51 Es crucial darse cuenta que muchos eventos pueden ocurrir en el mismo lugar, pero un cambio de escena casi siempre indica una nueva fase del drama.

52 Todas las referencias del capítulo 2 son de Génesis a menos que se indique lo contrario.

53 Moisés cambia a poesía y epílogo exactamente en estos puntos.

Trama

Estar familiarizado con la línea de la trama normal de una historia también te ayudará a entender la narrativa. Normalmente las historias tienen seis partes: exposición (introducción), nudo, conflicto (tensión creciente), clímax, resolución (tensión decreciente) y desenlace (conclusión).La exposición es la sección introductoria que explica el escenario del drama. Normalmente el lector descubre dónde y cuándo se lleva a cabo la historia, y quiénes son los personajes principales. Normalmente esta sección es relativamente corta; sin embargo, es importante porque provee el trasfondo para entender la trama. La historia, normalmente, gira en torno a una persona central: el protagonista.[54]

Luego viene el nudo. Algo o alguien estorba el estado inicial del protagonista en la exposición. Un evento instigador (el nudo) – la llegada del antagonista, el enemigo, que actúa en contra del protagonista. El antagonista puede ser algo inmaterial, como en el caso de Israel cuando se negaron a entrar en la Tierra Prometida. Su propio miedo e incredulidad hizo que fracasaran y les trajo el castigo de vagar en el desierto por cuarenta años. Esto inicia el conflicto.

En la sección de tensión creciente, el conflicto, el protagonista enfrenta conflictos, problemas y obstáculos múltiples que crean tensión en la historia. Normalmente esta sección es la más larga y contiene la mayoría de la acción.

El clímax de una historia es donde se encuentra el punto de mayor tensión; es el momento más emocionante cuando todo pende de un hilo antes que el conflicto se resuelva. Por ejemplo, en el capítulo 22 el clímax ocurre cuando Abraham levanta el cuchillo para matar a su hijo. En la historia de la reconciliación de Jacob con Esaú (32–33), el clímax ocurre cuando se encuentran los hermanos después de veinte años de estar separados.

Después del clímax sigue la resolucion, o la tensión decreciente. La crisis ha pasado y la tensión empieza a disolverse. La trama avanza hacia la resolución: el éxito del protagonista frente al antagonista, o lo contrario. Esta sección suele ser más corta que la acción creciente. La tensión decreciente del capítulo 22 empieza con el descubrimiento del carnero como sustituto para Isaac. En los capítulos 32–33 la tensión decreciente empieza con la aceptación de Esaú de los regalos de Jacob.

Las historias terminan con un desenlace, o conclusión, en la cual se describe el resultado del conflicto. En el capítulo 22 parte de la conclusión es la renovación de las promesas del pacto de Dios con Abraham. En los capítulos 32–33 la historia termina con la sabia decisión de Jacob de no vivir cerca de su hermano. Con frecuencia en narrativa un tema principal es el cambio que ocurre en la vida del protagonista, y este cambio se enfatiza en la conclusión. Por ejemplo, en los capítulos 32–33 Jacob está alterado por tener que encontrarse con su hermano; su nombre es cambiado a Israel para reflejar el cambio en su corazón. En la Biblia el lector ve cómo Dios mismo trabaja en las vidas de los personajes. La conclusión de una narrativa en la Biblia con frecuencia prepara al lector para la siguiente historia porque todo encaja en la gran historia de la redención.

En resumen, para ayudarte a identificar los elementos de la trama en una historia, primero identifica el nudo. Este es el momento en el que aparece el angtagonista, o "el malo". La exposición termina en este punto y empieza el incremento de la tensión con su conflicto o serie de conflictos. A continuación identifica el clímax. El clímax es lo que pondrías en el trailer si se hiciera una película de la historia. Es el momento de mayor emoción. A partir del clímax todo pertenece a la tensión decreciente y conclusión. Si puedes identificar el nudo y el clímax, el resto de la trama de la historia será evidente.

---

54 Las referencias coloquiales incluyen el *personaje principal*, el *héroe/heroína* o *el bueno*.

Contexto

Al leer narrativa debemos considerar el contexto inmediato de la historia (las historias anteriores y posteriores) para ver cómo encaja la historia en el flujo de la narrativa. Después observamos el contexto canónico completo y la conexión que tiene la historia con el evangelio.

Contexto Inmediato

Por ejemplo, considera la historia de Jacob cuando se encuentra con Esaú al regresar a Canaán (32–33). Es la segunda historia sobre la protección divina sobre Jacob. El capítulo 31 relata cómo Dios interviene cuando Jacob es amenazado por su suegro, Labán, y sus cuñados. Estas dos historias forman parte de una unidad cuyo tema es la protección divina sobre Jacob al regresar a Canaán. La fe obediente de Jacob (31:3) y su humilde arrepentimiento (32:10) son cambios espirituales importantes en su vida y solo se aprecia si cada historia se considera dentro del contexto de la una con la otra.

Contexto Canónico

Además del contexto inmediato, cada historia de la Biblia debe ser vista en el contexto de la historia completa de la redención. Esta contextualización de una historia debe ser realizada en dos niveles. Primero, determina cómo la historia avanza la historia principal de la venida del redentor. Por ejemplo, en la reconciliación de Jacob con Esaú (31–33), el papel de Jacob que es la simiente de la mujer domina la lectura. Al ser simiente divina, Jacob debe sobrevivir, ya que el redentor prometido debe venir a través de su línea. Jacob también debe volver a la tierra de Canaán, porque Dios prometió bendecirle y traerle a la tierra. Los temas de tierra, descendencia, palabra de Dios, debilidad, presencia divina, bendición y descanso se entrelazan.

El segundo nivel de contextualización canónica es leer la historia en relación al evangelio, considerando la revelación que el lector original no tenía. A la luz de la revelación completa, los paralelos con Cristo deben ser claros para el lector cristiano. Los siguientes dos pasos ayudarán a conectar la historia con Cristo.

Primero, observa cómo el protagonista se asemeja a Cristo. Por ejemplo, comparando a Jacob con Cristo en los capítulos 31–32, cada uno es rechazado por su familia, deja su hogar y padre, deja su tierra cuando su vida está en peligro y regresa por dirección divina. Ambos son atendidos por ángeles. Al igual que Jacob en el vado de Jaboc, Cristo luchó solo en Getsemaní. Ambos hacen un gran sacrificio para procurar la paz. Observar las similitudes no es espiritualizar el texto; es ver en Jacob una sombra del verdadero agente de Dios, Cristo.[55] Intenta hacer una lista de todas las similitudes entre el protagonista, o héroe, de la historia y el héroe final, Cristo.

En segundo lugar, identifica de qué forma el protagonista no se parece a Cristo. La vida de Jacob está en peligro debido a sus propias acciones pecaminosas; la vida de Cristo está en peligro a pesar de su inocencia. Cuando llega la luz del día en el capítulo 31, la vida de Jacob es perdonada; pero Cristo es condenado a morir al alba. Jacob necesita el perdón de Esaú para hacer la paz; Cristo, que no cometió pecado, sufrió injustamente para darles paz a los pecadores. Jacob sacrifica animales para hacer las paces con Esaú; Cristo se sacrificó a sí mismo. De hecho, incluso en los puntos donde se hallan similitudes, siempre hay diferencias porque cada protagonista del Antiguo Testamento solo es "una copia y sombra" de Cristo, la realidad (He 8:5). Cada héroe del Antiguo Testamento se queda corto, dejando al lector ansioso por la llegada de Cristo, el héroe verdadero. Haz una lista de los contrastes y puntos de inferioridad que ves entre tu héroe y Cristo.

---

55 Pablo (Col 2:17) y el autor de Hebreos (He 8:5; 10:1) usan la palabra sombra para hacer referencia a hechos u objetos del Antiguo Testamento en los que se puede ver la sustancia, Cristo.

Personajes

Además del marco, trama y contexto, debemos examinar los personajes mismos. En la narrativa bíblica, hay una falta intencional de descripción física detallada porque el enfoque está en el carácter en lugar de en la apariencia. El autor describe la posición, acciones y palabras de los personajes. Por ejemplo, el autor puede incluir el estatus económico o papel que tienen (padre, hijo, esclavo, capitán, profeta, rey, etcétera). Las acciones de los personajes son importantes, pero es esencial enfocarse en lo que dicen.La clave de la historia puede ser revelada por lo que dicen los personajes y las verdades teológicas o conceptos errados que expresan.

Además del protagonista y el antagonista, otro personaje importante que aparece con frecuencia en las historias es el doble del protagonista: una persona que es paralelo al personaje principal pero que sirve como punto de contraste o comparación. Por ejemplo, Rubén es el doble de Judá. Como hermano mayor, Rubén debía haber sido el que protegiera a Benjamín, pero es Judá, el cuarto hijo de Lea, el que sale en defensa de Benjamín.

Cuando examinas los personajes, recuerda que Dios tiene un papel en cada historia. De hecho, Él es el personaje principal ya que toda la Biblia habla de Él y su plan de redención. Tampoco pases por alto al escritor de la historia; él controla la información y a menudo retiene detalles importantes hasta un momento crucial. Normalmente el autor es omnisciente en el sentido literario; conoce cómo termina la historia al igual que los pensamientos y motivaciones de los personajes.[56] El Espíritu Santo provee toda la información necesaria para que el autor relate exactamente lo que Dios quiere comunicar al lector.

El tiempo también es importante en una narrativa. Como un buen detective, intenta determinar la secuencia de los eventos. Para eso, toma nota cuidadosamente de las referencias cronológicas. El tiempo puede aparecer explícitamente, como "en el primer día del mes primero" (Éx 40:2), o implícitamente, como en un punto de la vida de un hombre.[57] Los autores posteriores a Moisés hacen referencia al sistema de fiestas suponiendo que el lector conoce las referencias cronológicas.[58] Otros usan actividades estacionales para marcar el tiempo, como "al comienzo de la siega de la cebada" (Rt 1:22).

Otro aspecto del tiempo de una narrativa es la velocidad con la que el autor avanza en la historia. Por ejemplo, al final de Génesis 16 Abraham tiene ochenta y seis años, pero en el versículo siguiente (17:1) tiene trece años más. Moisés no da detalles sobre esos trece años, no porque no haya ocurrido nada en la vida de Abraham, sino porque no ha ocurrido nada que tenga relación con la historia que está contando: cómo Dios preserva la simiente de la mujer. Al contrario, los siguientes cinco capítulos (17–21) cubren solo un año. El ritmo de la acción es más lento y Moisés relata muchos detalles sobre este año de la vida de Abraham. Este incremento de detalles en un periodo de tiempo, o mayor interés por parte del autor, muestra la importancia de la historia.[59] En Génesis los primeros once capítulos cubren por lo menos dos milenios, mientras que los siguientes treinta y nueve capítulos cubren cuatro generaciones. Claramente los eventos de las vidas de los patriarcas (12–50) son extremadamente importantes en la historia de la redención.

La selectividad del autor es otro factor a considerar. Este término hace referencia a los detalles que el autor decide incluir o excluir. Por ejemplo, a pesar de que la madre de Moisés, Jocabed, probablemente hizo muchas cosas para esconder a su hijo, Moisés solo cuenta cómo hace un arca y la cubre con brea. Este detalle es importante porque crea un paralelo con Noé que también construye un arca y la cubre con brea para salvar vidas.

---

56 Génesis 17:17 registra lo que Abraham dice "en su corazón". Ver también 1 Reyes 12:26 y Ester 6:6.

57 En Génesis 6–9 Moisés provee una cronología clara basada en la edad de Noé (Gn 7:6, 11; 8:13). Hace lo mismo con Abraham en Génesis 12–25 con mucha precisión como se observa abajo.

58 1 Reyes 8:2, Nehemías 8:14 y 18 son ejemplos.

59 Este manual usará la frase *interés narrativo.* Cuantos más capítulos describen un periodo de tiempo, el interés narrativo es mayor.

Finalmente, observa que la narrativa bíblica enseña verdades más implícitamente que explícitamente. Moisés no dice directamente que la poligamia es incorrecta, pero a través de los ejemplos de matrimonios polígamos desastrosos que se mencionan (Lamec, Abraham y Jacob), claramente está comunicando que la poligamia no le agrada a Dios – sobre todo si dice que "los dos serán una sola carne" (Gn 2:24). Se supone que debemos deducir que la poligamia está mal basándonos en las observaciones de hogares disfuncionales en las historias de Moisés.

Lee el capítulo 1 de este estudio: Introducción al estudio de la Biblia, introducción a la teología bíblica e introducción al Pentateuco. Lee también la primera mitad del capítulo 2 de este estudio: Una guía para leer narrativa. Comenta con tu maestro cualquier pregunta que surja.

Sugerencias para el maestro:
- *Asegúrate de que el estudiante esté escribiendo sus respuestas.*
- *Empieza preguntándole al estudiante si tiene alguna pregunta o si hay algo que no está claro.*
- *Pide ver las respuestas escritas antes de empezar los comentarios. Insiste en que el estudiante complete el estudio. Si el estudiante no puede responder una pregunta, que ponga un "?" o "No lo sé". Si el estudiante no ha terminado el estudio, dale tiempo para que lo termine durante la sesión. No lo hagas por él, ni aceptes trabajos a medias. Hacerlo fomenta la pereza.*
- *Siempre que sea posible, que el estudiante busque las respuestas en la Biblia por sí mismo.*
- *En las preguntas de meditación, insiste en que se escriba una respuesta. El estudio no tiene valor si el estudiante aprende un contenido pero se niega a aplicarlo a su vida personal.*
- *Considera hacer "Revisión de Génesis" con el estudiante.*

Revisión de Génesis
Hojea el libro de Génesis. Resume los siguientes capítulos en una o dos palabras:

Capítulo	Tema
1–2	(Escribe un evento)
3	(Escribe un evento)
4	(Escribe un evento)
5	
6–9	(Escribe un evento)
10	
11	(Escribe un evento)
12–25	(Escribe un nombre)
26	(Escribe un nombre)
27–35	(Escribe un nombre)
36	(Escribe un nombre)
37–50	(Escribe un nombre [o 2])

Preguntas introductorias

1. ¿Qué tienen en común los capítulos 5 y 10? _____

2. ¿Cuántos años transcurren en estos dos capítulos, muchos o pocos? _____

3. Los primeros capítulos hablan de cuatro eventos (la creación, a caída, el diluvio y Babel). ¿En qué capítulos?
_____

4. ¿En qué capítulo empieza la historia de una sola familia? _____

5. ¿De cuál familia? _____

6. ¿Qué relación hay entre Abraham e Israel? _____

7. ¿Qué capítulos narran la historia de la familia de Abraham? _____

8. ¿Cuántas generaciones de la familia de Abraham encontramos en Génesis? _____

9. ¿Quiénes son los hombres más importantes en cada generación? _____
_____

Una rápida revisión de Génesis revela dos divisiones principales. La primera mitad del libro, capítulos 1–11, contiene cuatro historias básicas: la creación (1–2), la caída y sus consecuencias (3–4), el diluvio (6–9) y la torre de Babel (11).[60] Los capítulos 5 y 10 contienen genealogías que unen las brechas entre Set y Noé (5) y entre Noé y Abraham (10).[61] Estos primeros once capítulos relatan el trato de Dios con la humanidad en general. La segunda mitad del libro cuenta el trato de Dios con cuatro generaciones de la familia de Abraham: Abraham (12–25), Isaac (26), Jacob (27–35) y los hijos de Jacob (37–50). Un cambio de escena ocurre entre las dos secciones principales del libro: Génesis empieza en Mesopotamia (1–11) y después se enfoca en la tierra de Canaán (12–50). El interés narrativo aumenta bastante en la segunda mitad del libro. Una pregunta importante que debes hacerte es, "¿Qué relación hay entre las dos partes de Génesis?" O más específicamente, "¿Qué relación hay entre las personas del mundo (1–11) y la familia de Abraham (12–50)?"

DIOS TRATA CON LA HUMANIDAD CAPÍTULOS 1-11

DIOS EL CREADOR
GÉNESIS 1:1–2:3

Para entender la historia de la Biblia, debemos poner más atención a los primeros tres capítulos de Génesis que a otra sección de la Biblia porque en ellos se establece el fundamento de la historia de la redención. El conflicto, que empieza en Génesis 3, no se resuelve completamente hasta Apocalipsis 20. Génesis 1 y 2 forman la exposición de la trama de toda la Biblia.

I. El Comienzo. 1:1–1:2

1. ¿Quién es la primera persona en la historia de la Biblia? (1:1) _____

2. ¿Cuándo empieza la historia de la Biblia? (1:1) _____

3. ¿De qué es el principio este versículo? (1:1) _____

4. ¿Qué creó Dios? (1:1) _____

60 El resumen de Ken Ham de Génesis 1–11 es memorable: creación, corrupción, maldición, catástrofe y confusión. Ham continúa el bosquejo de la Biblia con Cristo, la cruz y consumación.
61 La función e importancia de estos dos capítulos se discute más adelante.

5. De las dos cosas que Dios creó en 1:1, ¿En cuál se enfoca en 1:2? (1:2) _____

6. ¿Qué deficiencias ve Dios en la tierra? (1:2) _____

_____

7. ¿Quién se movía sobre la faz de las aguas? (1:2) _____

8. Lee Deuteronomio 32:11. Nota: El otro lugar en el Pentateuco donde aparece el verbo que se traduce "se movía" se encuentra en Deuteronomio 32:11, donde nos da la imagen de un pájaro volando sobre un nido. ¿Qué imagen nos da esto del Espíritu Santo? _____

_____

Medita

Compara el tamaño de los cielos con el de la tierra. ¿Por qué se enfoca la Biblia en lo que Dios hace aquí en la tierra? (Las respuestas serán variadas.) _____

_____

II. La semana de la Creación: El CREADOR se da a conocer.
Génesis 1:3–2:3

¿Cómo subdividirías 1:4–2:3? *En los siete días de la creación.*

A. La PALABRA del Creador

1. ¿Cómo creó Dios la tierra? (1:3–31) (Observa la repetición del verbo.) _____

2. ¿Cuál es la última frase de 1:7, 9, 11, 15 y 30? _____

3. ¿Cómo empieza cada una de estás secciones (1:3, 6, 9, 11, 14, 20, 24, 26)? _____

4. ¿Cada sección empieza con la frase "_____" y termina con la frase "_____".

5. ¿Qué podemos aprender sobre la palabra de Dios? _____

_____

B. El REINO del Creador

1. ¿Cómo llama Dios a la luz? (1:5) _____

2. ¿Cómo llama Dios a las tinieblas? (1:5) _____

3. ¿Cómo llama Dios a la expansión? (1:8) _____

4. ¿Cómo llama Dios a la tierra seca? (1:10) _____

5. ¿Cómo llama Dios a las aguas? (1:10) _____

C. La EVALUACIÓN (JUICIO) del Creador

1. ¿Qué frase se repite en 1:4, 10, 12, 18, 21, 25? _____

2. ¿Quién tiene la autoridad de evaluar (juzgar)? _____

3. ¿Quién tiene el derecho de llamar a las cosas "bueno" o "malo"? _____

4. ¿Quién observa y juzga la creación? _____

D. El CARACTER del Creador

1. ¿Cuántas cosas de lo que Dios creó son buenas? (1:4, 10, 12, 18, 21 y 25) _____

2. Si todo lo que hace Dios es bueno, ¿qué me dice esto sobre Dios? _____

E. La SOLUCIÓN del Creador a las dos deficiencias de 1:2 ("desordenada y vacía")
Nota: Cada día de la segunda mitad de la semana (días 4–6) corresponde a un día de la primera mitad de la semana (días 1–3).

1. ¿Qué palabra hace referencia al sol y la luna? (1:16) _____

2. ¿En qué día creó Dios la luz? (1:3–5) _____

3. ¿A qué día de la primera mitad de la semana corresponde el día 4? (1:3–5, 16) _____

4. ¿Por dónde dice que vuelen los pájaros? (1:20–21) _____

_____

5. ¿Por dónde dice que naden los peces? (1:20–21) _____

6. ¿En qué día separó Dios "las aguas que estaban debajo de la expansión" (atmósfera) de "las aguas que estaban sobre la expansión"? (1:6–7) _____

7. ¿En qué día llenó Dios el aire de pájaros y las aguas de peces? (1:20–23) _____

8. ¿A qué día de la primera mitad de la semana corresponde el día cinco? (1:6–7, 20–21) _____

9. ¿En qué día creó Dios los animales terrestres? (1:24) _____

10. ¿En qué día creó Dios la tierra seca? (1:9–10) _____

11. ¿A qué día de la primera mitad de la semana corresponde el día seis? (1:9–10, 24) _____

12. Completa la tabla con los datos de los eventos de la creación.

LA SEMANA DE LA CREACIÓN			
Dios forma		Dios llena	
Día 1		Día 4	
Día 2		Día 5	
Día 3		Día 6	
La tierra ya no está _____		La tierra ya no está _____	

Días 1–3: Dios crea hábitats.   Día 4–6: Dios los llena con habitantes.

F. La AUTORIDAD del Creador DELEGADA

1. ¿Qué tarea le da Dios al sol? (1:16–18) _____

2. ¿Qué tarea le da Dios a la luna? (1:16–18) _____

3. ¿En qué hábitat se encuentran el sol y la luna? (Ver día uno) (1:16–18) _____

4. ¿Quién debe tener dominio sobre los hábitats del aire, agua y tierra junto con sus habitantes (pájaros, peces y animales)? (1:26) _____

5. Dios demuestra su autoridad al darle nombre a la luz, las tinieblas, la expansión, la tierra seca y las aguas. ¿Quién le da nombre a los pájaros, peces y animales? (2:19-20) _____

6. ¿Quién le da al hombre la responsabilidad de darle nombre a los pájaros, peces y animales? (2:19-20)
_____

7. Si el hombre fue creado para señorear, se puede decir que es un _____

G. La CREACIÓN ESPECIAL del Creador: EL HOMBRE

1. ¿Qué evidencias puedes encontrar de que el hombre es el centro de la creación de Dios en 1:26-28 y el capítulo 2?(Las respuestas serán variadas).

_____
_____
_____
_____
_____
_____
_____
_____
_____
_____
_____
_____
_____

2. Compara la primera frase de los versículos 22 y 28 con los versículos 3, 6, 9, 11, 14 y 20. (1:22, 28) ¿Qué frase adicional se puede encontrar en los versículos 22 y 28? _____
_____

3. ¿Cuáles son las instrucciones que Dios le dio al hombre (1:28) y a los animales (1:22)?
_____

4. ¿Qué idea está conectada con la bendición de los habitantes de la tierra? (1:22, 28)

_____

H. El DESCANSO del Creador

1. ¿Qué hace Dios después de crear al hombre? (2:1–3) _____

2. ¿Por qué es tan difícil para nosotros descansar? (2:1–3) _____

_____

_____

3. ¿Cuándo podemos descansar? (2:1–3) _____

_____

4. ¿Descansa Dios porque estaba cansado? (2:1–3) _____

5. ¿Por qué descansa Dios? (2:1–3) _____

6. ¿Cómo es el primer día completo de Adán? (2:1–36) _____

7. ¿Cuándo termina la presente creación y empieza la nueva? (Apocalipsis 21:1)

_____

Medita
- Lee Salmo 8 y medita en la bondad de Dios hacia el hombre.
- Resume tus observaciones sobre Dios. (1:1–2:3)
- Resume tus observaciones sobre el hombre. (1:1–2:3)
- Resume tus observaciones sobre la tierra. (1:1–2:3)
- Resume tus observaciones sobre la palabra de Dios. (1:1–2:3)

Sugerencias para el maestro:
- Revisa los conceptos de teología bíblica del capítulo uno. Ayuda al alumno a ver los temas de la teología bíblica desde el texto de la semana de la creación. Algunos de los temas claves son: la Palabra de Dios, la presencia divina, el reino (autoridad) de Dios, tierra, descendencia (hombre), bendición (enfatiza "fructificad y multiplicaos") y descanso.

Génesis 1:1 indica que el protagonista de la historia es Dios; Él es quien está actuando. Dios es el creador de todo, habiendo hecho "los cielos y la tierra".[62] El versículo siguiente dirige la atención a la segunda de estas esferas, la tierra. La tierra está "desordenada y vacía" (1:2), pero entonces el Espíritu de Dios se acerca a la tierra y planea sobre ella como se mueve un pájaro sobre su nido.[63] Dios forma y llena la tierra. Los temas de la teología bíblica que aparecen inmediatamente son los conceptos de tierra, descendencia (llena) y la presencia divina.

La semana de la creación (1:3–2:3) se divide en siete días los cuales Moisés describe. Él marca cada día con la frase, "y dijo Dios" (vv. 3, 6, 11, 14, 20 y 24). Dios crea únicamente con su poderosa palabra; habla "y [es] así" (vv. 7, 9, 11, 15 y 30). Otro tema de la teología bíblica es evidente: la palabra de Dios. Su palabra es firme; siempre se cumple.

Como gobernador de su creación le da nombre a cinco elementos: a la luz llama día, a las tinieblas, noche; a la expansión, cielos; a lo seco, tierra; y a las aguas, mares. La acción de darle nombre a algo indica autoridad sobre esa cosa.[64] Dios gobierna sobre el día, la noche, los cielos, la tierra y el mar. En el capítulo siguiente,

---

62 Esta frase es una figura literaria llamada *merismo*, una herramienta literaria que usa palabras opuestas para abarcar un todo, como *alfa* y *omega*, o *cerca* y *lejos*.

63 El verbo *movía* en 1:2 se traduce revolotea en Deuteronomio 32:11. El Targum añade las palabras "como una paloma".

64 El tema del reino es introducido con esta evidencia de la autoridad de Dios: dominar y reinar.

Dios le da al hombre la autoridad de nombrar a los animales; va a participar con Dios en el gobierno de la tierra. El dominio de la moral de Dios sobre la creación se demuestra en los versículos 4, 10, 12, 18, 21 y 25 con la frase "y vio Dios que era bueno". Sólo Dios tiene el derecho de determinar si algo es bueno o malo y no le concede esta autoridad al hombre (2:16–17). El dominio del hombre está limitado a un agente de Dios; su autoridad está gobernada por la palabra de Dios. La bondad de la creación de Dios también muestra su carácter; Dios es bueno y todo lo que hace es bueno.

En los tres primeros días de la creación Dios ordena, o le da forma, a la tierra creando hábitats. Durante los siguientes tres días llena esos hábitats con seres vivientes. Los días cuatro a seis corresponden a los días del uno al tres de la siguiente manera: el primer día hace la luz, en el cuarto, luces. El segundo día crea el aire y el agua; el quinto los llena con pájaros y peces. El tercer día crea la tierra seca, en el sexto hace los animales terrestres y al hombre. Después de terminar la creación, la tierra ya no está desordenada ni vacía. Dios crea hábitats y los llena con habitantes; pero entre todos los habitantes hay uno que es supremo.

El enfoque de Dios en el hombre es evidente por el alto interés narrativo que hay en la descripción del hábitat del hombre: la tierra.[65] Lo mismo ocurre con los habitantes. Moisés describe el día seis con más detalle (8 versículos) que los días cuatro y cinco (6 y 4 versículos respectivamente). El hombre es claramente la joya de la creación de Dios; en comparación con el resto de la creación, se detiene para reflexionar consigo mismo antes de crearlo ("hagamos" [1:26]). Además, solo el hombre está hecho a la imagen y semejanza de Dios (1:26–27). El verbo crear se usa relativamente con poca frecuencia en el relato de la creación, pero relacionado con el hombre se usa tres veces (1:27).[66] Cuando hablamos de la creación, el hombre es el enfoque. Dios también le da al hombre el dominio sobre toda la creación (1:28).[67] Y además, después de crear al hombre el patrón cambia de "vio Dios que era bueno" a "era bueno en gran manera" (1:31). Después de hacer al hombre, Dios cesa de crear; el hombre es la culminación de su obra. Finalmente, el capítulo 2 da más detalles sobre la creación del hombre: Dios agarra polvo de la tierra para formarlo y sopla en él aliento de vida. Una interacción íntima toma lugar cuando Dios culmina su obra final.

Génesis 2:1–3 relata cómo Dios descansa, no por estar cansado, sino porque su obra está terminada. La creación disfruta de paz, armonía, seguridad y prosperidad. Todo está completo; no falta nada. Después se aclara que Dios quiere que el hombre descanse con Él. En la teología bíblica, el descanso es el estado que Dios desea para el hombre. Dios expresa su actitud benefactora hacia el hombre y hacia todos los seres vivientes a través de una bendición para ellos (1:22, 28). Los temas de bendición y descanso tienen sus raíces en la creación.

Toda la Biblia, excepto los dos últimos capítulos, trata de Dios y su trato hacia el mundo que creó en Génesis 1:1–2:3. Apocalipsis 21 empieza claramente con un eco de Génesis 1:1. Juan dice, "Vi un cielo nuevo y una tierra nueva; porque el primer cielo y la primera tierra pasaron". La creación original continúa hasta el final de la historia de la redención; después habrá una nueva creación como lo describe Juan.

---

65 Día uno (espacio): 3 versículos. Día dos (agua y atmósfera): 3 versículos. Día tres (tierra seca): 5 versículos.

66 Otros usos del verbo crear en el Pentateuco están en 1:1, 21; 2:3, 4; 5:1; 6:7; Éxodo 34:10; Números 16:30 y Deuteronomio 4:32.

67 En relación al dominio del hombre, Gregory K. Beale observa que "como él tenía que empezar a gobernar y dominar la tierra, debía extender las fronteras geográficas del Huerto de Edén hasta que el Edén se extendiera y cubriera toda la tierra. Esto significaba que la presencia de Dios que estaba limitada al Edén se extendería sobre toda la tierra. La presencia de Dios debía 'llenar' toda la tierra" en "Edén, el Templo y la Misión de la Iglesia en la Nueva Creación". JETS 48:1 (March 2005): 10–11.

GENEALOGÍA 1: LOS HIJOS DE LA TIERRA
GÉNESIS 2:4–4:26

Génesis 2:4–25

1. ¿Qué tienen en común Génesis 5:1, 6:9; 10:1; 10:32; 11:10; 11:27; 25:12, 13; 25:19; 36:1, 9 y 37:2?

   _____

2. La frase "estas son las generaciones de" también está en Génesis 2:4, pero se traduce de manera diferente en muchas versiones.

   ¿Puedes encontrar la frase en 2:4? _____

3. Marca los versículos de las dos preguntas anteriores. Después veremos por qué.

4. En este resumen del capítulo 1, ¿qué elementos enfatiza Moisés? (2:4–7) _____

   _____

5. ¿Qué dos cosas hace Dios de manera diferente al crear al hombre? (2:7) _____

   _____

   _____

6. La palabra hebrea para hombre es _____. La palabra hebrea para tierra es _____.
   Esto es un juego de palabras. ¿Qué está mostrando Dios sobre el hombre en este juego de palabras?
   (2:7) _____

   _____

7. ¿Qué dos temas de la teología bíblica están reflejados en este juego de palabras?

   _____

8. ¿Qué lugar especial prepara Dios para el hombre? *(2:8–9)* _____

   _____

9. ¿Hay alguna imperfección en el resto de la creación? _____

10. ¿Qué planta Dios en Edén? (2:8) _____

11. Describe el Edén. ¿Cómo es? (2:8–14) _____

    _____

Nota: La frase "huerto de Edén" sugiere una arboleda especial, o lugar sagrado en Edén.

12. ¿En qué parte del Edén pone Dios al hombre? (2:15) _____

13. ¿Qué dos verbos describen lo que el hombre tenía que hacer en el Edén? (2:15) _____

    _____

14. Lee Números 3:7–8; 8:26; 18:7 y Deuteronomio 11:16; 12:30 y 13:4. Los verbos traducidos "labrara" y "guardase" en Génesis 2:15 aparecen en estos versículos. ¿Quiénes son los que están "labrando y guardando" en estos contextos? _____

    _____

15. Si el resto del Pentateuco usa el verbo "labrar" y "servir" para hacer referencia a los sacerdotes, ¿qué función le da Dios a Adán (además de señorear)? _____

_____

16. ¿De qué árboles podía comer el hombre? (2:16) _____

17. ¿Cuáles son los dos árboles inusuales que hay en el huerto? (2:9) _____

_____

18. En el capítulo 1, ¿quién tiene el derecho de "ver" y llamar a las cosas "bueno" o "malo"? _____

19. Le da Dios al hombre el derecho de llamar a las cosas "bueno" o "malo" según le parezca? _____

Nota: Aparentemente, tomar del árbol «de la ciencia del bien y del mal» usurpa el derecho de Dios de determinar lo que es bueno y lo que es malo.

20. ¿Enfatiza Dios la libertad de comer de todos los árboles o la prohibición de no comer del árbol prohibido? (2:16) _____

21. ¿Qué dice Dios que pasará si el hombre usurpa su derecho de llamar a las cosas "bueno" o "malo"? (2:17) _____

Medita

¿Qué merece alguien que usa la bendición de Dios para rebelarse en contra de Él? ¿Cómo he hecho eso yo? ¿Qué merezco?

Sugerencias para el maestro:

- *Insiste en la justicia de castigar el pecado. Si tu estudiante no es salvo, evangeliza. Si tu estudiante es salvo, dirígelo a la maravilla del perdón en Cristo.*

22. ¿Qué parte de la creación comenta Moisés con más detalle todavía? (2:18–25) _____

_____

23. ¿Cómo crea Dios a la mujer? (2:21–22) _____

_____

24. ¿Qué evidencia física hay de la inocencia de Adán y Eva y de la confianza entre los dos? (2:25)

_____

25. ¿Qué temas de la teología bíblica describen mejor al hombre en su relación con Dios, la creación y la mujer al final de Génesis 2? _____

_____

Medita

¿Cómo quiere Dios que sea un matrimonio? ¿Es mi matrimonio así?

Sugerencias para el maestro:

- *Este es un buen momento para hablar de pecados específicos que tus estudiantes pueden estar practicando que dañan sus matrimonios. Si la esposa no es parte del estudio, enfócate específicamente en los pecados de tus estudiantes.*

Como se menciona arriba, el incremento de detalles de un autor en un evento indica mayor interés e importancia. Génesis 2:4 empieza una sección literaria nueva en la cual se da más detalle sobre la creación del hombre. Dios simplemente habla para crear el resto de la creación, pero con el hombre Dios se acerca a la tierra y se ensucia las manos, por así decirlo, para formar al hombre a su imagen, y después sopla en él aliento divino. El hombre está hecho del polvo de la tierra, dejando claro su relación con la tierra. La palabra hombre es אָדָם (adam) en hebreo; la palabra tierra en el versículo siete es אֲדָמָה (adamah).[68] Con este juego de palabras Moisés enfatiza el hecho de que el hombre (de la tierra) es muy terrenal. Las dos primeras palabras del versículo se traducen, "Éstas son las generaciones de...". La frase se repite con frecuencia en Génesis para hacer referencia a los descendientes de varios hombres (5:1; 6:9; 10:1, 32; 11:10, 27; 25:12, 13, 19; 36:1, 9; 37:2) y es una frase clave en el flujo del libro. El uso de esta frase en Génesis 2:4 es inusual. No es un recuento de "las generaciones de Adán", como en Génesis 5:1, sino "los orígenes de los cielos y de la tierra". Sorpredentemente, su descendiente es el hombre. Desde el primer versículo de la Biblia, el hombre y la tierra sobresalen como temas claves, y están conectados minuciosamente.

El hombre es creado de y para la tierra, pero en Génesis 2:8-9 Dios prepara un lugar especial para Adán y Eva: el Edén. Toda la tierra es buena, fértil y fructífera, pero el Edén es superior al resto. Tiene un jardín lleno de árboles con frutas deliciosas, agua abundante (cuatro ríos), oro y piedras preciosas: todo lo que el hombre pueda desear. Génesis 3:8 indica que también es el lugar donde Dios camina diariamente con Adán y Eva. En el Edén el hombre tiene la bendición de la presencia divina; tiene comunión directa con Dios. Por lo tanto, el huerto del Edén es un santuario especial en la tierra.

La idea de un santuario también se transmite por el trabajo que Dios le da al hombre. Génesis 2:15 dice que el propósito por el que se puso al hombre en el Edén es "trabajarlo y guardarlo". Las otras ocasiones donde Moisés usa estos dos verbos juntos en el Pentateuco hacen referencia al servicio sacerdotal.[69] Por lo tanto, Dios pone al hombre en el santuario del Edén como un tipo de sacerdote. Él debe servir a Dios y guardar sus palabras. Adán es a la vez un gobernador y sacerdote. Tener que guardar la palabra de Dios se hace más explícito con la prohibición de comer del árbol del conocimiento del bien y del mal (2:16-17). La autoridad del hombre está bajo la autoridad de Dios. Pero incluso con esta limitación, el énfasis no está en la prohibición, sino en el permiso de comer de los demás árboles buenos.[70] El amo bajo quien el hombre sirve es bueno. Y también es justo; el hombre debe ser castigado con la muerte si sobrepasa su libertad y desobedece.

En la próxima sección Moisés da detalles sobre la formación de la mujer. Dios, que evalúa y juzga todo, ve que no es bueno que el hombre esté solo. En su bondad resuelve el problema formando a la mujer de un costado de Adán. Se demuestra la íntima relación de Dios con el hombre; como un padre, Dios le busca una esposa a su hijo, Adán, y después se la presenta al hombre tiernamente en el primer matrimonio. Su perfecta armonía se evidencia por su desnudez sin vergüenza. El hombre está en paz no solo con Dios y la naturaleza, sino también con su compañera. Él está seguro en todas sus relaciones; como resume Génesis 1:31, "era bueno en gran manera".

Génesis 3

1. ¿Quién entra en escena en Génesis 3:1? _____

2. ¿Quién es la serpiente según Apocalipsis 12:9? _____

3. ¿En qué se enfoca Satanás? (3:1) _____

4. ¿Se enfoca Satanás en la libertad o en la prohibición? (3:1) _____

5. ¿Qué niega la serpiente? (3:4) _____

_____

---

68 Moisés usa dos palabras para referirse a la tierra: אֶרֶץ y אֲדָמָה. Algunos versículos como Génesis 2:5 y 6 tienen las dos palabras. Son similares y pueden ser traducidas *tierra*, pero la primera palabra hace referencia al planeta Tierra y la segunda hace alusión al suelo. La elección de la segunda en 2:7 resalta el origen terrenal del hombre.

69 Números 3:7, 8; 8:26; 18:7; Deuteronomio 11:16; 12:30; y 13:4.

70 Observa las estructuras gramaticales paralelas en 2:16 y 17 del Capítulo 1, arriba.

6. Compara 3:4 con 2:17. ¿Qué decisión tiene que hacer Eva? _____
_____

7. ¿Qué acusación contra Dios está implícita en la pregunta de Satanás? (3:5) _____
_____

8. Según Satanás, ¿cómo es Dios? (3:5) _____

9. En Génesis 1 y 2, ¿quién "vio [qué] era bueno" o no? _____

10. Según Dios, ¿sería bueno o malo comer del árbol de la ciencia del bien y del mal? _____

11. ¿Qué autoridad usurpa Eva cuando "vio que el árbol era bueno para comer"? (3:6) _____
_____

12. ¿Qué ocurre cuando Adán y Eva pecan? (3:7) _____
_____

13. ¿Qué implicaba estar "desnudo y no avergonzarse" en 2:25? (3:7) _____

14. ¿Por qué Adán y Eva cosen hojas de higuera? (3:7) _____

15. Cuando Dios va al huerto y se pasea, ¿qué hacen Adán y Eva? (3:8) _____

16. ¿Se habían escondido antes de la presencia de Dios? (3:8) _____

17. ¿Por qué se esconden esta vez? _____
_____

18. ¿Por qué tiene Adán miedo? (3:10) _____

19. ¿A qué dos personas culpa Adán por su pecado? (3:12)_____
_____

20. ¿Qué palabra aparece en los dos versículos? (3:14, 17) _____

21. Cuando Dios maldice a la serpiente, ¿qué esperanza hay para el hombre? (3:15) _____
_____

22. ¿Cuántas simientes habrá? (3:15) _____

23. ¿Cuál será la relación entre las dos simientes? (3:15) _____

24. ¿Qué le hará la simiente de la serpiente a la simiente de la mujer? (3:15) _____
_____

25. ¿Qué le hará la simiente de la mujer a la simiente de la serpiente? (3:15) _____
_____

26. ¿Qué esperanza hay para la humanidad? (3:15) _____
_____

27. ¿De la simiente de quién vendrá la victoria? (3:15) _____

28. ¿En qué dos áreas es castigada la mujer? (3:16) _____
_____

29. Si la mujer tendrá dolor en el parto, ¿morirá ese día? (3:16) _____

30. ¿Qué maldice Dios a causa del hombre? (3:17–19) _____

31. ¿En qué contexto promete Dios al salvador? (3:14–19) _____

32. ¿Qué hace Adán en 3:20? (3:20) _____

_____

33. ¿Qué les hace Dios a Adán y Eva? (3:21) _____

34. ¿Estaban desnudos cuando Dios los vistió? (3:21) _____

35. Si no están desnudos, ¿por qué les hace Dios ropa? (3:21) _____

_____

36. ¿Qué material usa Dios para las ropas de Adán y Eva? (3:21) _____

37. ¿De dónde obtiene Dios las pieles? (3:21) _____

_____

38. ¿Por qué sería malo vivir para siempre? (3:22–24) _____

_____

39. ¿Qué hace Dios con Adán después de que Adán pecó? _____

_____

40. ¿Qué le ocurre al árbol de la vida? (3:22–24) _____

_____

El conflicto empieza cuando Satanás, el antagonista de toda la historia, se entromete en la escena idílica del Edén. Haciéndose pasar por una serpiente, el enemigo de Dios cuestiona la palabra de Dios. Tuerce las instrucciones de Dios, ignorando el permiso que el hombre tiene de comer libremente de los árboles del huerto y exagerando la prohibición para que parezca demasiado restrictiva. Después contradice directamente a Dios, negando las consecuencias de comer el fruto del árbol prohibido. Le asegura a Eva que no habrá castigo y da a entender que Dios les está ocultando alguna bendición.

Dios indicó que sería malo para el hombre comer del fruto del árbol, pero ahora Eva ve el árbol y decide que es "bueno para comer" (3:6). Ella y Adán desobedecen a Dios, rebelándose contra Él al usurpar su derecho de decidir lo que es bueno para ellos. Inmediatamente reconocen que han hecho mal y experimentan la pérdida de paz e inocencia.[71] No era la intención de Dios que experimentaran el conocimiento del mal. De inmediato su relación mutua y con Dios fue destruida. La reacción de Adán ante su pecado establece un patrón que se repetirá a través de la historia de la humanidad: el hombre trata de cubrir su pecado y huye de la presencia de Dios. Adán y Eva ya no quieren estar con Dios; el momento más especial del Edén se convierte en un tiempo de temor. Cuando Dios les pregunta, dándoles la oportunidad de confesar su pecado, en vez de hacerse responsables, le echan la culpa a otros, incluyendo a Dios. Adán dice: "La mujer que *tú me diste* [énfasis añadido] por compañera me dio del árbol" (3:12). Empieza otro patrón que continúa hasta hoy: evadir la culpa y dar excusas.

---

71 La desnudez es el estado del hombre al concluir la creación perfecta (2:25); su vergüenza es evidencia de la caída (3:7); y la acción de Dios de cubrirla es una figura de la salvación que Él mismo proveyó para el hombre (3:21).

Dios es justo y el pecado del hombre trae castigo. La maldición recae primero sobre la serpiente (3:14–15). Sin embargo, en la maldición el hombre escucha una promesa maravillosa: Dios proveerá un conquistador, de la simiente de la mujer, que derrotará a la serpiente y su simiente.[72] Este campeón le dará a Satanás un golpe letal, pero su victoria tendrá un costo ya que será herido.[73] El conflicto central de la Biblia es la lucha entre dos simientes, o dos familias. La simiente de la serpiente siempre intentará eliminar la simiente de la mujer o maldecir lo que Dios ha bendecido de la misma manera que hizo en el Edén. El resto del Antiguo Testamento cuenta la historia de la continua batalla, y el papel de Israel en ella. De manera significativa, la primera promesa de salvación se encuentra en un contexto de juicio y maldición.[74] También el juicio cae sobre el hombre, pero Dios muestra misericordia hacia Adán y Eva y no mueren físicamente de inmediato. La mujer es castigada con dolor en el parto, el proceso a través del cual vendrá la simiente prometida. El hombre no es maldito directamente en su castigo, sino más bien la tierra sobre la que él trabajará duramente. Una vez más, hay una conexión entre el hombre y la tierra; salió del polvo y al polvo volverá. Cuando Adán cae, su reino o esfera es afectada; se desfigura el lugar creado para el hombre. Sin embargo, la Biblia describe cómo la victoria sobre Satanás redimirá la tierra algún día (Ro 8:22–23). Adán responde a la promesa de un redentor llamando a su esposa Eva, madre de todos los vivientes (3:20), una evidencia de su fe en la promesa de Dios.

En el primer juicio de Dios sobre el hombre, no solo promete un salvador futuro (3:15), sino que también en su misericordia cubre a Adán y Eva, lo que muestra la esencia del evangelio (3:21).[75] El hombre no puede salvarse a sí mismo; Dios rechaza el intento de Adán y Eva de tratar con su pecado cubriéndose con hojas de higuera (3:7). En Génesis 3:2-23 Dios elimina el acceso del hombre al árbol de la vida para que no viva siempre bajo la maldición, una bendición en medio del juicio. El resultado más triste del pecado del hombre es que es separado de la presencia de Dios; él es expulsado del santuario y el árbol de la vida desaparece, para no ser visto otra vez hasta la nueva creación (Ap 22:2, 14).[76]

La conexión de Israel con el Edén

1. ¿Qué dos ideas contrarias se encuentran en Génesis 1:28 y 3:14–19? _____

   _____

2. ¿Cuál de las dos ideas es el deseo de Dios para el hombre? _____

3. ¿Cuándo maldice Dios la tierra? _____

   _____

4. Según Génesis 12:1–3, ¿en la familia de quién continúa la tensión "bendición/maldición"?

   _____

5. ¿Todavía quiere Dios bendecir al hombre? (12:1–3) _____

6. ¿Cómo dice Dios que bendecirá a las naciones desde este momento? (12:1–3) _____

   _____

7. ¿Proviene Abraham de la simiente de la mujer o de la simiente de la serpiente? (12:1–3)

   _____

---

72 La expresión "la simiente de la mujer" es significativa. Sería más natural hacer referencia a la simiente del hombre, pero Dios no lo hace, indicando la forma en la que vendría el Salvador. La redención vendría de una fuente ilógica, no como el hombre hubiera esperado. No sería a través de poder y grandeza, sino de debilidad. Génesis 3:15 introduce el tema de la teología bíblica de debilidad.
73 Satanás le "herirá en el calcañar" (3:15).
74 Salvación a través de juicio es otro tema principal de la teología bíblica que este manual trata.
75 Zacarías 3 usa la misma figura; se le da al sacerdote vestiduras limpias que representan justicia imputada. Romanos 3:21-4:25 explica la teología de la figura y después Pablo usa la metáfora de vestir para describir la vida cristiana (Ro 13:12–14; Ef 4:24; Co 3:10–12).
76 Si surge una pregunta sobre el origen del mal, ver http://www.miapic.com/crea-dios-el-mal o http://www.miapic.com/por-qu%C3%A9-existe-tanta-maldad-y-sufrimiento-en-el-mundo.

8. ¿Qué ocurrirá con los que bendicen a la familia de Abraham? (12:1–3) _____

_____

9. ¿Qué ocurrirá con los que maldicen a la familia de Abraham? (12:1–3) _____

_____

10. ¿Dónde pone Dios al hombre? (2:8–14) _____

_____

11. ¿Cómo es el lugar donde Dios pone al hombre? (2:8–14) _____

_____

12. ¿Cuál es la mayor bendición del huerto de Edén? (3:8) _____

_____

13. ¿Dónde va a poner Dios a Israel? (Éx 3:8–7) _____

_____

14. Además, ¿de cuál otra bendición disfrutará Israel en esa tierra? (Éx 3:8–7) _____

_____

15. ¿Quién reinará a través de que Israel posea la tierra? (Éx 15:18) _____

16. ¿Qué similitud hay entre Israel (Éx 15:17–18) y Adán (Gn 1:28)? _____

_____

17. Compara Génesis 2:16–17 con Éxodo 20:1–17. ¿Con la autoridad de quién debe gobernar Adán al mundo?

_____

18. ¿Con la autoridad de quién debe gobernar Israel al mundo? _____

19. Compara Génesis 1:26, 28 y Números 24:19. ¿Quién tendrá dominio? _____

_____

20. Compara Génesis 1:28 con Éxodo 1:7. ¿Qué otra similitud hay entre Adán e Israel?

_____

21. Compara Génesis 3:23–24 con Deuteronomio 29:27–28. ¿Qué otra similitud hay entre Adán e Israel?

_____

22. Lee Apocalipsis 21 y 22: "Una perpectiva eterna". Compara la siguiente lista de versículos. Observa las similitudes primero y después las diferencias entre el primer santuario, Edén, y el final, la Nueva Jerusalén.

Sugerencias para el maestro:

• *Nota para el maestro: Las respuestas pueden ser diferentes. Las respuestas siguientes son las "mejores".*

EDÉN Y LA NUEVA JERUSALÉN		
Similitudes		
Génesis	Apocalipsis	
1:1	21:1	
2:10	22:1	
2:11–12	21:21	
2:12	21:11, 12	
2:9, 16	22:2	
3:7	22:2	
2:21–25	21:1	
1:14	22:2	
2:9; 3:22–24	22:2, 14	
3:8	21:22	
Diferencias		
-----------	21:1	
1:2, 6, 9–10	21:1	
1:14–18	21:23; 22:5	
1:5, 8, 13, 19, 23	21:23; 22:5	

3:14–19	22:3	
2:8, 25	21:24–26	
3:10	21:8	
3:16	21:4	
3:16–17	21:4	
4:4	21:4	
3:24	21:25; 22:14	
3:24	21:7	

23. ¿Cómo es la Nueva Jerusalén en comparación con el Edén? _____
_____

24. A la luz de esta comparación, ¿Será cumplida la intención original de Dios para el hombre? _____
_____

Excursus: Primera Creación vs. Creación Final

Antes de continuar con este estudio observa que la Nueva Jerusalén que se describe en Apocalipsis 21 y 22 es similar al Edén en muchas maneras, pero también hay grandes diferencias. La comparación muestra que la intención original de Dios para el hombre se cumplirá. De hecho, el final será mejor que el principio; Dios no solo le restaurará el paraíso perdido al hombre sino que también traerá su paraíso a la tierra y morará eternamente con el hombre.[77]

Similitudes

Las palabras de Apocalipsis 21:1, "un cielo nuevo y una tierra nueva", ligado desde el principio a Génesis (Gn 1:1), y continúan las similitudes. Génesis 2:10 describe un río que fluye desde el Edén y se divide en cuatro ramas; en Apocalipsis 22:1 un río fluye del trono de Dios. Es una bendición tener abundancia de agua pura en el Edén, pero será una bendición mayor tener el agua de vida fluyendo libremente. Génesis 2:11–12 describe el buen oro que se encuentra en el Edén; en la Nueva Jerusalén las calles son de oro puro, transparente como el vidrio (Ap 21:21). El Edén tenía dos piedras preciosas, bedelio y ónice (Gn 2:12); el brillo de la Nueva Jerusalén es como "de una piedra preciosísima, como piedra de jaspe, diáfana como el cristal" (Ap 21:11); las paredes son de jaspe, los cimientos están adornados con toda piedra preciosa y las puertas están hechas de perlas (Ap 21:19, 21). En el Edén había mucha fruta disponible para que el hombre la disfrutara (Gn 2:9, 16); en la ciudad celestial la fruta de los árboles cambia cada mes (Ap 22:2). Hojas (Gn 3:7; Ap 22:2), matrimonio (Gn 2:21–25; Ap 21:1) e incremento de tiempo (Gn 1:14; Ap 22:2) son otras similitudes entre el Edén y la Nueva Jerusalén. Una de las conexiones más importantes entre el primer paraíso y el final es la presencia del árbol de la vida. Predominante en el Edén, el árbol no se menciona otra vez hasta que Dios promete que la iglesia comerá de él (Ap 2:7). En Apocalipsis 22 describe el río de la Nueva Jerusalén que está disponible para las naciones de la tierra.[78] Sobre todo, la presencia de Dios está otra vez con el hombre en la Nueva Jerusalén (Ap 21:3) como en el principio (Gn 3:8). Como en el Edén, no hay templo (Ap 21:22) porque el hombre tiene acceso directo a la presencia de Dios. Al final Dios arregla todo lo que el hombre arruinó al pecar; su intención para el hombre no es frustrada. El mal será derrotado y el hombre descansará en paz con Dios, con otros y con la creación misma.

Diferencias

La desigualdad es evidente en las similitudes entre el principio y el final de la Biblia. Por ejemplo, una cosa es excavar para encontrar oro y piedras preciosas (Edén); y otra cosa es construir con esos materiales (Nueva Jerusalén). En Edén se encuentran dos piedras preciosas; hay doce en la Nueva Jerusalén. La primera creación pasará, pero la nueva permanecerá (Ap 21:1). En la primera creación el mar es muy importante (Gn 1:2, 6, 9–10, 20–22); ni siquiera existe en la segunda (Ap 21:1). Algo similar ocurre con los cuerpos celestes. En la primera creación gobiernan el día y la noche (Gn 1:14–18); en la Nueva Jerusalén no se necesita luz (Ap 21:23; 22:5).[79] Los días de la creación están divididos por la noche y la mañana, pero en la ciudad de Dios no hay noche (Ap 21:23; 22:5). En el santuario del Edén hay dos personas; en el santuario eterno encontraremos naciones (Ap 21:24–26). En el Edén hay tentación y pecado; en la Nueva Jerusalén no habrá ninguno (Ap 21:27; 22:15). El primer paraíso está lleno de bendición hasta que entra el pecado y con él la maldición (Gn 3:14–19); en el verdadero paraíso no habrá maldición (Ap 22:3). Las consecuencias del pecado: el temor (Gn 3:10), dolor (3:16), tristeza (3:16–17), muerte (2:17) y asesinato (4:4), todos corrompieron el santuario. En la Nueva Jerusalén se elimina el temor (Ap 21:8), dolor (Ap 21:4), tristeza (Ap 21:4), muerte (Ap 21:4) y asesinato (Ap 21:8). Cuando el hombre es expulsado del Edén, el acceso al árbol de la vida es eliminado (Gn 3:22–24); en la consumación de todas las cosas, se restaura el "derecho al árbol de la vida" (Ap 22:14). El hombre no es desheredado (Gn 3:24); hereda todas las cosas en Cristo (Ap 21:7).

Desde Génesis hasta Apocalipsis, la Biblia cuenta cómo Dios rescata al hombre de su pecado y restaura su condición inicial. La comparación entre el Edén y la Nueva Jerusalén muestra que la redención será perfecta y completa. La relación íntima de Dios con el hombre será restaurada: "el tabernáculo de Dios con los hombres, y Él morará con ellos, y ellos serán su pueblo" (Ap 21:3). El Pentateuco se enfoca en el papel de Israel en el plan divino para rescatar a la humanidad.

---

78 El único lugar donde se menciona el árbol aparte de Génesis 1–3 y Apocalipsis 21–22 es en Proverbios, donde se usa el término poéticamente (Pr 3:18; 11:30; 13:12; 15:4).

79 Es importante distinguir entre la nueva creación y la Nueva Jerusalén. Apocalipsis 22:5 dice que "no habrá allí más noche". Esto hace referencia a la ciudad; se presume que la tierra rotará alrededor del sol y habrá ciclos de día y noche en los demás lugares.

La familia de Caín, Génesis 4

1. ¿Qué promesa guió a Adán y Eva (3:15)? _____

    _____

2. ¿Qué hijo tuvieron Adán y Eva? (4:1) _____

3. ¿Qué significa su nombre? _____

4. ¿Qué parece indicar el nombre que le dieron sobre las expectativas que tenía de él? _____

    _____

5. ¿Qué otro hijo tuvieron Adán y Eva? (4:2) _____

    Nota: Abel significa vanidad.

6. ¿Cuál de los dos agradó a Dios con su ofrenda? (4:3–5) _____

7. ¿Cuál de los dos parece ser «la simiente de la mujer»? _____

8. ¿Cuál de los dos parece ser «la simiente de la serpiente»? _____

9. ¿Qué le hace "la simiente de la serpiente" a "la simiente de la mujer"? (4:8) _____

10. ¿Qué similitud hay en el trato que Dios le da a Caín y Adán? (4:6–7, 9–10) _____

    _____

11. ¿Por qué hace Dios preguntas si ya conoce las respuestas? (4:6–7, 9–10) _____

    _____

12. ¿Cómo responde Caín a las preguntas de Dios? (4:8, 9) _____

    _____

13. ¿Qué palabra se repite cuatro veces en estos versículos? (4:10–14) _____

14. ¿Con qué tema de la teología bíblica se asocia esta palabra? _____

15. ¿Qué verdad sobre Dios podemos ver en estos versículos? (4:4–5, 9–10) _____

    _____

16. ¿Cuál es la respuesta de Dios al pecado del hombre? _____

17. ¿Qué provocará siempre el pecado? _____

18. ¿Cómo responde Dios cuando Caín se queja por la severidad del juicio? (4:15) _____

    _____

19. ¿Se somete Caín al juicio de ser "errante y extranjero por la tierra" (4:12)? (4:17) _____

20. ¿Cuál es el nombre del descendiente de Caín en la séptima generación desde Adán (empezando por Adán

    como la primera)? (4:19–24) _____

21. ¿Cómo es Lamec? (4:23–24) _____

22. ¿Sobre qué temas escribe poemas Lamec? _____

23. ¿Pareciera que la familia de Caín, especialmente Lamec, salva vidas o quita vidas? _____

    _____

24. Describe la venganza que planea Lamec. (4:23–24) _____

_____

25. ¿Qué hace Dios para preservar su promesa de "la simiente de la mujer"? (4:25–26) _____

_____

26. ¿Qué indica que Set es de la simiente de la mujer? (4:26) _____

_____

Obviamente Adán y Eva no tenían los dos últimos capítulos de la Biblia para informarles del plan de Dios. En Génesis 3, solo tenían la promesa de que la simiente de la mujer triunfaría sobre el mal y Satanás. Muchas veces la palabra simiente simplemente hace referencia a un hijo. Es probable que cuando nació el primer hijo de Adán y Eva, pensaron que habían recibido el cumplimiento de la promesa, por eso lo llamaron Caín (recibido, 4:1). Puede que la naturaleza pecaminosa de Caín les mostrara que él no era el cumplimiento de la promesa; al segundo hijo lo llamaron Abel (vanidad). Abel adora y agrada a Dios, mostrando que es un hombre de fe, pero Caín no agrada a Dios y se convierte en el enemigo del pueblo de Dios.

Dios trata con Caín de una forma similar a Adán después de su pecado. Le pregunta, le advierte, apela a su conciencia y le da la oportunidad de arrepentirse. Pero Caín se niega. En lugar de creer, se levanta contra su hermano creyente y lo mata. Definitivamente, Caín no es un salvador; de hecho, es un asesino. Caín, igual que Adán, niega su responsabilidad cuando Dios le vuelve a preguntar. Pero el hombre no puede esconder su pecado del omnisciente Dios; Dios lo ve y lo castiga. Caín es maldito, y una vez más la maldición está relacionada con la tierra. Caín será un "errante y fugitivo" (4:12); no tendrá una morada segura en la tierra.[80] No tendrá descanso. Cuando Caín se queja de su castigo, Dios muestra su misericordia prometiendo vengarse de cualquiera que lo mate. Incluso así, Caín persiste en su rebelión. No se sujeta a su castigo, sino que construye una ciudad en contra de la voluntad de Dios.

Moisés traza la genealogía de Caín empezando en el versículo 18. Se detiene en la séptima generación para enfocarse en Lamec, describiendo cómo pervierte el plan de Dios para la familia (4:19) y la justicia (4:23–24). La perversión sexual y la violencia caracterizan a la simiente de la serpiente. Lamec planea una venganza desproporcionada, incluso si el ofensor es un niño.[81] Incluso escribe un poema sobre su plan violento. Lamec es peor que Caín. Sin embargo, Dios es fiel a su promesa; Moisés registra (fuera del orden cronológico) el reemplazo de Caín, Set (sustituto). Set muestra evidencias de que su línea es la simiente de la mujer al invocar el nombre de Jehová (4:25–26).

GENEALOGÍA 2: LA SIMIENTE EN LOS HIJOS DE ADÁN
GÉNESIS 5:1–6:8

La familia de Set

1. Compara Génesis 4:16–19 y 5:3–32. Nota las similitudes y las diferencias. *(Viene abajo en el texto.)*

_____

_____

2. Génesis 4:16–19 es la genealogía de _____. Génesis 5:3–32 es la genealogía de _____.

3. ¿Cuántos nombres hay en cada genealogía? _____

---

80 La idea de exilio de Génesis 3:23–24 se repite. También se presagian las maldiciones de Deuteronomio de que el pueblo perderá sus tierras a causa de la desobediencia.

81 La palabra *joven* (4:23) se usa para hacer referencia a un niño.

4. ¿Qué nombre está en las dos genealogías? _____

5. ¿Sobre quién comenta Lamec en ambas listas? _____

6. ¿Cuáles son las tres últimas palabras de estos versículos? (5:5, 8, 11, 14, 17, 20, 28, 31) _____
_____

7. ¿Se usa esta frase con respecto a Enoc? ¿Por qué? (5:21–24) _____
_____

8. ¿Se mencionan las muertes de los hijos de Caín en el capítulo 4? _____

9. ¿En qué generación desde Adán vive Enoc? _____

10. ¿Quién es el contemporáneo de Enoc en la familia de Caín? (4:16–19) _____

11. ¿Cuánto vive Lamec? (4:16–19) _____

12. ¿Cuántos años vive el otro Lamec? (5:31) _____

13. ¿Cómo ilustra esto una diferencia entre las dos listas? _____
_____
_____

14. ¿Por qué son conocidos los hijos de Caín? (4:20–22) _____
_____

15. ¿Por qué son conocidos los hijos de Set? (5:21–24, 28–31) _____
_____

16. ¿Continúa la genealogía de Caín en otra parte? _____

17. ¿Continúa la genealogía de Set en otra parte (6:9)? _____

Nota: Noé significa *descanso* o *consuelo*. (5:29)

18. ¿Qué anhelaba Lamec? (5:29) _____

19. ¿Es correcto que él anhelara descanso? _____
_____

20. ¿Qué impide que el hombre tenga el descanso que Dios quiere para él? (5:29) _____
_____

21. Observa cómo Moisés contrasta la familia de Caín (4) con la familia de Set (5). ¿Cuál familia es "la simiente de la mujer" y cuál "la simiente de la serpiente"? _____
_____

22. ¿Cuántas familias espirituales se mencionan en estos dos versículos? (6:1–2) _____
_____

23. ¿Cuántas familias espirituales o reinos hay en el mundo? (Colosenses 1:13; Juan 8:44) _____

24. A la luz del contraste entre las dos familias, ¿En qué familia están "los hijos de Dios" y en qué familia "las hijas de los hombres"? _____
_____

25. ¿Qué nueva estrategia usa Satanás para destruir la pureza de la semilla divina? _____

_____

26. Describe el estado espiritual del mundo. (6:5) _____

27. Observa la palabra clave "tierra". ¿Qué planea hacer Dios? (6:6–7) _____

_____

28. ¿Qué palabra aparece ocho veces en estos versículos? (6:11–13, 17) _____

29. ¿A qué afecta el juicio de Dios además de al hombre? (6:6) _____

_____

30. ¿Qué halló Noé? (6:8) _____

_____

31. ¿Qué ocurrirá con la promesa del salvador si Dios no le muestra gracia a Noé? _____

_____

La segunda genealogía de Génesis empieza en 5:1. Este capítulo, junto con el capítulo 4, ilustra cómo Moisés desarrolla la búsqueda de la simiente prometida, el conquistador. A través del libro, Moisés compara y contrasta las dos simientes, empezando siempre con la familia que pertenece a la simiente de la serpiente (4). Describe los errores de esta familia que la elimina de la búsqueda de la simiente prometida y después continúa describiendo la familia que pertenece a la simiente de la mujer (5).

Las generaciones de Caín y Set en Génesis 4 y 5 tienen tres cosas en común: las dos contienen diez nombres, registran una familia y terminan con un hombre llamado Lamec y sus hijos. Pero hay más diferencias que similitudes en las genealogías. Se dan pocos detalles sobre la familia de Caín, indicando que no es importante. Por ejemplo, en la familia de Caín no se dan las edades de los hombres cuando tienen su primer hijo y cuando mueren, pero en la línea de Set sí se mencionan. El registro de la línea de Caín termina con el impío Lamec; la historia de Set continúa en 6:4 con el hijo del piadoso Lamec, Noé, y su familia. Los pocos detalles que se dan sobre la familia de Caín se enfocan en la habilidad humana (4:20–22); en la familia de Set se describe la vida espiritual (5:21–24; 28–31). Enoc, el descendiente de Set, que es de la misma generación que el Lamec impío,[82] "caminó con Dios" (5:24) y va al cielo directamente sin morir.[83] El Lamec de Génesis 4 amenaza a la gente con la muerte; el Lamec del capítulo 5 le desea a su hijo descanso y consuelo, igual lo que Dios desea para el hombre.[84]

Igual que la historia de la línea de Set continúa en el capítulo 6, aparece una nueva amenaza para la simiente divina. Los primeros versículos después de la comparación entre las dos familias (capítulos 4 y 5) parecen indicar que los hijos de Set (los "hijos de Dios") empiezan a mezclarse con las hijas de Caín ("las hijas de los hombres"), poniendo en peligro la pureza de la simiente de la mujer.[85] Si Satanás no puede eliminar la simiente exterminando su línea, intentará diluirla.

---

82 Judas 14 dice que Enoc era el séptimo desde Adán; Lamec también era el séptimo (Gn 4).
83 El registro de las demás personas termina con la frase "y murió".
84 Las palabras que describen el descanso de Dios en el séptimo día (Gn 2:1–3) son repetidas por Lamec en 5:29.
85 Otra interpretación común de este pasaje es que los "hijos de Dios" es una referencia a los ángeles que en este momento pecan con "las hijas de los hombres".

GENEALOGÍA3: NOÉ, EL AGENTE DE DIOSPARA LA NUEVA CREACIÓN
GÉNESIS 6:9–9:29

Génesis 6–9

1. ¿Cómo se manifiesta la gracia de Dios hacia Noé? (6:9) _____

   _____

2. ¿En qué se parece Noé (6:9) a Enoc (5:24)? _____

3. ¿Cómo responde Dios al pecado del hombre? (6:13) _____

   _____

4. ¿Qué provee Dios en medio del juicio? (6:11–21) _____

   _____

5. ¿Quién se salvó porque Noé creyó y obedeció? (6:18–21; 7:6–9, 11–16) _____

   _____

6. ¿Qué dice Dios que establecerá con Noé? (6:18) _____

7. ¿Qué indica que Noé cree a Dios? (6:22; 7:5) _____

8. ¿Cuál es la respuesta de Dios al pecado del hombre? (7:17) _____

9. ¿Con qué juzga Dios a todo ser viviente? (7:21–24) _____

10. ¿Por qué mueren incluso los animales? (Pista: Génesis 1:26) (7:21–24) _____

    _____

11. ¿Qué puedes observar sobre las palabras de Dios? (6:7, 13, 17; 7:4, 10, 17–24) _____

    _____

Adán y Noé: Similitudes

1. ¿Quién está con Noé en el arca? (8:16) _____

   _____

2. ¿En qué se parece a Adán en el Edén? _____

   _____

3. ¿Qué versículo en Génesis 1 empieza exactamente de la misma manera que el 9:1? _____

   _____

4. ¿Qué nos dice esto sobre el deseo y los planes de Dios para el hombre? _____

   _____

5. ¿Qué hay en común entre 9:1 y 1:28 (y 8:17)? _____

   _____

6. ¿Qué hay en común entre 9:2 y 1:28? _____

7. ¿Qué hay en común entre 9:6 y 1:26? _____

Adán y Noé: Diferencias

1. ¿Qué diferencias hay entre 8:21 y 2:25? _____

    _____

2. ¿Qué diferencias hay entre 9:6 y 1:26? _____

    _____

3. Adán falló en un ambiente perfecto. ¿Es probable que el hombre tenga éxito en el nuevo comienzo después

    de la inundación? (9:8–17) _____

4. ¿Qué hace el "salvador del mundo" en esta historia? (9:18–24) _____

    _____

5. ¿Qué vio Cam? _____

6. ¿Qué mostró el descontrol y el pecado de Noé? (La misma respues de arriba) _____

    _____

7. ¿Qué mostró la **inocencia** de Adán y Eva (2:25)? _____

8. ¿Era Noé el cumplimiento de la promesa de Génesis 3:15? _____

9. Si él no es, ¿qué pregunta debería estar haciéndose el lector? _____

    _____

10. ¿Cuál es la primera palabra que Noé dice respecto a Canaán, el hijo de Cam? (9:25) _____

    _____

11. ¿Cuál es la primera palabra que Noé dice respecto a Sem? (9:26) _____

12. ¿Cómo nos ayudan estos versículos a saber en qué familia vendrá el salvador prometido? (9:25–26)

    _____

13. ¿A cuál de las dos familias pertenece Israel? _____

    _____

14. ¿Cuál es el nombre de la tierra que Israel va a poseer (está en 9:25)? _____

15. ¿A quién bendice Noé? (9:26) _____

    _____

16. ¿Cuál de los tres hijos de Noé está asociado con bendición? (9:26) _____

El abismal estado espiritual del hombre, creado a la imagen de Dios para disfrutar de comunión con Él, entristece grandemente a Dios (6:7). La corrupción es tan profunda que la única solución es arrasar con todo y empezar otra vez; volver a "crear" el mundo a como era. El castigo de la destrucción no solo recae sobre el hombre, sino también sobre la creación que debía gobernar. Como en el huerto del Edén, los animales e incluso la tierra misma sufrirían los efectos del pecado del hombre. Pero la gracia de Dios alcanza a Noé; Dios escoge usarlo para preservar a la humanidad (la simiente), los animales, la tierra, y lo más importante, continuar con su plan de mandar a un conquistador. Noé muestra que pertenece a la línea de Dios de la misma manera que su bisabuelo Enoc: camina con Dios. También demuestra su fe al construir el arca, así "condenó al mundo" (He 11:7) y se salvó al mismo tiempo. El tema de la teología bíblica de salvación en un contexto de juicio se repite en la historia del segundo agente de Dios, Noé.

El tema de la teología bíblica de la palabra de Dios es prominente en la historia del diluvio. El castigo anunciado por Dios llegó exactamente como Dios dijo que llegaría (7:17) y cuando Él dijo (7:4, 10). Dios cumple su promesa de hacer un Nuevo Pacto con Noé (6:18; 9:9-17). La palabra de Dios es confiable.

La respuesta de Dios al pecado está de acuerdo con su carácter justo: lo castiga. El castigo no ha cambiado; todavía es la muerte. Pero en medio del juicio Dios proporciona la salvación a través de una fuente inesperada: un barco de madera.[86] Esta salvación, traída a través de Noé, no solo le beneficia a él; también favorece toda la esfera donde gobierna el hombre. Noé, el salvador del mundo, preserva la vida y es con quien Dios establece un pacto. En el diluvio Dios limpia el globo, sumergiéndolo en el agua como en el principio. Génesis 9 lleva al lector de regreso a Génesis 1-2, con Noé como el nuevo Adán. A Noé se le dan las mismas instrucciones que a Adán, con las mismas bendiciones: debe fructificar, multiplicarse y llenar la tierra.[87] Él todavía reina (9:2) y todavía tiene la imagen divina (9:6).

Sin embargo, la posición de Noé como el nuevo primer hombre es muy inferior a la de Adán. Noé no vive en el Edén, sino en un mundo desfigurado. El hombre no es inocente (Gn 2:25), sino más bien "el intento del corazón del hombre es malo desde su juventud" (8:21). El diluvio eliminó a los pecadores de la tierra, pero no podía quitar el pecado. La salvación de Noé es incompleta; no quita el pecado ni siquiera de su propia vida. El hombre gobierna sobre el mundo animal a través del temor, un resultado del pecado que no estaba presente en la creación original. Incluso la afirmación de que el hombre es creado a la imagen de Dios se usa hoy en día como excusa por un asesino para evitar un castigo capital. La simiente de Satanás, la familia espiritual de Caín, no se ha eliminado.

Al final, la esperanza del hombre no estaba en sí mismo, sino en la misericordia de Dios. Dios es quien hace un pacto con Noé. Como un soldado que ha terminado la batalla, cuelga su arco (9:13). Su misericordia alcanza a todos los seres vivientes; Él promete que nunca destruirá la tierra con agua otra vez (9:10).

Cualquier pensamiento de que Noé pueda ser la simiente prometida, el conquistador, se disipa por la conclusión de la historia. Al final se encuentra desnudo y borracho (9:21). En el Edén la desnudez indicaba un estado de inocencia; con Noé representa decadencia de parte del gran héroe, el salvador del mundo. Y por lo tanto, la búsqueda continúa. La pregunta se convierte en, ¿cuál de los hijos de Noé es el prometido? ¿A través de qué familia vendrá?

La respuesta a esta pregunta empieza a responderse inmediatamente en el capítulo 9. Después del incidente de la borrachera de Noé, Noé maldice y bendice a sus hijos con dos poemas cortos.[88] Sus palabras cambian con una importancia teológica. La primera palabra que pronuncia sobre Canaán es "maldición"; la primera palabra concerniente a Sem es "bendición". Este patrón de bendición patriarcal junto con la obra de Dios sobre su pueblo es importante a través del libro de Génesis. La nación semita (Israel viene de Sem), cuya tarea es poseer la tierra de Canaán, debe haber observado estos versículos con gran interés cuando descubrieron que su bendición se originaba con Noé, quien anticipó la conexión entre la bendición y Sem.[89]

---

86 Cuando Lamec, el padre de Noé, deseaba descanso (Gn 5:29), probablemente no tenía en mente un juicio global en el que se proveería la salvación a través de un arca. El método ilógico refleja el tema de la teología bíblica de la debilidad.

87 Génesis 1:28 y 9:1 empiezan con estas palabras: "Bendijo Dios...y dijo".

88 En Génesis 3 Dios maldice a la serpiente y a la tierra. No usa la palabra *maldición* explícitamente en cuanto al hombre o la mujer. Aquí en Génesis 9 un hombre pronuncia una maldición sobre otro hombre—un padre sobre su propio nieto.

89 Algunos sugieren que la persona que "habite en las tiendas de Sem" (9:27) es Dios y hace referencia a su presencia divina con los hijos de Sem. Si este es el caso, esta bendición está ligada a la promesa de redención que vendrá a través de la familia de Sem cuando Dios venga a habitar con el hombre.

GENEALOGÍA 4: LOS HIJOS DE NOÉ FALLAN
GÉNESIS 10:1–11:9

Génesis 10

1. ¿De quién es la genealogía mencionada? (10:2–5) _____

2. ¿De quién es la genealogía mencionada? (10:6–14) _____

3. ¿De quién es la genealogía mencionada? (10:15–20) _____

4. ¿De quién es la genealogía mencionada? (10:21–32) _____

5. ¿Cuál de los cuatro es el último? _____

Génesis 11:1–9
Revisa los capítulos 1–10

1. ¿Cuál es la actitud de Dios hacia el hombre? _____

2. ¿Qué hace el hombre contra el dominio de Dios? _____

3. ¿Cómo muestra Dios su justicia? _____

4. ¿Cómo muestra Dios su misericordia? _____

5. ¿Qué provee Dios cuando juzga el pecado? _____

6. ¿Qué quiere hacerse el hombre? (11:4) _____

7. ¿Qué situación está intentando evitar el hombre? (11:4) _____

8. ¿Está este deseo en desacuerdo con Génesis 9:1–2? _____

9. ¿Qué tiene este versículo en común con Génesis 3:8–9, 4:9 y 6:5, 12? (11:5) _____

10. ¿Qué te enseña esto de Dios? _____

11. ¿Cómo juzga Dios al hombre en esta ocasión? (11:6–7) _____

12. ¿Cuál fue el resultado de este juicio a la larga? _____

Génesis 10 describe las familias de los hijos de Noé. Igual que en el contraste entre Caín y Set, Moisés empieza con la familia de la simiente de la serpiente. El lector ya conoce el carácter de Cam por Génesis 9. El hecho de que sus genealogías no se continúan en otra parte indica que definitivamente el campeón prometido no será de su familia. En contraste, se podrá seguir la línea de la familia del salvador por todo el Antiguo Testamento hasta que finalmente llegue.

GENEALOGÍA 5: LA SIMIENTE EN LOS HIJOS DE SEM
GÉNESIS 11:10-26

Génesis 11:10-26

1. ¿Es esta genealogía como la que está en Génesis 4 o en Génesis 5? (11:10-26) _____

_____

2. ¿Es una genealogía de "la simiente de la mujer" o de "la simiente de la serpiente"? _____

_____

El registro de los descendientes de Sem aparece en último lugar.[90] El capítulo 10, llamado con frecuencia la Mesa de las Naciones, contiene setenta nombres de hombres que se convirtieron en los padres de las naciones que rodearon a Israel. No se incluyen todas las naciones, pero los setenta representan a las naciones de todo el mundo.

El capítulo 11:1-9 contiene la última historia de la primera sección de Génesis: la torre de Babel. El patrón de las historias anteriores continúa; Dios en su bondad bendice al hombre, pero el hombre peca y se aleja de Dios. Dios en su justicia castiga el pecado, pero en su misericordia provee salvación en medio del juicio. Esta es una muestra de lo que hace Dios cuando obra su gran salvación a través del conquistador, Cristo. En Babel, el hombre, a quien Dios había bendecido y prosperado otra vez en la tierra, se niega a obedecer las instrucciones de Dios de llenar la tierra.[91] En vez de eso, los rebeldes buscan un nombre, y como hijos espirituales de Caín (4:17), en su rebelión construyen una ciudad. Dios ve y juzga, frustrando el proyecto al confundir sus idiomas, lo que produce la formación de las naciones. Cuando Adán y Eva pecaron, Dios les prometió un conquistador sobre Satanás. Incluso Caín tiene su marca de protección divina. Dios juzga el mundo de Noé, pero provee el arca para salvación. En la historia de Babel permanece la pregunta: ¿Cómo proveerá Dios un medio de salvación para las naciones formadas por su juicio?

Antes de responder esta pregunta en el capítulo 12, Moisés da otra vez la genealogía de Sem pero incluye más detalles. Esta genealogía sigue el patrón de la genealogía del capítulo 5, dando las edades de cada padre cuando nace su primer hijo y los años que vivieron después. La lista de descendientes de Génesis 11 termina con Taré y sus tres hijos, recordando el final de la lista de los descendientes de Adán, que termina con Noé y sus tres hijos (5:32 y 6:9). La pregunta que surge ahora es: De estos tres hijos, ¿cuál será la simiente de la mujer? O, ¿de qué familia vendrá el conquistador? Para uno de los hijos de Taré esa bendición parece imposible porque su esposa es estéril (11:30).[92]

GENEALOGÍA 6: LA SIMIENTE EN LOS HIJOS DE TARÉ
GÉNESIS 11:2-25:11

Nota: El nombre de Abram es cambiado a Abraham en 17:5 y el nombre de Saraí es cambiado a Sara en 17:15, pero los nombres más conocidos de Abraham y Sara serán usados a través de este estudio.

1. ¿En qué se parecen Génesis 11:27 y Génesis 6:9? (11:27) _____

_____

2. ¿Cuántos hijos tienen Noé y Taré? (11:27) _____

_____

---

90 Las genealogías no aparecen ordenadas por edades. Génesis 9:24 indica que Cam era el hijo menor de Noé.
91 Noé y sus hijos han fallado en su mandato de llenar la tierra.
92 Otra vez se ve el tema de la debilidad: Dios trae salvación a través de lo pequeño y lo débil. La historia de la simiente de la mujer está llena de mujeres estériles.

3. ¿Cuál es la pregunta importante sobre estos tres hijos? _____

_____

4. ¿Cuál de los tres hijos parece ser eliminado de proveer el salvador? (11:30) _____

5. ¿Quién es estéril, Abraham o Sara? (11:30) _____

6. ¿Qué dos cosas le dice Dios a Abraham que tiene que dejar? (12:1–3) _____

_____

7. ¿Qué dos cosas Dios le dice a Abraham que le dará? (12:1–3) _____

_____

8. ¿Qué antónimos hay en este versículo? (12:3) _____

9. ¿Qué nivel de importancia tiene "la bendición y la maldición" en la historia de la salvación? _____

_____

10. ¿Cuántas familias de la tierra encontrarán bendición en la familia de Abraham? (12:3) _____

_____

Observa el interés de la narrativa. Determina qué porción de la vida de Abraham es la más mencionada por Moisés.

11. ¿Cuántos años tiene Abraham cuando entra en Canaán? (12:4) _____

12. ¿Cuántos años han pasado hasta el 16:3? _____

13. ¿Cuántos años tiene Abraham cuando tiene a Ismael? (16:16) _____

14. ¿Cuántos años tiene Abraham en 17:1? _____

15. ¿Cuántos años se ha saltado Moisés entre 16:16 y 17:1? _____

16. ¿Cuántos años tiene Abraham cuando nace Isaac? (21:4) _____

17. ¿Cuántos años tiene Sara cuando muere? (23:1) _____

18. ¿Entonces cuántos años tiene Abraham cuando ella muere? _____

19. ¿Cuántos años tiene Isaac cuando se casa? (25:20) _____

20. ¿Cuántos años tiene Abraham cuando se casa Isaac? _____

21. ¿Cuántos años tiene Abraham cuando muere? (25:7) _____

22. ¿Cuántos años cubre Génesis 12–16? _____

23. ¿Cuántos años cubre Génesis 17–21? _____

24. ¿Cuántos años cubre Génesis 22–25? _____

25. ¿Cuál de las tres secciones sobre Abraham muestra el menor interés narrativo? _____

26. ¿Cuál de las tres secciones sobre Abraham muestra el mayor interés narrativo? _____

27. ¿Qué sección es la más importante? _____

28. ¿Qué ocurre en esta sección? _____

_____

Completa el cuadro sobre las promesas de Dios a Abraham.
(Las respuestas variar ampliamente).

Texto	Información repetida	Nueva información
12:2–3		
12:7		
13:15–17		
15:4–21		
17:4–19		
22:17–18		

1. En los pasajes anteriores, ¿qué palabras se repiten con frecuencia? _____
    _____

2. ¿Qué ideas adicionales menciona Dios después de Génesis 12:1–3? *(Ver la tabla).* _____
    _____

3. ¿Qué pasaje es el resumen más corto del pacto de Abraham? _____
    _____

4. ¿Qué nos indica que la lucha entre las simientes continúa? (12:3; 22:17) _____
    _____

5. ¿Cuándo heredará la descendencia de Abraham la tierra? (15:13-16) _____
    _____

La pregunta de cómo Dios proveerá salvación para las naciones que se formaron en Babel se responde en Génesis 12:1–3 y crea la conexión entre la primera y la segunda mitad del libro. Dios le promete a Abraham que hará de su familia una gran nación, la cual bendecirá a las naciones trayéndoles un salvador. Israel es la respuesta; traerá la bendición de Dios para todas las naciones.

Al estudiar la historia de Abraham, observa el interés narrativo. Catorce capítulos (12–25) cubren toda su vida. Tiene 75 años cuando llega a Canaán (12:4). En Génesis 16:3 han pasado diez años, y un año después le nace Ismael a Abraham cuando tiene 86 (16:16). Los cinco capítulos que hay entre el capítulo 12 y el 16 cubren una década. Después Moisés se salta trece años; en Génesis 17:1, Abraham ya tiene 99. Cuando nace Isaac tiene 100 años (21:5), así que estos cinco capítulos (17–21) cubren un solo año. El interés narrativo aumenta mucho en esta sección. No está claro cuándo Abraham toma a Isaac para sacrificarlo (22),[93] pero Abraham tiene 137 años en el capítulo 23 y 140 en el capítulo 24.[94] Muere a la edad de 175 (25). Estos últimos cuatro capítulos (22–25) cubren 75 años. La sección más grande trata el nacimiento de Isaac, dejando claro que la parte más importante de la historia es que Abraham tenga un descendiente.

El pacto de Dios con Abraham se repite seis veces en Génesis (12:2–3, 7; 13:15–17; 15:4–21; 17:4–19; 22:17–8). Algunas repeticiones contienen información nueva, pero dos elementos centrales del pacto aparecen cada vez: familia (descendencia) y tierra.[95] Para poder heredar la promesa, Abraham deja su tierra y familia (12:1), y a su futura familia se le da una tierra nueva (12:4–7). Desde Abraham en adelante, la simiente prometida de la mujer será una nación con tierra, una situación paralela al Edén, donde el hombre es situado en una tierra especial preparada para él por Dios. La simiente de la mujer todavía lucha con la simiente de la serpiente porque no todas las naciones bendecirán a Abraham (12:3). Sin embargo, la descendencia de Abraham dominará. Él tendrá en su familia "reyes de pueblos" (17:16) y su "descendencia poseerá las puertas de sus enemigos" (22:17).

DIOS TRATA CON ABRAHAM Y SUS DESCENDIENTES
CAPÍTULOS 12–50

LOS PRIMEROS 10 AÑOS EN LA TIERRA
GÉNESIS 12:1–16:16

Génesis 12–13

1. ¿Cuál es la nueva amenaza para la descendencia? (12:10–20) _____

2. ¿Qué hace Abraham inmediatamente después de recibir la promesa (12:7)? (12:10) _____

    _____

3. ¿Dónde termina Sara, la madre de la nación? (12:15) _____

4. ¿Parece algo bueno que Sara esté en la casa de Faraón? _____

5. ¿Qué hace Dios? (12:17) _____

6. ¿Qué paralelos hay entre el tiempo de Abraham en Egipto y el tiempo de Israel en el éxodo? _____

    _____

    _____

---

93 Génesis 21:34 dice que "Abraham moró muchos días en la tierra de los Filisteos".
94 Abraham tiene diez años más que Sara, quien muere a los 127 en Génesis 23. Isaac tiene 40 años cuando se casa (25:20). Por lo tanto, Abraham tiene 140 años.
95 El autor de Hebreos también resalta la importancia de la tierra (He 11:8–9, 13–16) y descendencia (He 11:11–12, 17–19).

7. ¿Qué hace Abraham? (13:1) _____

8. ¿Qué causa problemas entre Abraham y Lot? (13:1–18) _____

_____

9. ¿Quién es Lot? (11:31) _____

_____

10. Cuando Abraham deja que Lot escoja donde va a asentarse, ¿dónde se va Lot? (13:10–11) _____

_____

11. ¿Qué le confirma Dios a Abraham? (13:15–17) _____

_____

12. ¿Cuáles son los dos nuevos elementos del pacto? (13:15–17) _____

_____

Génesis 14–15

1. ¿Cuántos reyes hay con Quedorlaomer? (14:1) _____

2. ¿Cuántos reyes hay con Bera de Sodoma? (14:2) _____

3. ¿Qué otro rey es parte de la historia? (14:18) _____

4. ¿Cuántos reyes hay en Génesis 14? _____

5. ¿Quién rescata a los cautivos? (14:13–16) _____

6. Abraham es un _____ porque salva vidas.

7. ¿Qué significa el nombre de Melquisedec? (Ver He 7:2) (14:18) _____

8. ¿De qué ciudad es rey Melquisedec? (14:18) _____

9. ¿Qué significa Salem? (ver Hebreos 7:2) _____

_____

10. ¿De qué dos cosas es rey Melquisedec (He 7:1–2)? _____

11. Además de rey, ¿qué es Melquisedec? (14:18) _____

12. ¿Qué hace Melquisedec por Abraham? (14:19–20) _____

13. ¿Qué tiene esto que ver con Génesis 12:2–3? _____

_____

14. ¿Qué pide el rey de Sodoma? (14:21) _____

15. ¿Qué le ofrece el rey de Sodoma a Abraham? (14:21) _____

16. ¿Cómo responde Abraham al rey de Sodoma? _____

_____

17. ¿Por qué responde Abraham de esta manera? (14:23) _____

_____

18. Resumiendo, ¿Qué hace Abraham por los cinco reyes subyugados y sus ciudades? _____

_____

19. En Génesis 14, Abraham anda junto a _____. (Pista: Hay 10 en el capítulo).

20. ¿Cuál es la queja de Abraham? (15:2) _____

21. ¿Qué dice Dios específicamente sobre el asunto del "heredero", "hijo" y "descendencia"? (15:4) _____

_____

22. ¿Qué hace Abraham que tiene como resultado ser justo ante Dios? (15:6) _____

_____

Nota cultural: En el mundo moderno "firmamos un contrato". En el mundo antiguo, "hacían (literalmente, cortaban) un pacto". Esta ceremonia se describe en Génesis 15:9-21 (Ver Jeremías 34:18-20). Cuando un rey conquistaba otro pueblo (ver capítulo 14), le daba la oportunidad al pueblo de vivir si aceptaban sus condiciones (se convertían en siervos). Para mostrar que aceptaban las estipulaciones del pacto, el siervo dividía los animales como se describe en Génesis 15 y después caminaba entre ellos, para simbolizar que el rey tenía el derecho de "cortarlos por la mitad" si ellos violaban los términos del pacto. Si un pacto se realizaba entre partes iguales, las dos partes pasaban a través de los animales al mismo tiempo.

23. ¿Quién "debía" pasar a través de los animales? _____

24. ¿Quién pasa a través de los animales, tomando la responsabilidad del pacto? (15:17-18) _____

25. ¿Cómo podía Dios "partirse en dos" si el pacto era violado? _____

_____

26. ¿Qué dice Dios sobre los futuros descendientes de Abraham? (15:13-16) _____

_____

27. ¿Dónde irán los descendientes de Abraham? (15:13-16) _____

28. ¿Qué les ocurrirá allí? (15:13-16) _____

29. ¿Cuánto tiempo serán oprimidos? (15:13-16) _____

30. ¿Qué le pasará a la nación opresora? (15:13-16) _____

31. ¿Por qué no les da Dios todavía la tierra a los descendientes de Abraham? (15:13-16) _____

_____

32. ¿Cuál es la actitud de Dios hacia el amorreo? _____

33. ¿Cuáles son los límites de la tierra que Dios le promete a Abraham? (15:18) _____

_____

34. ¿Por qué será muy importante esta profecía para Israel en el tiempo de Éxodo 1? (15:13-18) _____

_____

_____

_____

35. Cuando llegamos al final de Éxodo, ¿qué profecías se han cumplido? _____

_____

36. Cuando llegamos al final de Éxodo, ¿cuál de estas profecías no se ha cumplido? _____

_____

37. Resume Génesis 15 en tus propias palabras. _____

_____

_____

La primera historia de esta sección presenta una amenaza para la vida de Abraham: hambruna (12:10–20). Abraham abandona Canaán solo tres versículos después de que se le da la promesa de la tierra (12:7). Miente sobre su mujer y ella termina en la casa de Faraón (12:15). Dios la preserva (12:17), porque la matriarca de la nación santa no debería estar durmiendo en la casa de Faraón, y Abraham y ella regresan a la tierra prometida (13:1).[96] El capítulo 13 establece otro precedente para la nación: a veces la bendición es tan grande que causa problemas. Lot, el sobrino de Abraham, escoge para sí la mejor parte de la tierra (13:10–11), pero Dios confirma la promesa de que le dará la tierra a los descendientes de Abraham (13:15–17). Se revelan dos cosas nuevas: la cantidad de la descendencia será innumerable y su herencia será eterna (13:15).

El capítulo 14 resalta la grandeza de Abraham. Tiene la capacidad de vencer a cuatro reyes que acaban de derrotar a otros cinco reyes. El rey que visita a Abraham para bendecirle, Melquisedec, es una figura importante. Su nombre significa Rey de Justicia o Rey Justo, y su ciudad es Salem (Paz). Él también es un sacerdote del Dios todopoderoso. Cuando él bendice a Abraham, Abraham le da el diez por ciento del botín de la batalla (14:20). Cuando el rey de Sodoma le pide a Abraham que devuelva las personas, él también le da el resto del botín (el noventa por ciento restante), no queriendo que el rey se lleve la gloria por la bendición y la prosperidad de Dios sobre él (14:22–24). Así que en Génesis 14 Abraham está a la misma altura que los reyes en todas las áreas, y salva vidas.

En Génesis 15 Dios ratifica su pacto con Abraham (15:8–21), especificando que Abraham no solo tendrá un heredero sino que tendrá un hijo (15:4).[97] Abraham responde con fe y Dios lo "cuenta por justicia" (15:6). Entonces Dios ratifica el pacto con Abraham. La expresión en hebreo es literalmente "cortar un pacto".[98] En esa cultura, un rey victorioso le da la oportunidad al pueblo conquistado de aceptar cualquier condición que él quiera imponerles. Para ratificar el pacto, el pueblo derrotado participa en el ritual descrito en este capítulo. Al pasar entre los animales partidos, indican simbólicamente que el rey tiene el derecho de dividir sus cuerpos en dos si no cumplen con las condiciones del pacto. Sorprendentemente, en el caso del pacto de Dios con Abraham, no es Abraham el que pasa entre los animales. Dios, el rey, camina entre los animales, demostrando que Él toma toda la responsabilidad de que el pacto sea cumplido. El capítulo también da más información sobre la lucha entre las dos simientes. Dios le revela a Abraham que sus descendientes tendrán la Tierra Prometida, morarán en un país extranjero y serán esclavizados y oprimidos por 400 años (15:13). Dios también promete juzgar a la nación que los esclavizará e Israel será librado saqueando a sus opresores. El propósito del largo retraso antes del cumplimiento de la promesa de la tierra que Dios le hizo a Abraham es el deseo de Dios de mostrar misericordia hacia los amonitas. Él les da cinco siglos más de paciencia, pero al final serán juzgados y a Israel se le dará su tierra (15:16–21).

Génesis 16

1. ¿Qué relación hay entre esta historia y Génesis 15:4? _____

_____

2. ¿Con quién tiene un hijo Abraham? (16:2–4) _____

---

96 La estadía de Abraham en Egipto presagia el tiempo de Israel allí. Algunas similitudes incluyen hambruna, aflicción, la amenaza a la simiente, prosperidad, protección divina, plagas y la ruina de los egipcios.
97 Normalmente "descendientes" hace referencia a hijos, pero en el caso de que no haya hijos, otro puede heredar. Abraham dice que no tiene hijo pero usa la palabra "heredero", Wpara referirse a Eliezer (15:2). En 15:3 Abraham dice que Dios no le ha dado "prole". Entonces Dios le afirma claramente que su heredero será "un hijo suyo" (15:4).
98 Ver Jeremías 34:18–20.

3. ¿De quién es la idea de tener un hijo a través de Agar? (16:2) _____

    Nota cultural: Usar una sierva como una madre suplente era una práctica común en los tiempos de Abraham.

4. ¿Cuál era la nacionalidad de Agar? (16:1, 3) _____

5. ¿Dónde pueden haber conseguido a Agar? _____

6. ¿Qué ocurre entre Agar y Sara? (16:11–15) _____

    _____

7. (Recuerda que una historia comunica ideas importantes implícitamente). ¿Te parece que esta forma de

    tener un hijo es una buena idea? _____

    _____

8. ¿Ha nacido el bebé cuando Agar se va? (16:11) _____

9. ¿Termina Abraham con un hijo de Agar? (16:15) _____

10. Considerando el problema y las implicaciones, ¿te parece que ésta debería ser la forma en la que Abraham

    va a tener un hijo? _____

Génesis 16 nos cuenta cómo Abraham, quizás motivado por la aclaración de que tendrá un hijo, intenta producir un descendiente de una manera que le parece natural: a través de la sierva de su esposa, como sugiere Sara.[99] La historia ilustra que la solución más obvia no siempre es la correcta. Agar es una egipcia, adquirida seguramente durante su estancia en Egipto (12). El plan de ir a Egipto durante la hambruna les parece lógico a Abraham y Sara; de la misma manera, tener un hijo a través de la egipcia les parece una decisión sabia. Las consecuencias prueban que no lo era. Agar adopta una actitud de superioridad hacia su señora y Sara empieza a tratarla mal. Agar huye del conflicto pero es consolada por el ángel de Dios sobre el futuro del niño. Israel debe aprender de esta historia que Dios siempre cumplirá su palabra. Incluso si parece imposible, el pueblo debe confiar en Dios y no intentar hacer las cosas a su manera.

EL AÑO DEL NACIMIENTO DE ISAAC
GÉNESIS 17:1–21:34

Génesis 17–18

1. ¿Qué le hace Dios a Abraham en estos versículos? (17:4–5) _____

    _____

2. ¿Qué significa cada nombre? _____

    _____

3. ¿Qué le confirma Dios a Abraham? (17:1–8) _____

4. ¿Qué señal les da Dios para que su descendencia se identifique con el pacto de Dios? (17:9–14) _____

    _____

5. ¿Qué le hace Dios a Sara? (17:15) _____

    _____

---

99 Arqueólogos han descubierto tablas en Nuzi que demuestran que la práctica de tomar una sierva como una madre prestada era una costumbre en ese tiempo.

6. ¿Qué significa "Sara"? _____

7. Si Sara es una princesa, ¿qué es Abraham? _____

8. ¿Qué información nueva da Dios sobre el hijo de Abraham? (17:16) _____

_____

9. ¿Qué le pide Abraham a Dios cuando Dios dice que Sara tendrá un hijo? (17:18)_____

_____

10. ¿Qué revela esta petición sobre lo que Abraham ha estado pensando sobre Ismael hasta ahora? _____

_____

11. ¿Cuántos años tiene Ismael en este momento? _____

12. ¿Cuántos años ha estado Abraham considerando en su corazón a Ismael como hijo y heredero? _____

_____

13. ¿Qué nombre le da el ángel de Dios para el futuro hijo de Sara? (17:19) _____

14. ¿Qué promete Dios hacer por Isaac? (17:19) _____

_____

15. ¿Cuál de los dos hijos escoge Dios para ser el heredero de Abraham? (17:20–21) _____

16. ¿Qué puede esperar el lector que ocurra con "los dos descendientes"? (17:20–21) _____

_____

17. ¿Cuál es la actitud de Ismael hacia Isaac? (21:9) _____

_____

18. ¿Qué tienen en común Abraham al tener un hijo por su propia cuenta en vez de confiar en la provisión de

Dios para él, con Adán y Eva al coser sus ropas? _____

_____

19. ¿Cómo muestra Abraham su fe? (17:23–27) _____

20. ¿Quién se le aparece a Abraham? (18:1, 22) _____

21. ¿En qué forma se le apareció Dios a Abraham? (18:2)_____

22. ¿Cómo recibe Abraham al mensajero? (18:3–8) _____

_____

23. ¿Qué promesa le repite Dios a Abraham? (18:10) _____

_____

24. ¿Qué problema además de esterilidad (11:30) menciona Moisés en la historia? (18:11) _____

_____

25. ¿Qué tema importante de la teología bíblica enfatiza este detalle? _____

_____

26. ¿Cómo reacciona Sara cuando escucha las noticias? (18:12) _____

27. ¿Cuánto tiempo indica Dios para el nacimiento del bebé? (18:14) _____

28. ¿Sobre qué es esta historia? (18:16–19:28) _____

29. ¿Sobre qué es esta historia? (19:29–38) _____

30. ¿Sobre qué es esta historia? (20:1–18) _____

31. ¿Qué historias hay entre el anuncio del nacimiento (17) y el nacimiento (21)?_____
_____

32. ¿Qué tienen las tres historias en común? _____

33. ¿Qué tiene que ver este tema con la historia del bebé de Abraham? _____
_____
_____

34. ¿Por qué dice alguien "¿Encubriré yo lo que voy a hacer?" (18:17–18) _____
_____
_____

35. ¿Está Dios «decidiendo» todavía si le va a decir a Abraham o no? _____

36. ¿Qué hace Abraham por Sodoma y Gomorra? (18:23–32) _____

¿Qué función tiene Abraham al interceder? _____

37. ¿Por quién intercede Abraham? ¿Por qué es inusual esto? _____
_____

Observa la teología de Abraham: Si todos son destruidos por la mayoría, unos pocos rectos perecerán a causa de los malos. La intercesión de Abraham tiene este principio, pero lo menciona al contrario. Él pregunta si la justicia de unos pocos puede salvar a la mayoría malvada. Observa la respuesta de Dios.

38. ¿Hasta qué número llega Abraham cuando le está pidiendo a Dios que perdone la vida de la mayoría malvada por el bien de los pocos justos? _____

39. ¿Por qué crees que no pregunta si Dios salvaría la ciudad a causa de solo un hombre justo? _____
_____

40. ¿Cuán justo debería ser un solo hombre que pudiera salvar a todos? _____
_____

Medita:
• ¿Te parece increíble que Dios salve a millones a causa de un Hombre Justo? _____
_____

• ¿A qué característica de Dios está apelando Abraham para que perdone a los malos? (18:25) _____
_____

• ¿Por qué es irónica esta petición? _____
_____

Trece años después, cuando Abraham tenía 99 años, Dios saca otra vez el tema de la descendencia de Abraham (17). Dios cambia el nombre de Abram (padre exaltado) a Abraham (padre de multitudes). Confirma el pacto otra vez, repitiendo la promesa de descendencia numerosa y posesión eterna de la tierra, y le da a Abraham el rito de la circuncisión como símbolo físico de su participación en el pacto.[100] El nombre de Sarai también cambia a Sara (princesa); ella también compartirá la bendición (17:16). Abraham se ríe de la idea de tener un hijo y le pide a Dios que acepte a Ismael como heredero, revelando que durante los últimos trece años ha estado pensando que ya ha obtenido el hijo prometido. Pero Dios no salva a través de medios humanos (el nacimiento de Ismael), sino a través de su divino poder sobrenatural. De la misma manera que Dios proveyó ropas para Adán y Eva, Dios le proveerá un hijo a Abraham. Dios quiere que Abraham recuerde que él y Sara se rieron de la promesa; por eso les dice que lo llamen Isaac (risa). Dios promete bendecir a Ismael también, pero deja claro que Isaac heredará el pacto. Abraham demuestra su fe circuncidándose a sí mismo y a todos los varones de su casa.

Dios se le aparece otra vez a Abraham en forma humana para reafirmar que tendrá un hijo. Dios acepta la hospitalidad de Abraham, repitiendo la promesa al alcance del oído de Sara. Moisés menciona en su narración otro obstáculo para el cumplimiento de la promesa: menopausia. No es de sorprender que Sara se ría cuando escucha que pronto tendrá un hijo.[101] Pero Dios afirma su omnipotencia, revelando el tiempo en el que Sara tendrá el hijo prometido (18:14). También revela su omnisciencia, insistiendo en que Sara se rió, aunque ella lo negó (18:15).

Continúa la discusión de Abraham con Dios. Sin embargo, la historia del nacimiento del hijo de Sara no se menciona otra vez hasta el capítulo 21. Mientras tanto, después de registrar la afirmación de Dios que el cumplimiento de la promesa está cerca, antes de que pase, Moisés cuenta tres historias: la destrucción de Sodoma y Gomorra, el incesto de Lot y el incidente de Abimelec. Los tres temas están conectados por el tema de la sexualidad y su conexión con la espera del hijo prometido. En la primera historia, los cananitas buscan el placer físico fuera del plan de Dios para el matrimonio y la familia, y su pecado termina en destrucción. Las hijas de Lot desean descendencia pero se quedan embarazadas fuera del plan de Dios a través del incesto con su padre. Las naciones que se forman como resultado son con las que acaban de pelear los lectores originales (los israelitas) y con quienes cometen fornicación (Nm 25). En la última de las tres historias Abraham miente otra vez sobre su esposa y Abimelec, sin saberlo, toma a una mujer casada (Sara) por mujer. Cada historia tienen que ver con la perversión del plan divino para el sexo y el castigo que Dios impone. Después Moisés continúa con la historia del milagroso nacimiento de Isaac.

En el contexto de la perversión sexual de Sodoma, la función sacerdotal de Abraham se demuestra por su intercesión por el pueblo que está bajo el juicio de Dios. Primero, Dios despierta el interés de Abraham preguntando, "¿Encubriré yo a Abraham lo que voy a hacer...y habiendo de ser benditas en él todas las naciones de la tierra?" Después prueba a Abraham para ver si será de bendición para los cananitas de Sodoma. Dios también demuestra su propio deseo de mostrar misericordia en darle a Abraham la oportunidad de interceder y planear visitar la ciudad para investigar el "clamor que ha venido" hasta Él antes de juzgarlos (18:21). Abraham confía en el carácter justo de Dios e intercede, preguntando si sería correcto destruir a los justos junto con los impíos (18:25-26). La persistencia de Abraham es impresionante al cambiar de cincuenta a diez en una serie de peticiones. La idea de que muchos se salven por el bien de unos pocos justos trae a la mente el evangelio, pero Abraham no se atreve a sugerir que la justicia de una sola persona pudiera cubrir la maldad de muchos. Abraham no es el único en el Antiguo Testamento que intercede por otros, pero es el único que lo hace por los cananitas.[102] Abraham actúa como sacerdote en nombre de los sodomitas cuya corrupción es como la de los días de Noe (6:5; 19:4-9). Dios ve y juzga, pero por misericordia salva a la familia de Lot, casi en contra de su voluntad.

---

100 Herir el órgano sexual hace el cumplimiento de la promesa aún más difícil desde un punto de vista humano.
101 El hecho de que se censura a Sara por reir y a Abraham no indica una diferencia en las dos risas. La risa de Sara es causada por dudar de la palabra de Dios.
102 Otros ejemplos son Moisés y David, que interceden por el pueblo de Dios.

Génesis 19

1. ¿Qué demuestra esta historia sobre la moralidad de los cananitas? (19:1–26) _____

_____

2. ¿Qué muestra esta historia sobre el carácter de Dios? (19:24–26) _____

_____

3. ¿Qué provee Dios en medio del juicio? (19:12–13, 16–17) _____

4. ¿El origen de quiénes es explicado en esta historia? (19:29–38) _____

_____

5. ¿Quiénes están preocupados por tener una descendencia? (19:31) _____

_____

6. ¿Qué similitud hay en lo que ellas hicieron y lo que hizo Abraham en Génesis 16? (19:32–36) _____

_____

7. ¿Funciona lo que hacen las dos chicas? (19:32–36) _____

8. ¿Agrada a Dios lo que hacen las dos chicas? (19:23–36) _____

9. ¿Qué tiene que ver esta historia con lo que están esperando Abraham y Sara? (19:32–36) _____

_____

Génesis 20

Nota: Abimelec es el título que se le da al rey de los filisteos. Ésta es la última historia antes de la narrativa del nacimiento de Isaac.

1. ¿En qué se parece esta historia a la primera historia de la vida de Abraham después de recibir el pacto (12)?

_____

_____

_____

2. ¿Cuál es la amenaza para la descendencia en esta historia? (20:1–18) _____

_____

3. ¿Cómo protege Dios a Sara (y a la descendencia prometida)? (20:3) _____

_____

4. ¿Cómo se describe a Abimelec repetidamente? (20:4–6) _____

_____

5.   Según Dios, Abraham es un _____. (20:7)

6. ¿Qué hace Abraham por Abimelec? (20:17) _____

7. ¿Cuándo sana Dios a la casa de Abimelec? (20:17) _____

_____

8. ¿Qué función tiene Abraham para Abimelec? (20:17) _____

_____

9. ¿Por qué es irónico que Abraham pudiera orar y sanar a la nación de los filisteos de infertilidad, pero su esposa tiene más de 25 años infértil? _____

_____

_____

Génesis 21

1. ¿Qué idea se menciona tres veces en estos dos versículos? (21:1–2) _____

_____

2. ¿Cuál es la actitud de Ismael hacia Isaac? (21:8–9) _____

_____

3. Si Ismael tiene esa actitud hacia Isaac siendo bebé, ¿qué pasará probablemente cuando Isaac crezca? _____

_____

_____

4. ¿Cómo es la lucha entre "las dos simientes" que se observa en estos detalles? _____

_____

5. ¿Qué hace Abraham con Ismael y su madre? (21:14) _____

_____

6. ¿En qué peligro se encuentra Ismael? (21:15–16) _____

7. ¿En qué se parece 21:19 a 22:13? (21:19) _____

_____

8. ¿Qué dice esto sobre la actitud de Dios hacia Ismael? _____

_____

9. ¿Qué deberían concluir los israelitas sobre la actitud de Dios hacia los ismaelitas? _____

_____

10. ¿Quién quiere hacer un pacto con Abraham en esta historia? (21:22–34) _____

_____

11. ¿Qué reconoce Abimelec sobre Abraham? (21:22) _____

_____

12. ¿Por qué debe elevar esta historia a Abraham en la opinión del lector? (21:22–34) _____

_____

La breve historia al final de Génesis 19 cuenta cómo las hijas de Lot intentan "conservar de [su] padre descendencia" (19:34). Ellas actúan como las dobles de Abraham y Sara en su intento de tener hijos de una manera que no agrada a Dios. Finalmente, Abraham y Sara están dispuestos a confiar en que Dios les dará descendencia, pero las hijas de Lot se encargan a su manera. La historia también muestra los orígenes perversos de los moabitas y los amonitas. Las consecuencias del pecado de Génesis 19 son evidentes siglos después cuando los hijos de Israel cometen fornicación con las hijas de los moabitas (Nm 25). Toda esta sección (19–20) sirve como una advertencia a Israel contra la perversión sexual.

La última historia que Moisés cuenta antes de relatar el nacimiento de Isaac es parecida a la primera historia que cuenta sobre Abraham. En Génesis 12 Abraham va a Egipto y miente sobre Sara, que termina en la casa de faraón. En Génesis 20 permanece entre los filisteos, y otra vez Sara termina en la casa de un rey gentil, otra amenaza a la pureza de la simiente divina. Esta vez el incidente ocurre después que se ha aclarado la promesa de que el hijo vendrá a través de Sara, no solo Abraham. Dios protege a Sara y juzga al reino de Abimelec con esterilidad (20:18). Cuando Abimelec descubre lo que ha pasado, reponde correctamente y reprueba a Abraham. A pesar de eso, Dios exalta a Abraham, llamándolo como profeta, y su intercesión es necesaria para que se curen los filisteos (20:7,17). Irónicamente, cuando Abraham, cuya esposa es estéril, ora, Dios le da fertilidad a las mujeres del reino de Abimelec.

Finalmente, en Génesis 21, nace el hijo prometido como dijo Dios,[103] y es llamado Isaac (risa).[104] La rivalidad entre Ismael e Isaac empieza al burlarse Ismael de su hermano menor el día que es destetado. Sara sabe que los dos hermanos nunca tendrán una buena relación y le dice a Abraham que eche a Agar y a Ismael. Dios confirma que esta acción es necesaria (21:12),[105] pero también le promete bendecir a Ismael. Cuando se les acaba el agua a Agar e Ismael en el desierto, e Ismael está a punto de morir, Dios escucha su llanto y le preserva la vida de una forma milagrosa. Las expresiones en Génesis 21:17 y 19 son muy similares a las de Génesis 22:11 y 13, donde Dios perdona la vida de Isaac. Ismael no se merece la misericordia de Dios, pero Isaac tampoco; nadie merece la misericordia divina. Cuando Dios muestra misericordia, lo hace simplemente porque Él es bueno.

LOS ÚLTIMOS 75 AÑOS
GÉNESIS 22:1–25:11

Génesis 22

1. ¿Sobre qué tema de la teología bíblica prueba Dios a Abraham? _____
   _____

2. Según Dios, ¿cuántos hijos tiene Abraham? (22:2) _____

3. ¿Qué actitud dice Dios que Abraham tiene hacia su hijo? (22:2) _____
   _____

4. ¿Cómo describe Dios a Isaac? (22:2) _____
   _____

5. ¿En qué se parece Isaac a Cristo? _____
   _____

6. ¿Dónde guía Dios a Abraham para sacrificar a su hijo? (22:2, 4, 9) _____
   _____

7. ¿Cómo muestra Abraham su fe en Dios? (22:5) _____
   _____

---

103 Se enfatiza el hecho de que es el Señor quien cumple su promesa; se menciona tres veces en dos versículos.

104 La risa es otra conexión entre las historias de esta sección (*Pentateuch as Narrative,* 171). Ver Génesis 17:17, 21; 18:12, 13, 14, 15; 19:14, 21:3, 6 y 9.

105 Sara, habiendo reconocido la hostilidad de Ismael hacia Isaac, recomienda sabiamente la separación. La lucha entre las simientes se evita en este caso distanciando a la simiente escogida de influencia dañina. Robert Gonzales observa que "la risa de Ismael revela incredulidad burlona y un rechazo hacia el papel de Isaac en el plan divino (21). Además, es semejante al resentimiento de Caín hacia Abel, el hermano favorecido por Dios" en "Faults of Our Fathers: The Spread of Sin in the Patriarchal Narratives and its Implications," *WTJ* 74:2 (Fall 2012): 377–8.

8. Según Abraham, ¿quién va a proveer el sacrificio? (22:8) _____

9. ¿Cómo anticipa este evento el sacrificio de Cristo? _____
_____

10. Describe la participación de Isaac en este versículo. (22:9) _____
_____

11. ¿Qué está dispuesto a hacer Abraham? (22:10) _____
_____

12. ¿Qué muestra Abraham a través de esta disposición? (22:11–12) _____
_____

13. ¿Qué parece que está dispuesto a hacer Isaac? (22:10) _____
_____

14. ¿Qué ha provisto Dios para Isaac? (22:13) _____
_____

15. ¿Qué le confirma Dios a Abraham? (22:15–18) _____

16. ¿Cómo enfatiza Dios la seguridad de la promesa? (22:16) _____
_____

17. ¿Qué bendición le promete Dios a Abraham? (22:17) _____
_____

18. ¿Qué indica en esta promesa que habrá oposición? (22:17) _____
_____

19. ¿Cómo se relacionan las ideas de "dominio" y "oposición" con Génesis 3:15? _____
_____

20. ¿Quién se beneficia de la obediencia de Abraham? (22:18) _____

Génesis 23

1. ¿Cuántos años tiene Sara cuando muere? (23:1) _____

2. ¿Cómo demuestra este detalle su importancia en la historia de salvación? _____
_____

Nota: Ella es la única mujer en toda la Biblia de la que se conoce su edad al morir.

3. ¿Cuánto años tiene Abraham cuando muere ella? _____

4. ¿Cómo se describe Abraham? (23:4) _____
_____

5. ¿Para qué tenía que comprar Abraham una propiedad? (23:1–4) _____
_____

6. Según los hijos de Het, Abraham era un _____ de Dios. (23:6)

Nota cultural: El pueblo Hitita, hijos de Het (10:15), que era el nieto de Ham, era un pueblo muy poderoso en el tiempo de los patriarcas que vivía mayormente al norte de Canaán. En el tiempo de David todavía eran poderosos. (2 S 11:3)

7. ¿Qué título usan los hijos de Het para Abraham en estos versículos? (23:6, 11) _____
_____

8. ¿Cómo vincula esta historia a los lectores originales con la tierra que se supone van a poseer? _____
_____

De las cuatro historias después del nacimiento de Isaac, dos se relacionan con el tema de la teología bíblica de la tierra, y dos se relacionan con el tema de la descendencia. En la primera, Abimelec reconoce la bendición de Dios sobre Abraham y desea hacer un pacto con él para garantizar la paz entre sus descendientes (21:22–34). Al igual que en Génesis 14, Abraham está al mismo nivel social que los reyes, pero desea vivir pacíficamente entre ellos en la tierra.

Génesis 22 relata cómo Dios prueba una vez más la fe de Abraham con referencia a su hijo. Dios llama a Isaac dos veces "tu único" (22:2, 12), recordándole a Abraham que la bendición solo puede venir a través de este hijo. Dios le pide a Abraham que haga lo que Dios mismo hará en el futuro: tomar la vida de su único hijo. El lugar, Monte Moriah, también anuncia el lugar donde Dios ofrecerá a su hijo.[106] Abraham muestra su fe a través de su obediencia y de su confiada afirmación de que regresaría con su hijo (22:5).[107] Cuando Isaac pregunta por los detalles del sacrificio, Abraham afirma su fe en la provisión de Dios (22:8). Isaac, el hijo amado, se somete a la voluntad de su padre en obediencia pasiva. Parece estar dispuesto a morir, como Abraham está dispuesto a sacrificarlo. La historia es un cuadro maravilloso de lo que ocurrirá siglos después en el mismo lugar, con una excepción; en el caso de Abraham Dios detiene el sacrificio. En la cruz el Padre no libra a su hijo. Abraham pasa la prueba; muestra que ama a Dios más que a su propio hijo. El sustituto de Isaac ya está provisto; el carnero ya está atrapado en la zarza (22:13). Después Dios confirma enfáticamente el pacto con Abraham con un juramento (22:16), repitiendo la promesa de dominio sobre sus enemigos (22:17) y conectando la obediencia de Abraham con la bendición global (22:8). Moisés anticipa aquí la importancia de la obediencia para que Israel cumpla su llamado de ser bendición a las naciones.

En la siguiente historia Abraham se ve obligado a hacer algo que se ha resistido a hacer en Canaán por 62 años: compra tierra. Toda su vida ha vivido en la Tierra Prometida como peregrino y transeúnte; lo confiesa en Génesis 23:4. Pero al morir la princesa (Sara), el príncipe (23:6) le compra una tumba.[108] La importancia de Sara en la historia de la salvación es evidente por el hecho de ser la única mujer de la Biblia que se menciona su edad al morir (23:1). El entierro de Sara (y de Abraham después) en la Tierra Prometida provee para Israel una conexión con la tierra que va a poseer.

Génesis 24:1–25:11

1. ¿Cuántos versículos se dedican a la historia de la búsqueda de la esposa de Isaac? _____

2. ¿Eso es mucho o poco detalle (interés narrativo alto o bajo)? _____
_____

3. ¿Qué tiene que ver con la historia de la Biblia que Isaac tenga una esposa? _____
_____

---

[106] 2 Crónicas 3:1 establece la conexión. Ver el estudio de Peter J. Leithart de "Where was Ancient Zion?" *TynBul* 53:2 (2002): 161–75.
[107] Hebreos 11:19 dice que Abraham cree que Dios resucitaría de los muertos a Isaac si fuera necesario.
[108] Jesús dice en Mateo 8:20, "Las zorras tienen guaridas, y las aves del cielo nidos; mas el hijo del hombre no tiene dónde recostar su cabeza". En su caso, incluso su tumba es prestada; nunca tiene un lugar propio.

4. ¿De qué grupo de personas Abraham no quiere tomar esposa para su hijo? (24:3) _____

_____

5. ¿Por qué está Abraham seguro de que Dios ayudará a su siervo? (24:7) _____

_____

_____

6. ¿Con qué conecta Abraham mismo la búsqueda de la esposa de Isaac? (24:7) _____

_____

7. ¿Qué evidencia hay de la bendición de Dios sobre Abraham en esta historia? (24:10, 22, 30, 31, 53) _____

_____

_____

8. ¿Cómo se ve la influencia espiritual de Abraham en su siervo? (24:12–14, 21, 26–27, 35–48, 52, 56) _____

_____

_____

9. ¿Cuántos años tiene Isaac cuando se casa? (25:20) _____

10. ¿Cuántos años tiene Abraham cuando Isaac se casa? _____

_____

11. ¿Cuántos años han pasado desde que su madre murió? _____

_____

12. ¿Cuántos hijos más tiene Abraham? (25:1–4) _____

_____

13. ¿Cómo muestra Abraham que sabe que la descendencia vendrá a través de Isaac? (25:5–6) _____

_____

_____

14. ¿Cuántos años pasan entre Génesis 24 y 25:8? _____

_____

15. ¿Cuántos años tiene Isaac cuando nacen Jacob y Esaú? (25:26) _____

16. ¿Cuántos años tienen Jacob y Esaú cuando muere Abraham? _____

La historia individual más larga de Génesis es la última historia de la vida de Abraham. Trata sobre el importante asunto de encontrar una esposa para Isaac, uno de los padres de la nación que bendecirá a las naciones. Abraham tiene fe en que Dios prosperará su plan de conseguir una esposa entre sus parientes, incluso cuando su siervo cuestiona el éxito del plan (24:7). La riqueza de Abraham es una evidencia física de la bendición de Dios (24:10, 22, 30, 31, 53). Su influencia espiritual es evidente por las oraciones repetidas y adoración de su siervo durante el viaje. Imitando a su amo Abraham, Eliezer busca la dirección divina (24:12–14, 21, 26–7, 35–48, 52, 56). Rebeca está de acuerdo en ir con el siervo, y la historia de Abraham concluye con el matrimonio de Isaac y Rebeca. La brevedad de la descripción de la segunda familia de Abraham con Cetura[109] (25:1–6) y el hecho de que Isaac recibe toda la herencia (25:5) confirma que Isaac es el sucesor del pacto.

---

109 Se hace referencia extra–bíblica de Cetura en las tablas de Ebla. Mitchell Dahood analiza esto en "Ebla: Archaeological Discoveries and Bible Research," *BSpad* 9:4 (Autumn 1980): 65–84.

GENEALOGÍA 7: ISMAEL NO ES LA DESCEDENCIA
GÉNESIS 25:12-18

1. ¿Qué tienen estos dos versículos en común? (25:12, 19) _____

    _____

2. ¿Qué indicación hay de que ni Ismael ni sus hijos son la descendencia? (25:12-18) _____

    _____

Moisés continúa en busca del conquistador prometido, siguiendo la línea de la genealogía de Ismael, cuyo carácter de burlador ya ha sido mostrado. Moisés muestra cómo Dios cumple su promesa de hacer de él una nación de príncipes (17:20; 21:18). Sin embargo, su historia no continúa, como las historias de Caín, Cam, y Jafet, porque no está directamente relacionada con la historia de la redención.

GENEAOLOGÍA 8:
LA DESCENDENCIA DE LOS HIJOS DE ISAAC
GÉNESIS 25:19-35:29

Génesis 25:19-34

1. La historia (genealogía) de _____ (25:19-35:39).

2. La historia (genealogía) de _____ (36:1-43).

3. La historia (genealogía) de _____ (37-50).

4. La historia de Isaac es la historia de la lucha entre _____ *dos hijos.*

5. ¿Qué similitud hay entre esta historia y la historia de Abraham y Sara? (25:20-21) _____

    _____

6. ¿Qué amenaza existe (durante algún tiempo) para la continuación de la línea hasta el salvador? (25:21a)

    _____

7. ¿Cuál de los dos hijos dice Dios que tendrá la supremacía? (25:22-23) _____

    _____

8. ¿Qué tema principal de la telogía bíblica ilustra esto? _____

    _____

9. ¿Cuántos años estuvieron Isaac y Rebeca casados y sin hijos? (25:26) _____

10. ¿Qué tema principal de la telogía bíblica ilustra esto? _____

    _____

Observa cómo Moisés muestra al lector el carácter de Jacob. Recuerda que después el nombre de Jacob será

    Israel, y Moisés es un israelita. Él nos está hablando de su propio padre (y del pueblo).

11. ¿Qué hace Jacob en el vientre de su madre? (25:22) _____

    _____

Nota: El nombre de Jacob significa "el que toma por el calcañar" o "el que suplanta".

12. ¿Qué hace Jacob cuando está naciendo? (25:26) _____

_____

13. ¿Cómo trata Jacob a su hermano? (25:27–34) _____

_____

14. ¿Condena Moisés estas acciones? (25:27–34) _____

_____

La historia de la familia de Isaac se encuentra entre Génesis 25:19 y 37:1, pero realmente solo hay una historia sobre Isaac.[110] El resto es de sus hijos gemelos, Esaú (rojo) y Jacob (suplantador), y su rivalidad que ilustra otra vez la lucha entre las dos simientes. Desde el vientre ya están luchando; Raquel está tan turbada que le pregunta a Dios qué está pasando (25:22). Dios le dice que el gemelo menor, Jacob, dominará al mayor. (El dominio está en el corazón de la lucha entre las dos simientes). Como su nombre lo indica, Jacob está lejos de tener un carácter ejemplar. De hecho, durante muchos capítulos es difícil determinar quién es malo y quién bueno, o si hay un bueno. Jacob nace agarrando el calcañar de su hermano; cuando ya son grandes se aprovecha del hambre de Esaú para robarle la primogenitura (25:27–34). Cuando Isaac es muy viejo la lucha entre ellos se intensifica. Sin embargo, antes de describir este conflicto, Moisés se detiene para contar la historia del pacto de Isaac con los filisteos (26:1–33).

Génesis 26

1. ¿Qué similitud hay con la historia de Abraham en Génesis 12:10–12? _____

_____

_____

2. ¿Qué amenaza hay para la descendencia? (26:1–5) _____

_____

3. ¿A dónde fue Abraham cuando hubo hambre en su tiempo? (Gn 12:10) _____

_____

4. ¿A dónde le dice Dios a Isaac que no vaya? (26:2) _____

_____

5. ¿Cómo le dice Dios a Isaac que debe vivir en la tierra? (26:3) _____

_____

6. ¿Qué le promete Dios a Isaac? (26:3) _____

_____

7. ¿Qué le confirma Dios a Isaac? (26:4) _____

_____

8. ¿Qué tres elementos del pacto resumen la promesa (temas de teología bíblica)? _____

_____

9. ¿Cómo describe Dios a Abraham? (26:5) _____

---

110 Bruce Waltke observa que la "omisión intencional de Isaac de la estructura general de Génesis habla fuertemente sobre el lugar que ocupa Isaac entre los patriarcas" (*Old Testament Theology,* 337).

10. ¿Por qué parece imposible que Abraham haya obedecido la ley? _____
_____

11. ¿Qué pecado de Abraham repite Isaac? (26:6–11) _____
_____

12. ¿Cómo se ve la bendición de Dios sobre Isaac? (26:12–16) _____
_____

13. ¿Qué causa en Isaac la gran bendición? (26:16) _____
_____

14. ¿Qué pasa entre Isaac y los filisteos? (26:17–22) _____
_____

15. ¿Quién busca a Isaac y por qué lo hace? (26:23–33) _____
_____

16. ¿Qué dicen los filisteos de Isaac? (26:28) _____
_____

17. ¿Qué le piden los filisteos a Isaac? (26:29) _____
_____

18. ¿Qué reconocen los filisteos? (26:29) _____
_____

19. ¿De dónde toma Esaú sus esposas? (26:34–35) _____
_____

Génesis 27–28

1. ¿Qué quiere hacer Isaac? (27:1–5) _____
_____

2. ¿Es éste el plan de Dios? _____

3. ¿Qué quiere Rebeca para Jacob? (27:6–17) _____

4. ¿Es éste el plan de Dios? _____

5. ¿Es el plan de Dios la forma en la que Rebeca quiere conseguir la bendición para Jacob? _____

6. ¿Cómo muestra implícitamente la narración que esto está mal? _____
_____

7. ¿Qué hace Jacob? (27:18–25) _____
_____

8. ¿Termina Isaac haciendo la voluntad de Dios aunque no quiera? (27:26–29) _____

9. ¿Qué eco de Génesis 12:1–3 hay en 27:26–29? _____
_____

10. ¿Qué similitud hay entre Jacob y Esaú, Caín y Abel, e Ismael e Isaac? (27:30–40) _____

_____

11. ¿Qué pasa cuando Jacob consigue la bendición deshonestamente? (27:41) _____

_____

12. ¿Cómo planea Rebeca salvar la vida de Jacob? (27:42–46) _____

_____

13. ¿De dónde le dice Isaac a Jacob que no tome esposa? (28:1–2, 6) _____

_____

14. ¿Qué hace Isaac (la segunda vez, esta vez a sabiendas)? (28:3–4) _____

_____

15. ¿Qué frase importante usa Isaac en este versículo? (28:3) _____

_____

16. ¿Qué temas claves de la telogía bíblica menciona Isaac en este versículo? (28:4) _____

_____

17. ¿Qué hace Jacob? (28:10–22) _____

_____

18. ¿Quién se le aparece a Jacob cuando está viajando? (28:13) _____

_____

19. ¿Qué le otorga Dios a Jacob? (28:13–15) _____

_____

20. ¿Qué elementos del pacto menciona Dios? (28:13–15) _____

_____

21. ¿Qué reconoce Jacob del lugar? (28:16–17) _____

_____

22. ¿Qué promete hacer Jacob y qué condiciones estipula? (28:18–22) _____

_____

23. De todo lo que has observado de Jacob, ¿parece que está espiritualmente consciente? _____

_____

Génesis 26 eleva a Isaac en los ojos del lector comparándolo con Abraham. El primer versículo afirma explícitamente la similitud en las circunstancias (hambre); los siguientes versículos marcan un constraste. A diferencia de Abraham, Isaac obedece y permanece en la tierra como Dios le dice. Dios confirma su pacto con Isaac (26:3–4)[111] y enfatiza la conexión entre la obediencia de Abraham y la bendición de las naciones. Tristemente, Isaac comete el mismo error que su padre y miente sobre su esposa, pero Dios protege a Rebeca y a Abimelec (26:7–11).[112] Isaac mora en el mismo lugar que vivió su padre Abraham y abre los mismos pozos que usó su padre

---

111 Este es el único capítulo en el que Dios le da el pacto a Isaac (26:3–5 y 24).
112 Abimelec es un título que se le da a los reyes de los filisteos, como el título de Faraón en Egipto. Este no es el mismo Abimelec del capítulo 20.

(26:18). Al igual que Abraham, prospera tanto que Abimelec se siente amenazado (26:12–16) y solicita un tratado de paz con él (26:26–33). Isaac construye un altar e invoca el nombre del Señor en Beerseba, igual que Abraham (21:33–34; 26:25). Al final de Génesis 26 Moisés registra que Esaú toma dos esposas de entre los cananitas, un detalle importante en la continua lucha entre Jacob y Esaú.

Al darle el pacto a Isaac, Dios comenta la vida de Abraham. Afirma que Abraham "obedeció mi voz, y guardó mi precepto, mis mandamientos, mis estatutos y mis leyes" (26:5). Moisés, el legislador de Israel, obviamente tiene un gran vocabulario cuando se trata de la ley. En este versículo registra cuatro formas diferentes de hacer referencia a las instrucciones de Dios: precepto, mandamientos, estatutos y leyes. En hebreo la repetición es una forma de hacer énfasis. No hay otro lugar donde aparezcan estas cuatro palabras juntas.[113] Pero aquí Dios mismo describe a Abraham como el ejemplo sobresaliente de obediencia a la ley. No solo es sorprendente el uso de las cuatro palabras, sino que también la frase parece anacrónica.[114] Abraham no tenía la ley de Dios, por lo menos de forma escrita.[115] Siglos después Israel, que lucha para guardar la ley, debe preguntarse cómo Abraham tuvo éxito. La respuesta no se da aquí, pero en la exposición final de la ley (Dt 5–11) Moisés la sugiere. Antes de morir, Moisés usa 15 capítulos para repasar y explicar la ley (Dt 12–26). Pero primero, usa siete capítulos para dirigirse al corazón Israel (Dt 5–11) insistiendo en que guardar la ley es un asunto del corazón. Abraham no tiene la ley en tablas de piedra, pero aparentemente la tiene escrita en su corazón. Su justicia no está basada en la ley, sino en la fe (15:6).

La lucha por la supremacía entre los gemelos se intensifica en Génesis 27. El favorito de Isaac siempre es Esaú, y antes de morir quiere otorgarle la bendición oponiéndose a la voluntad de Dios, que ha indicado que Jacob dominará sobre su hermano. Rebeca arma un plan para que su favorito, Jacob, reciba la bendición engañando a Isaac. La familia escogida es completamente disfuncional; nadie está obedeciendo a Dios. Jacob es declarado ser la simiente a través de profecía divina pero Isaac, que también es simiente, apoya a su rival. Jacob participa en el fraude planeado por su madre, mintiendo y engañando a su padre ciego.

En el capítulo 27, ¡el carácter más noble parece el de Esaú! Pero Isaac confirma la bendición abrahámica sobre Jacob, incluyendo la profecía de que tendrá supremacía, o dominará a su hermano, y heredará la bendición (27:27–29). El verdadero carácter de Esaú se muestra en su deseo de matar a su hermano; realmente es de la simiente de la serpiente.

Rebeca elabora un plan para proteger a Jacob haciendo que Isaac lo envíe a encontrar una esposa que no sea cananita. Isaac le repite la bendición a Jacob, mencionando específicamente fructificar, bendición y posesión de la tierra (28:3–4).[116] Todos son temas principales de la teología bíblica. Jacob, el agente de Dios, huye de su hermano. Dios se le aparece por primera vez y le confirma su pacto (28:12–15). La respuesta de Jacob no es muy espiritual; promete diezmar solo si Dios cumple ciertas condiciones.

Génesis 29 y 30

1. ¿Qué similitudes hay con la historia de la búsqueda de la esposa de Isaac (Génesis 24)? (29:1–14) _____

_____

_____

_____

2. ¿Cómo trata Labán a Jacob? (29:15–30) _____

_____

---

113 Deuteronomio 30:10 usa todas menos la primera palabra. Deuteronomio 11:1 usa todas menos la última palabra.
114 Un anacronismo es algo que está fuera de lugar cronológicamente o fuera de su época.
115 Sailhamer observa que "al poner a Abraham como un ejemplo de ´guardar la ley´, el escritor ha demostrado la naturaleza de la relación entre la Ley y la fe. Abraham, un hombre que vivió por fe, puede ser descrito como alguien que guardó la ley" (Pentateuch as Narrative, 187–8).
116 La referencia en Hebreos 11:20 de Isaac bendiciendo a Jacob por fe se refiere a la bendición consciente en Génesis 28, no a su bendición involuntaria de Génesis 27.

3. ¿Qué problema tiene Raquel? (29:31) _____

4. ¿A qué otras mujeres te recuerda esto? _____

5. ¿Cómo compensa Dios a Lea? (29:31) _____

6. ¿Sobre qué se trata esta sección? (29:31–30:24) _____

_____

7. ¿Qué le ocurre a Labán por estar asociado con Jacob? (29:27, 30) _____

_____

8. ¿Qué hace Dios por Jacob? (29:29–30:43) _____

_____

Génesis 31

1. ¿Qué le causa problemas a Jacob con sus cuñados? (31:1) _____

_____

2. ¿Qué le causa problemas a Jacob con su suegro? (31:2) _____

_____

3. ¿Qué otro factor guía a Jacob a volver a su tierra? (31:3) _____

_____

4. ¿Cómo deja Jacob a Labán? (31:4–21) _____

_____

5. ¿Cómo protege Dios a Jacob? (31:22–29) _____

_____

6. ¿Qué está planeando Labán hacerle a Jacob? (31:22–29) _____

_____

7. ¿De qué le acusa Labán a Jacob? (31:30) _____

_____

8. ¿Quién tiene los bienes robados? (31:31–35) _____

9. ¿Qué reconoce Jacob? (31:42) _____

_____

10. ¿Cuál es la última cosa que Labán hace antes de regresar a su tierra? (31:55) _____

_____

Génesis 32–33

1. ¿Qué ocurre en estos dos capítulos? (32:1–33:20) _____

_____

2. ¿Con cuántos hombres viene Esaú a recibir a Jacob? (32:6) _____

3. ¿Cómo interpreta eso Jacob? _____
_____

4. ¿Por qué divide Jacob sus posesiones en dos grupos? (32:7-9-8) _____
_____

5. ¿Cuándo es el último (y único previo) registro de Jacob orando? (32:9-12) _____
_____

6. ¿Ha sido Jacob un hombre de oración? _____

7. ¿Qué confiesa Jacob? (32:10) _____
_____

8. ¿Qué pide Jacob? (32:11) _____
_____

9. ¿A quién recurre Jacob? (32:12) _____

10. ¿Por qué hay esperanza para Jacob? ¿En su justicia? _____
_____

11. ¿Con quién pelea Jacob? (32:24-30) _____
_____

12. ¿Cuánto tiempo pelean? _____
_____

13. ¿Qué te dice esto de la fuerza de Jacob? _____
_____

14. ¿Cómo le muestra Dios a Jacob contra quien ha estado peleando? (32:25) _____
_____

15. ¿Qué desea Jacob? (32:26) _____
_____

16. ¿Qué bendición le da Dios a Jacob? (32:27-28) _____
_____

17. ¿Qué similitud hay con Génesis 21? _____
_____

18. ¿Cómo es la fuerza física de Jacob antes y después de pelear con Dios? (32:31) ___
_____

Génesis 33

1. ¿Cómo recibe Esaú a Jacob? (33:4) _____

2. ¿Qué evidencia hay de un cambio en Jacob? (33:5-11) _____
_____
_____

3. ¿Cómo intenta restituir Jacob lo que ha robado? _____

_____

4. ¿Dónde va a vivir Jacob? (33:18) _____

5. ¿Qué está intentando evitar Jacob al ir allí? _____

_____

6. ¿Qué dos personas (o grupos) quieren matar a Jacob desde Génesis 31–33? _____

_____

7. ¿Qué compra Jacob? (33:19) _____

_____

8. ¿Qué hace Jacob por primera vez? (33:20) _____

_____

9. ¿A quién te recuerda Jacob al construir un altar? _____

_____

Moisés marca muchos paralelos entre la búsqueda de la esposa de Isaac y la historia de Jacob y Raquel. Ella es encontrada en la misma tierra y en el mismo lugar: un pozo.[117] Su padre, Labán, también está pensando en la riqueza de Isaac cuando invita a Jacob a vivir con él. Jacob, el engañador, descubre lo que es ser engañado cuando Labán lo engaña y lo casa con Lea en lugar de Raquel.[118] Dios bendice a Jacob con hijos. Aunque está en un exilio temporal de la tierra, Jacob recibe descendencia y bendición como predijo Isaac.

La pregunta en la mente del lector debe ser, "¿cuál de los hijos de Jacob es la simiente de la mujer?" Puede parecer que debe ser un hijo de Lea porque es despreciada (tema de la teología bíblica de debilidad). O pudiera ser un hijo de Raquel, porque al igual que Sara y Rebeca, es estéril (aún más debilidad). Cuando Raquel finalmente tiene hijos, José, el primogénito, parece un buen candidato. Mientras tanto Labán continúa engañando a Jacob, cambiándole el salario una y otra vez. A pesar de eso, Dios prospera a Jacob igual que a sus padres (30:43). La bendición divina es tan grande que le causa problemas a Jacob con sus cuñados y suegro (31:1-2). Ahora Jacob tiene enemigos en Harán,[119] el lugar donde fue para escapar de Esaú. Cuando Dios le dice que regrese a su tierra, Jacob obedece. Pero también está huyendo de su suegro, quien lo persigue con malas intenciones; Dios interviene, advirtiendo a Labán que ni siquiera le diga algo a Jacob. La debilidad de la fe de Raquel se ve cuando Moisés cuenta cómo robó los ídolos de su padre. En este punto Jacob reconoce que no tendría nada si Dios no le hubiera bendecido. Sorprendentemente, Jacob y Labán hacen las paces, y Labán incluso bendice la familia de Jacob antes de irse (31:54-55). Los enemigos de Jacob lo bendicen al final. Pero Jacob no está fuera de peligro todavía. Su hermano gemelo sale a recibirlo con 400 hombres; parece que todavía busca venganza después de veinte años. La desesperación de Jacob le lleva a orar (el primer registro de adoración en dos décadas), pidiéndole a Dios que recuerde sus promesas. Esta vez Dios se le aparece a Jacob en lugar de aparecérsele al enemigo (como en el caso de Labán). Durante toda su vida Jacob ha sido fuerte (29:10; 32:24-25) y autosuficiente (30:25-43). A pesar de su edad, todavía puede luchar toda la noche con el hombre que se le aparece. Jacob reconoce que el hombre es sobrenatural cuando lo debilita al tocarlo (32:25).

---

117 Las respuestas de la pregunta #1 de Génesis 29 y 30 provienen de la tabla de Sailhamer en *Pentateuch as Narrative*, 243.

118 Ralph Gower sugiere que el velo de la novia no se quitaba hasta que se consumaba la relación sexual, por lo tanto esto explica cómo Labán cambió las hijas sin que Jacob se diera cuenta (*Nuevo Manual de Usos y Costumbres de los Tiempos Bíblicos*, trans. Santiago Escuain, [Grand Rapids: Editorial Portavoz, 1990], 69).

119 Stuart A. West discute la influencia de Harán y su sociedad sobre los patriarcas en "The Nuzi Tablets Reflections on the Patriarchal Narratives," BSpad 10:4 (Autumn 1981): 65-73.

La bendición que recibe Jacob del hombre es un cambio de nombre (como Abraham en el capítulo 21); ya no es Jacob (suplantador) sino Israel (Dios lucha). El cambio probablemente indica un cambio en la vida espiritual de Jacob. Ahora es más débil físicamente pero más fuerte espiritualmente. El tema de la teología bíblica de debilidad está explícito.

Una evidencia del cambio espiritual de Jacob es el trato con su hermano; insiste en darle en lugar de recibir de él, quizás en restitución por el daño que le causó antes (33:11). Jacob sabiamente decide no vivir cerca de su hermano.[120] Estos capítulos (28–33) demuestran cómo Dios protege a Jacob de varias amenazas, incluyendo su hermano, cuñados, y suegro, que planean matarlo. Finalmente, después de un exilio de veinte años, la simiente regresa a la tierra.

Génesis 34

1. ¿Qué dos amenazas hay para la familia de Israel en este capítulo? (34:9, 30) _____

    _____

2. ¿Qué quieren hacer los cananitas con la familia de Israel? (34:2–12) _____

    _____

3. ¿Qué le hacen Simeón y Leví a los hombres de Siquem? (34:25–26) _____

    _____

4. ¿Se portan como la "simiente de la mujer" o la "simiente de la serpiente"? _____

    _____

5. ¿Qué hacen el resto de los hijos de Jacob? (34:27–29) _____

    _____

6. ¿Por qué molesta esto a Jacob? (34:30) _____

    _____

Génesis 35

1. ¿Qué le dice Dios a Jacob que debe hacer? (35:1) _____

    _____

2. ¿Qué es necesario que la familia de Jacob haga para adorar a Dios? (35:2) _____

    _____

3. ¿Cómo le habla esto al pueblo de Israel de los días de Moisés? _____

    _____

4. ¿Qué indican estos versículos sobre la vida espiritual de la familia de Jacob? (35:2, 4) _____

    _____

5. ¿Qué motiva a Jacob a buscar a Dios? (35:3) _____

    _____

6. ¿Por qué nadie ataca a Jacob? (35:5) _____

    _____

---

120 Igual que Sara (Gn 21:10), Jacob entiende que vivir cerca de la simiente de la serpiente es imprudente. Israel debe estar observando el ejemplo sabio de sus padres en este tema.

7. ¿A dónde va la familia? (35:6–7) _____

8. ¿Cómo llama Jacob al lugar esta vez? _____

   Nota: Betel significa "Casa de Dios", y El–betel significa "El Dios de la Casa de Dios". Este cambio muestra que Jacob cambia el enfoque del lugar al Dios del lugar.

9. ¿Qué hace Dios por Jacob? (35:9–12) _____

_____

10. ¿Qué indicación hay de dominio en el pacto? (35:11) _____

11. ¿Qué dos mandamientos le da Dios a Jacob? (35:11) _____

_____

12. ¿Cuántos hijos tiene ya Jacob? _____

13. ¿Le está diciendo Dios que once no son suficientes? _____

14. ¿Cuál es el punto de esa frase? ¿Con quién lo identifica Jacob (1:28; 9:1)? _____

_____

_____

15. ¿Ocurre como Dios dijo o no (ver Éxodo 1:7)? _____

16. ¿Cuántas personas mueren en esta sección? (35:16–29) _____

_____

17. ¿Cuántos años tiene Isaac cuando muere? (35:28) _____

18. ¿Cuál de los dos hijos de Isaac no puede ser la simiente de la mujer? _____

Cuando Jacob se establece en la tierra, se levantan otras amenazas. Los cananitas de sus alrededores quieren casarse con los hijos de Israel (34:2–12),[121] y cuando sus hijos atacan su ciudad, Jacob teme que los otros cananitas intenten matarlos (34:30). Sin embargo, Dios los guarda (35:5) y le dice a Israel que vaya a Betel. Este capítulo revela el carácter de los hijos de Israel; Simeón y Leví acaban con vidas, dando la impresión de que son de la simiente de la serpiente. Todavía no está claro quién es la simiente de la mujer.

El último capítulo sobre Israel (35) da más evidencia de su cambio espiritual.[122] Finalmente quita la idolatría de su casa y construye su primer altar. Su enfoque ya no está en el lugar (Betel, "la casa de Dios"), sino en Dios mismo (El–betel, "el Dios de la casa de Dios"). Dios se le aparece y lo bendice, confirmando el pacto una vez más. Reafirma el cambio del nombre de Jacob y la promesa de crecimiento, monarquía y la tierra.[123]

Moisés concluye la historia de Isaac[124] con la muerte de Raquel, el nacimiento del último hijo de Israel, el incesto de Rubén (35:22)[125] y la muerte del mismo Isaac.

---

121 Al igual que las historias anteriores y las siguientes, la exterminación (Esaú) o infiltración (los hijos de Het) son dos estrategias satánicas para destruir la simiente de la mujer.

122 Augustine Pagolu compara y contrasta las prácticas religiosas de Jacob en Betel con la adoración posterior de Israel en "Patriarchal Religion as Portrayed in Genesis 12–50," *TynBul* 47:2 (1996): 378.

123 Dios instruye a Jacob, "crece y multiplícate". Puesto que Jacob ya tiene once hijos, el punto no es que tenga más hijos. La misma instrucción se le dió a Adán (1:28) y a Noé (8:17; 9:1,7). Isaac también le dijo lo mismo a Jacob cuando huyó (28:3). El uso de la frase indica que él es el nuevo Noé o el nuevo Adán en el sentido de que es el nuevo agente divino para llenar y gobernar la tierra.

124 La sección que precede (25:19–35:29) es la historia de Isaac aunque solo se menciona un incidente propiamente de Isaac. La historia de Isaac es la lucha entre sus dos hijos (Gn 3:15). Observa la longevidad de Isaac; sus hijos tienen 120 años cuando muere. Su muerte ocurre solo 27 años antes de la migración a Egipto (35:28).

125 1 Crónicas 5:1 explica que por este pecado perdió su derecho de primogenitura.

GENEAOLOGÍA 9: ESAÚ NO ES LA DESCENDENCIA
GÉNESIS 36:1–43

Génesis 36

1. ¿Qué dos familias se contrastan en esta sección? (36:1, 9; 37:2) _____

    _____

2. ¿Qué relación tiene esta rivalidad con Génesis 3:15? _____

    _____

3. ¿Qué nación se relaciona más cercanamente con Israel? _____

    _____

Brevemente Moisés da la genealogía de Esaú (36:1–43), la nación más próxima a Israel. El resto de Génesis cuenta la historia de Jacob, o Israel (37:1–50:26).

GENEALOGÍA 10:
LA DESCENDENCIA ESTÁ EN LOS HIJOS DE JACOB
GÉNESIS 37:1–50:26

1. ¿Cuáles son los hijos principales? _____

2. Basado en el patrón "Caín vs. Abel", "Ismael vs. Isaac", "Jacob vs. Esaú", ¿qué esperarías que pasara con José y Judá? _____

3. Comparando a José en 37 con Judá en 38, ¿cuál aparenta ser la "simiente de la mujer" y cuál la "simiente de la serpiente"? _____

    _____

Génesis 37

1. ¿En qué se parecen José e Isaac (22:2)? (37:3) _____

    _____

2. ¿En qué se parece José a Isaac y Jacob? (37:4) _____

    _____

3. ¿Qué le revela Dios a José? (37:5–11) _____

    _____

4. ¿Qué tema de la teología bíblica nos indica? (37:8) _____

5. ¿Qué dice Jacob que no es probable que ocurra? (37:10) _____

    _____

6. ¿Cuál es el punto de los dos sueños de José? _____

    _____

7. En un mapa, determina la distancia entre Hebrón y Siquem. (37:12–16) _____

_____

8. ¿Qué distancia hay hasta Dotán? (37:17) _____

9. ¿De quién es la idea de vender a José? (37:26) _____

10. ¿Cómo engañan los hermanos de José a su padre? (37:29–35) _____

_____

11. ¿Cuál es la similitud entre lo que ellos hicieron y lo que hizo Jacob en Génesis 27? _____

_____

_____

La historia de Israel, como en el caso de Abraham e Isaac, realmente es la historia de sus hijos.[126] De los doce, predominan dos: José y Judá. La atención recae primero en José. De la misma manera que Isaac, es amado de manera especial por su padre (37:3), y como su padre y abuelo, es odiado por sus hermanos (37:4). También recibe revelación divina sobre su exaltación futura (37:5–11).[127] José va a gobernar sobre su familia. Incluso, es un hijo obediente (38:12–17). Parece que puede ser quien herede el pacto.

El primer capítulo de esta sección marca un contraste claro entre José y Judá. Ambos están solteros[128] y pasan un tiempo lejos de su familia y tierra (38:13; 39:1) en un lugar donde nadie más sabe lo que están haciendo (38:16; 39:11). Ambos se enfrentan a una mujer queriendo tener relaciones sexuales con ellos (38:14; 39:7, 12) lo que resulta en una falsa acusación (38:24–25; 39:17–18) y una sentencia injusta (38:24, 26; 39:20). Sin embargo, Judá cae ante una sola tentación, pero José resiste la tentación repetidamente (39:10). Judá se condena a sí mismo (38:25), pero José sabe que es inocente (40:15), y Dios está con él (39:21, 23). En este caso es fácil distinguir entre el personaje bueno y malo de la historia. Toda la estructura de Génesis ha preparado al lector para contrastar a los hijos de cada generación. Por lo tanto, el patrón argumenta a favor de José como simiente de la mujer.

Génesis 38–39

1. ¿Qué similitudes hay entre estas dos historias?
   - Lejos de _____. (38:12, 13; 39:1)
   - Lejos del _____. (38:12, 13, 16; 39:11)
   - Los dos hombres están casados/_____. (38:12)
   - Una _____ dispuesta. (38:14–15; 39:7, 12)
   - Una acusación _____. (38:24; 39:20)
   - _____ injusto. (38:24; 39:20)
   - Dios usó todas las cosas para _____. (Mt 1:3; Gn 40–50)

2. Las dos historias claramente sirven para que el lector _____ o _____ a José y a Judá.

3. ¿Tiene Judá una influencia espiritual positiva en la vida de sus hijos? (38:1–11) _____

126 Observa el énfasis inmediato en el hijo de Jacob, José, en las primeras palabras de la genealogía: "Esta es la historia de la familia de Jacob: José, siendo de edad de diecisiete años…" (37:2).
127 Los hermanos de José entienden que el sueño significa que él reinará sobre ellos. Su padre interpreta que el segundo sueño significa que toda la familia se inclinará ante José.
128 Judá es viudo (38:12).

4. ¿Qué tema principal de la teología bíblica ves en la vida de José? (39:5) _____

_____

5. Cuando Dios bendice a José, ¿quién más se beneficia aparte de José? (39:5-6) _____

6. ¿Qué hace José en la casa de Potifar? (39:6) _____

7. ¿Qué frase explica el éxito de José? (39:2, 3, 21, 23) _____

_____

8. ¿Qué hace José en la cárcel? (39:22) _____

9. ¿Qué otros temas principales de la teología bíblica se asocian con José? _____

_____

Se ve a Judá de forma negativa cuando sugiere que él y sus hermanos vendan a José en vez de matarlo, porque su plan les permite deshacerse de él y conseguir algo de dinero también (37:26). Él falla en guiar a sus hijos espiritualmente (la historia de Er y Onán lo evidencia) y falla en mantener su promesa a Tamar de casarla con su tercer hijo (38:11). También comete fornicación con ella, pensando que es una prostituta.[129]

Génesis 40-41

1. ¿Cómo saca Dios a José de la cárcel? (40:1-40:13) _____

_____

2. ¿Cuánto tiempo permanece José en la cárcel después que se libera al jefe de los coperos? (41:1) _____

_____

3. ¿Piensas que José se preguntaba cómo se cumplirían sus propios sueños del capítulo 37? _____

_____

4. ¿Por qué dice Faraón que José está calificado para gobernar (38)? (41:14-38) _____

_____

5. ¿Qué hace José en todo Egipto? (41:40-43) _____

_____

6. ¿Qué tema principal de la teología bíblica describe las actividades de José? _____

_____

7. ¿Se cumple la palabra de Dios? (41:53-57) _____

8. ¿A qué magnitud se extiende la influencia de José? (41:53-57) _____

_____

9. ¿Qué hace José por las personas afectadas por el hambre? (41:53-57) _____

_____

10. En la historia de la "búsqueda de la simiente de la mujer", ¿por qué es José el mejor candidato hasta ahora?

_____

_____

129 Bryan Smith, "The Central Role of Judah in Genesis 37-50," *BSac* 162:646 (Apr 2005): 158-74.

11. ¿Qué elementos del pacto Abrahámico se cumplen con el gobierno de José? _____

_____

Génesis 42–44

1. ¿Qué ocurre en la vida de Jacob que se asemeja a lo que ocurre en las vidas de Abraham (Gn 12:10) e Isaac (Gn 26:1)? _____

2. ¿Qué ocurre con la palabra de Dios a José (Gn 37) en esta historia? (42:1–9) _____

_____

3. ¿Cuántos hermanos bajan a Egipto? (42:3) _____

4. ¿Quién no baja a Egipto para comprar comida? (42:4) _____

5. ¿Por qué no envía Jacob a Benjamín con los otros? (42:4, 38) _____

_____

6. Después que José se va de casa, ¿quién es el nuevo hijo favorito? _____

_____

7. ¿Cómo intenta convencer Rubén a Jacob para que permita a Benjamín ir a Egipto? (42:37) _____

_____

_____

8. ¿Cómo intenta convencer Judá a Jacob para que permita a Benjamín ir a Egipto? (43:8–9) _____

_____

_____

9. ¿Cómo prueba José a sus diez hermanos para ver si están celosos? (43:15–34) _____

_____

_____

10. ¿Cómo los prueba otra vez José con respecto a su actitud hacia el hijo favorito? (44:1–13) _____

_____

11. ¿Qué pueden hacer los hermanos para deshacerse de Benjamín? _____

_____

12. ¿Cómo menciona Moisés a los once hermanos? (44:14) _____

_____

13. ¿Qué "hace" Moisés que el lector escuche por veintidós versículos? (44:14–34) _____

_____

14. ¿Qué le pide Judá a José? (44:33) _____

_____

15. ¿Cómo se compara lo que dice Judá aquí con lo primero que dijo Judá en Génesis 37:26? (44:14–34)

_____

_____

16. ¿Qué revela sobre Judá su diálogo con José en este punto de la historia? (44:14–34) _____

_____

Mientras tanto, las profecías sobre el reinado de José se están cumpliendo en Egipto. Se gana la confianza de Potifar y es puesto sobre toda su casa (39:8). Aunque pierde su posición como gobernador cuando es acusado falsamente y encarcelado, Dios está con él y termina como encargado de la prisión (39:21, 23). Dios le ayuda a interpretar los sueños de los prisioneros (40), lo que después le da la oportunidad de interpretar el sueño de Faraón. Faraón le hace gobernador sobre Egipto; y la promesa de Dios a Abraham de bendecir a las naciones a través de Israel se cumple cuando José salva de la hambruna a Egipto y los países cercanos (41:54–57). En José se ve un cumplimiento mayor del pacto que cualquier otra persona hasta ahora, incluyendo Abraham. Abraham salva cinco ciudades de la esclavitud; cuando José gobierna, salva a todo el cercano oriente de la muerte.

Se ve un cambio en Judá cuando José prueba a sus hermanos para ver si se habían arrepentido por lo que le hicieron. Ahora Judá está dispuesto a sacrificar su propia vida para salvar la de Benjamín, el nuevo favorito de su padre (43:8–10).[130] El cambio se observa claramente por lo que le dice Judá a José (44); su preocupación es el bienestar de su padre y de su hermano. Judá ruega que lo lleven esclavo para que su hermano y padre no sufran.

Génesis 45–46

1. ¿Cómo interpreta José el propósito de Dios por todo lo que le pasó? (45:5, 7–8) _____

_____

_____

2. ¿Qué dice José que le hizo Dios? (45:8) _____

_____

3. ¿Qué instrucciones les da José a sus hermanos? (45:4–24) _____

_____

4. ¿Qué les dice José a sus hermanos que no deben hacer en el camino? (45:24) _____

_____

Geografía: Encuentra Beerseba en el mapa.

5. ¿Qué abandona Jacob una vez que pasa Beerseba? _____

_____

6. ¿Qué hace Jacob al abandonar la tierra prometida? (46:1) _____

_____

7. ¿Qué promesa le da Dios a Jacob? (46:3) _____

_____

---

130 El sacrificio de Judá es un contraste con la afirmación tonta de Rubén de que Jacob puede matar a sus hijos si no llevan a Benjamín de regreso a salvo (42:37). Rubén, el primogénito, debería ser responsable por la seguridad de Benjamín. Rubén es el doble de Judá, resaltando el sacrificio de Judá.

8. ¿Qué le promete Dios a Jacob con relación a su presencia? (46:4) _____

_____

9. ¿Por qué son extremadamente importantes estos versículos para los lectores de los días de Moisés? (46:3–4)

_____

_____

10. ¿Cuántas personas van con Jacob a Egipto? (46:8–27) _____

11. ¿Sobre qué tema principal de la teología bíblica trata esta sección? (46:8–27) _____

_____

12. ¿Por qué le dice José a Jacob que se identifique como pastor (34)? (46:28–34) _____

_____

Génesis 47–48

1. ¿Qué hace Jacob para Faraón? (47:7, 10) _____

_____

2. ¿Qué tema principal de la teología bíblica se ve en 47:7 y 10? _____

3. ¿Qué palabra usa Jacob para describir su vida en la tierra prometida? (47:9) _____

_____

4. ¿Cómo se compara esto a Levítico 25:23? _____

_____

5. ¿Cuántos años tiene Jacob cuando va a Egipto? (47:9) _____

6. ¿Qué hace José por las personas de Egipto? (47:13–26) _____

_____

7. ¿Dónde quiere ser enterrado Jacob? (47:29–31) _____

8. ¿Qué frase clave de Génesis 1:28 y 9:1 repite Jacob? (48:4) _____

_____

9. ¿Qué hace Jacob por dos de sus nietos? (48:9) _____

_____

10. ¿Qué hijo pone Jacob sobre el otro? (48:13–20) _____

_____

11. ¿Por qué desagrada esto a José? _____

_____

12. ¿Cómo se relaciona elevar al menor sobre el mayor a la propia historia de Jacob? _____

_____

_____

Cuando José revela su identidad y pide a su padre que vaya a Egipto, Dios le dice a Jacob que vaya porque allí será donde se convertirán en una gran nación (46:3-4).[131] Jacob y su familia emigran a Egipto, cumpliendo la promesa revelada a José en sus sueños (tema de la teología bíblica de la palabra de Dios). José les da instrucciones a sus familiares de decir que son pastores de ovejas, sabiendo que eso mantendrá a la familia aislada de los egipcios y de esa forma evitar mezclarse con ellos. Presagiando Mateo 2, Egipto funciona como una cuna para la nación de Israel durante su infancia y temprano crecimiento al proteger y cuidar a la simiente.

Génesis 49-50

1. ¿Puede Isaac bendecir completamente a Jacob y Esaú (27:35, 40)? _____

2. ¿A cuántos de sus hijos bendice Jacob? _____

3. ¿Cuántos hijos son excluidos de la bendición de la familia? _____

4. ¿Qué cambio grande ocurre con los hijos de Jacob respecto a la descendencia? _____

    _____

    _____

5. De los doce hijos de Jacob, ¿cuál pareciera ser el mejor candidato para ser «la simiente de la mujer»? ___

    _____

6. De los doce hijos de Jacob, ¿cuál ya ha gobernado? _____

7. ¿Cuál ha sido una bendición para los otros? _____

8. ¿Cuál salva vidas? _____

9. ¿Cuál recibe la promesa del cetro? (49:9-10) _____

10. ¿Es Judá el que todos esperan? _____

11. ¿Acostumbra Dios a traer salvación de la forma en que todos esperan? _____

12. ¿Dónde debía ser enterrado Israel? (49:28-33) _____

13. ¿Dónde es enterrado Israel? (50:1-14) _____

14. ¿Por qué es este hecho relevante a la audiencia original del Pentateuco? _____

    _____

15. ¿Cuántos años tiene Israel cuando muere? (47:28) _____

16. ¿Cuánto tiempo vive Jacob en Egipto? (47:28) _____

17. ¿Cómo ve José sus dificultades? (50:20) _____

    _____

18. ¿Cuántos años tiene José cuando muere? (50:22-26) _____

19. ¿A qué personas los egipcios embalsamaban normalmente? _____

    _____

20. ¿Qué nos dice sobre José el hecho de que lo embalsamaran? _____

    _____

---

131 Génesis 46:3-4 y 15:13-16 le asegura a Israel que su estadía en Egipto es parte del plan divino. Las instrucciones de Dios a Jacob contrastan con las que da a Isaac, "No desciendas a Egipto" (26:2).

21. ¿De qué manera tiene éxito José en cumplir el propósito de Dios para el hombre? _____

_____

_____

22. ¿Hay alguien en Génesis cuyo éxito sobrepase al de José? _____

23. ¿Dónde pone Dios al hombre en Génesis 2? _____

24. ¿Dónde ponen los hijos de José a José en Génesis 50:26? _____

_____

25. ¿Cómo muestra esto la necesidad del salvador prometido de Génesis 3:15? _____

_____

_____

Antes de morir, Jacob bendice a Efraín y Manasés, elevándolos al nivel de sus propios hijos. De esta forma también le da a José la doble porción de herencia que debe pertenecerle al primogénito. La historia toma un giro inesperado en el capítulo 49. Durante toda esta sección (37–50) el contraste entre Judá y José ha sido evidente, mostrándose José como el más calificado para heredar la promesa de la simiente dominante. José ya está gobernando. Pero cuando Jacob bendice a su hijo, profetiza que el futuro rey prometido y conquistador no será un hijo de José, sino uno de Judá (49:10). Un futuro hijo de Judá será el que gobernará a las naciones.[132] Dios usa el pecado de Judá y sus hermanos para permitir que José preserve sus vidas. Es especialmente importante que la vida de Judá sea preservada, aunque fue él quien sugirió que vendieran a José.[133] A través de las instrucciones que Jacob y José dan de sus entierros demuestran que tienen fe en el regreso de Israel a la tierra (49:29; 50:25).

Pocas personas en el Antiguo Testamento proveen una imagen tan clara de Cristo como José. No se menciona nada negativo sobre José. Es amado por su padre de forma especial y rechazado por sus hermanos. Es vendido por el precio de un esclavo y llevado a Egipto en su juventud. Resiste una gran tentación; es acusado falsamente y condenado; y busca el bien para otros. Es humilde, salvado de la muerte y finalmente exaltado y coronado. A través de este sufrimiento salva a otros, pero nunca culpa a los causantes de su sufrimiento.

RESUMEN DE GÉNESIS

Después de llegar al final de cada libro, un buen ejercicio para el estudiante es hacer un resumen breve que articule cómo el libro contribuye a la historia de la redención. El estudiante debería por lo menos ser capaz de explicar cómo se relacionan las dos mitades del libro (1–11 y 12–50). A continuación tenemos un ejemplo de resumen.

Génesis explica cómo Dios crea una morada maravillosa para que el hombre disfrute de la bendición de su presencia y le sirva como vice-regente de la tierra. Cuando el hombre peca, pierde su santuario, pero Dios promete un campeón que deshará el mal. El hombre persiste en su rebelión (Caín, el mundo antediluviano y Babel), así que Dios escoge una familia, dándoles una tierra donde después le servirán como sus agentes para bendecir y dominar el mundo.

---

132 Bryan Smith dice que "sorprendentemente …Jacob le otorgó a Judá el máximo honor, el trono de Israel". "Central Role of Judah," 158.
133 Con los hijos de Abraham e Isaac, los hijos que no son escogidos quedan fuera de la línea de la simiente divina. Desde Jacob en adelante, los hijos que no heredan la promesa de dominio (Judá) todavía forman parte de la simiente de la mujer.

BOSQUEJO DE GÉNESIS
EL PRINCIPIO DE LA HISTORIA DE LA REDENCIÓN

I.   Dios el creador. **1:1–2:3**

II.   Genealogía 1: Los hijos de la tierra fallan. **2:4–4:26**

III. Genealogía 2: La simiente en los hijos de Adán. **5:1–6:8**

IV.   Genealogía 3: Noé, el Agente de Dios para la Nueva Creación **6:9–9:29**

V.   Genealogía 4: Los hijos de Noé fallan. **6:9–9:29**

VI.   Genealogía 5: La simiente en los hijos de Sem. **11:10–11:26**

VII. Genealogía 6: La simiente de los hijos de Taré. **11:27–25:11**

    A.   Los primeros 10 años de la tierra. **12–16**

    B.   El año del nacimiento de Isaac. **17–21**

    C.   Los últimos 75 años. **22–25**

VIII. Genealogía 7: Ismael no es de la descendecia. **25:12–18**

IX.   Genealogía 8: La descendecia en los hijos de Isaac. **25:19–35:29**

X.   Genealogía 9: Esaú no es de la descendencia. **36:1–43**

XI.   Genealogía 10: La descendencia en los hijos de Jacob. **37:1–50:26**

3

SALVADOS PARA SERVIR EN EL SANTUARIO
UN ESTUDIO DE LA TEOLOGÍA BÍBLICA DE ÉXODO

UNA GUÍA PARA LEER LA LEY

Cuando leemos toda la Biblia libro tras libro, es bueno hacer una pausa al principio de cada libro nuevo y determinar qué género es usado por el autor. La primera mitad de Éxodo[134] continúa con la historia de Génesis sobre Israel, el agente de Dios para bendecir a las naciones. En la segunda mitad del libro, el lector se enfrenta a un nuevo género, ley. Entender y aplicar la ley del Antiguo Testamento es un reto porque los creyentes modernos viven en circunstancias muy diferentes a las que se describen en Éxodo.[135]

Una regla sencilla de interpretación bíblica que aplica a cualquier pasaje es que el grado de similitud entre las circunstancias del lector original y las del lector moderno determina el grado de relevancia directa de cualquier pasaje. Por ejemplo, un pastor que está leyendo las Epístolas Pastorales fácilmente aplica las instrucciones para pastores de Pablo a su propia vida y ministerio.[136] Los miembros de una iglesia leen una instrucción pastoral como "predica la palabra" (2 Tm 4:2) y se dan cuenta que aplica principalmente a pastores. En cambio, las cartas a las iglesias son relevantes para cristianos comunes porque sus circunstancias son relativamente similares a las de la audiencia original. Ya que la ley fue dada a personas en circunstancias muy diferentes a las del lector moderno, es difícil saber cómo aplicarla actualmente. Aún así, la ley es "útil" (2 Tm 3:16) y "buena, si uno la usa legítimamente" (1 Tm 1:8). Cómo aplicar la ley actualmente es un tema de mucho debate, en parte porque "el Nuevo Testamento mismo contiene afirmaciones que parecieran apoyar conclusiones opuestas".[137] Para ayudar a entender y aplicar la ley, tenemos a continuación una breve guía para leer la ley.

---

134 Todas las citas del capítulo 3 son de Éxodo a menos que se indique lo contrario.

135 Allen P. Ross llama a interpretar y aplicar la ley "uno de los problemas más difíciles de interpretación bíblica...en la iglesia". *Holiness to the LORD: A Guide to the Exposition of the Book of Leviticus,* (Grand Rapids: Baker, 2002), 58.

136 En pasajes como "usa de un poco de vino" (1 Tm 5:23) o "trae el capote..., los libros, mayormente los pergaminos" (2 Tm 4:13), la aplicación no es tan directa por las diferencias entre las circunstancias de Timoteo y las del lector actual. Esto demuestra la utilidad de la regla que se está discutiendo.

137 Douglas J. Moo "The Fulfillment of the Law of Moses: A Modified Lutheran View," *The Law, the Gospel, and the Modern Christian: Five Views,* (Grand Rapids: Zondervan, 1993), 319.

Cristo y la Ley

Jesús afirmó que no venía para abolir la ley, sino para cumplirla (Mt 5:17–19). Wayne Strickland argumenta que la frase "la ley y los profetas" en este pasaje hace referencia a todo el Antiguo Testamento. De las escrituras del Antiguo Testamento a la persona y obra de Cristo; la ley de Moisés no era solo reguladora sino también reveladora.[138] La ley no simplemente regulaba la vida de los israelitas; también revelaba la necesidad de alguien que pudiera cumplir con sus estándares justos. Jesús vino para cumplir la ley mosaica al igual que las profecías del Antiguo Testamento. Él no vino para establecer la ley mosaica como una regla para los creyentes del Nuevo Testamento, sino para cumplir lo que la ley revelaba sobre la santidad a través de su propia obediencia recta.[139] Este entendimiento de la ley implica que Cristo no estaba argumentando que se continuara con la ley mosaica, sino que se completara en Él. De la misma manera que Jesús cumplió la profecía sobre su nacimiento en Belén, también cumplió la ley obedeciéndola a la perfección. Cuando un cristiano lee la ley, primero debe entender que todas sus demandas justas se cumplen en Cristo. Strickland resume: "La ley mosaica terminó naturalmente cuando Dios suspendió su programa con Israel (Ro 9–11) e inauguró su programa con la iglesia".[140]

En un sentido, el "Nuevo Pacto es equivalente" a "la ley en Cristo".[141] A diferencia de la ley mosaica, la ley de Cristo no es una lista de preceptos sino un conjunto de principios que el Espíritu Santo le enseña al creyente. Los principios fundamentales de amar a Dios y al prójimo se encarnan en la ley de Cristo en pasajes como Romanos 13:8–10; 1 Corintios 9:21; Gálatas 5:14; 6:2; Efesios 5:24–6:9; y Santiago 1:25; 2:8–12. Al igual que la ley mosaica, la ley de Cristo es reguladora y reveladora. El inmutable carácter de Dios demanda una respuesta del creyente del Nuevo Testamento igual que en el tiempo de Moisés, aunque los detalles hayan cambiado. A pesar de que enfatiza discontinuidad con la ley del Antiguo Testamento, esta perspectiva dispensacional reconoce que la ley todavía es útil para "conocer la voluntad moral de Dios".[142]

A continuación hay varias maneras en que los creyentes han clasificado la ley mosaica a través de los siglos. Las categorías ayudan a los creyentes del Nuevo Testamento a apreciar cómo funcionaba la ley en Israel. Después de la descripción de las categorías, se expone el contexto de la ley mosaica. Al final, se propone una metodología para ayudar al cristiano a aplicar a su vida leyes mosaicas específicas bajo la ley de Cristo.

Categorías de las Leyes

Hay muchas maneras de clasificar en categorías las leyes del Pentateuco. Las categorías tradicionales son civil, religioso y moral (ético).[143] Otra forma de clasificar las leyes es en dos categorías técnicas: apodícticas y casuísticas. Las leyes también se pueden clasificar según las unidades literarias donde se encuentran o según sus temas.

Categorías Tradicionales

Un método común para ayudar al creyente actual a saber cómo aplicar la ley mosaica es dividir las leyes en las tres categorías mencionadas arriba en primer lugar. Según este sistema, las leyes civiles son ordenanzas que regulan la vida secular de Israel. Las leyes religiosas (también llamadas leyes ceremoniales o litúrgicas) hacen referencia a las reglas que regulan la adoración. De la misma manera que la iglesia detalla las reglas para la

---

138 Wayne G. Strickland, "The Inauguration of the Law of Christ with the Gospel of Christ: A Dispensational View" in *Five Views on Law and Gospel*, Stanley N. Gundry, ed. (Grand Rapids: Zondervan, 1996) 277.

139 Ibíd., 257–8.

140 Ibíd., 276.

141 Ibíd., 277.

142 Ibíd.

143 John Calvin aclara, "C′est assavoir en mœurs, cérémonies, et jugements" en *L'Institution de la Religion Chrétienne*, Livre IV 14 (Geneva, 1560). Ver también la Confesión de Westminster, capítulo 19, y Jeong Koo Jeon, "Calvin and the Two Kingdoms: Calvin's Political Philosophy in Light of Contemporary Discussion," *WTJ* 72:2 (Fall 2010): 299–320.

membresía o procedimiento de ordenación, Moisés establece reglas para ordenar a sacerdotes, sacrificios en el tabernáculo y toda la liturgia de adoración. Las leyes morales o éticas son reglas como "No matarás" (20:13) y "No hurtarás" (20:15). La norma de interpretación, según este sistema de clasificación, es que las leyes ceremoniales y civiles ya no están en vigencia, pero las morales sí. El lector moderno no necesita seguir las leyes religiosas y civiles porque son exclusivas para Israel y no aplican hoy. Sin embargo, las leyes de la categoría moral todavía deben ser obedecidas.[144]

Aunque las categorías tradicionales pueden ser útiles, hay algunas dificultades con este sistema. El uso de estas categorías "no refleja la naturaleza y organización de las leyes mismas",[145] y la Biblia tampoco distingue las leyes de esta manera. Pablo dice simplemente, "confirmamos la ley" sin especificar ninguna categoría (Ro 3:31). Otra dificultad es que algunas leyes caben en más de una categoría. "No matarás" es claramente una ley moral, pero la relevancia del mandamiento en la vida civil es clara. "No cometerás adulterio" puede ser principalmente una ley moral, pero también tiene implicaciones en la esfera civil. Lo mismo ocurre con las leyes para el divorcio (Dt 24:1–3). Otro problema con el sistema tradicional es que da la impresión que la ley moral es "útil" (2 Tm 3:16) para el creyente moderno, mientras que la ceremonial y la civil no. Estas categorías tradicionales no lo explican todo.

Categorías Técnicas

En un sentido técnico, las leyes pueden clasificarse como apodícticas o casuísticas. Las leyes apodícticas, o incondicionales, son requerimientos universales o prohibiciones para Israel. Pueden ser positivas (prescriptivas), como en Éxodo 20:8, "Seis días trabajarás…, más el séptimo día es reposo para Jehová tu Dios", o negativas (prohibitivas), como en Éxodo 20:15, "No robarás". Las leyes apodícticas expresan verdades generales que revelan la voluntad de Dios. "Amarás a tu prójimo como a ti mismo" (Lv 19:18) es hermoso y claro. Sin embargo, no se da una definición de amor al prójimo.[146] Tampoco es ejecutable ya que no se especifican sanciones por incumplir la ley; nadie puede ser arrestado por no amar al prójimo. Aun así, la ley es buena, revelando el deseo de Dios de que Israel imitara su carácter amoroso.

Leyes casuísticas (también llamadas leyes condicionales) tienen un ámbito limitado y aplican a circunstancias específicas.[147] Por ejemplo, Éxodo 21:2–3 dice: "Si comprares siervo hebreo, seis años servirá; mas al séptimo saldrá libre, de balde. Si entró solo, solo saldrá; si tenía mujer, saldrá él y su mujer con él". La particularidad de las leyes casuísticas puede hacer que parezcan irrelevantes para el lector moderno. Sin embargo, se deben considerar las áreas de la vida para las que Dios da instrucciones específicas a Israel y darse cuenta de que Dios se preocupa por las mismas áreas en tu vida. Por ejemplo, está claro que las leyes alimenticias (Lv 11) no son obligatorias para la iglesia (Mr 7:19; Hc 10:9–29; Ro 14:1–15:9), pero Pablo comenta el tema de la comida y la bebida extensamente (1 Co 8–10). Las leyes mosaicas no gobiernan la dieta de un creyente actual, pero eso no significa que lo que come y bebe sea irrelevante. Las leyes casuísticas regulan la siembra (Lv 19:19; 23–25), cosecha (Lv 19:9), pago (Lv 19:13), vestimenta (Lv 19:19), comercio (Lv 19:35–36), cría de animales (Lv 19:19), peinados (Lv 19:27) y construcción (Dt 22:8). Estas leyes específicas ilustran el carácter amoroso, justo, generoso y santo de Dios. En estos casos los mandamientos de Dios para Israel señalan áreas en las que el creyente del Nuevo Testamento debe ser capaz de tomar decisiones que agraden a Dios.

---

144 Stuart y Fee toman esta postura en *Lectura Eficaz,* 167–9.
145 Daniel I. Block, "Preaching Old Testament Law to New Testament Christians," *Southeastern Theological Review* [De aquí en adelante *STR*] 03:2 (Winter 2012): 215.
146 Así como en la pregunta de Lucas 10:29 donde un intérprete de la ley (Lc 10:25) está buscando una laguna.
147 El uso de los términos *incondicional* y *condicional* proviene de Daniel I. Block en "Preaching Old Testament Law," 200–202. Su tabla comparativa de las dos categorías es excelente.

Clasificando por Unidad Literaria

Una tercera forma de clasificar las leyes individuales es por la unidad literaria o contexto donde se encuentran. Las unidades literarias formales reconocidas por la mayoría de los eruditos son el Decálogo (Diez Mandamientos [20:1-17]), el Código del Pacto (o Libro del Pacto[148] [20:21-23:19]), el Código Sacerdotal (Éx 35-Lv 16), el Código de Santidad (Lv 17-26) y el Código Deuteronómico (Dt 5-26, 28). Cuando consideramos una ley específica, el estudiante de la Biblia debe observar si está en una de estas secciones formales. Estas secciones pueden subdividirse en secciones más pequeñas, y también se pueden identificar otras unidades menos formales. Para una explicación más detallada y ejemplos de subdivisiones y secciones informales, ver Apéndice 3.

Categorías Temáticas

Las leyes mosaicas también se pueden clasificar en categorías temáticas. En este sistema las leyes se agrupan por lo que regulan. Además de los ejemplos de la sección de las leyes casuísticas (siembra, cosecha, pago, vestimenta, comercio, cría de animales, peinado y construcción), las leyes de Moisés también abordan a los primogénitos (12-13), idolatría (20:3-6), blasfemia (20:7), respeto (20:12), familia (20:12), asesinato (20:14), sexualidad (20:14), posesiones materiales (20:15), honestidad (20:16) y contentamiento (20:16-17). Regulan la esclavitud (21:2-6), secuestro (21:18), asalto (21:18-23), retribución (21:24-27), responsabilidad (21:28-22:15), hechicería (22:18), derechos minoritarios (23:2-3), soborno (23:8) y tratados internacionales (23:20-33). El estudiante debe aprender a identificar el tema, o tópico, al que se dirige cada ley.

Contexto

Al igual que con cualquier género, la ley debe ser leída en su contexto. La ley mosaica es parte de la historia del Pentateuco. Moldea y es moldeada por el marco histórico y cultural. Además del marco, debe considerarse el contexto inmediato de cualquier ley.

Tipos de Contexto

Es importante recordar el contexto histórico de la ley mosaica. Israel recibe la ley en Sinaí después de ser liberado de Egipto (1-15) y entra en una relación legal con Dios. La ley le enseña a Israel cómo vivir como el pueblo del pacto de Dios.[149] Dios repetidamente conecta la liberación de Israel de Egipto con su obligación de obedecerle (20:2). La ley debe ser entendida a la luz de la reciente salvación de Israel de Egipto.

El contexto cultural de la ley mosaica es posterior al éxodo de Israel. La ley es dada a un pueblo del pacto cuya tarea es reclamar la tierra de Canaán. Tener una ley nacional promueve la unidad nacional; la ley mosaica sirve para unir las tribus. Provee normas que cada tribu debe observar y prohíbe prácticas comunes en Canaán. Más allá de las leyes morales (Lv 18), algunas leyes, como las que regulan la vestimenta (Lv 19:19), aseo personal (Lv 19:27) y alimentación (Lv 11), separan a Israel de los cananitas y limitan la interacción con ellos.

También debe considerarse el contexto inmediato de la ley. Por ejemplo, la ley alimenticia (Lv 11) es una sección que trata con la impureza y purificación. Al igual que algunos alimentos causan impureza (Lv 11), también el nacimiento (Lv 12), algunas enfermedades de la piel (Lv 13-14) y secreciones corporales (Lv 15). Levítico 11-15 trata con los temas de la comida, vida y salud. El contexto ayuda a comprender la naturaleza

---

148 Éste es el término que usa Moisés en Éxodo 24:7 para referirse a la sección.
149 Moo, "A Modified Lutheran View," 319-76.

de las prohibiciones alimenticias. Si estar enfermo (Lv 13–15) o tener un bebé[150] no es pecado, entonces las prohibiciones alimenticias (Lv 11) tampoco se dirigen necesariamente a un problema de pecado. Las ostras (Lv 11:16) y el búho (Lv 11:17) no son inherentemente comidas pecaminosas. Más bien, las leyes le ilustran a Israel que comer, reproducirse y la salud son áreas en las que debe mostrarse el carácter distinto de Jehová. El lector actual, además de tener las aclaraciones del Nuevo Testamento de que las leyes alimenticias son temporales, debe poder entender su naturaleza por el contexto donde se encuentran. No debe seguir las leyes alimenticias, pero debe hacer elecciones al comer que muestren el carácter de Dios.

Factores Contextuales

Con demasiada frecuencia un creyente actual que quiere usar las leyes mosaicas es como un niño en el taller de su padre que quiere usar sus herramientas sin saber para qué sirve cada herramienta. Muchas consideraciones pueden ayudar al creyente a entender el propósito de la ley en su contexto original y por lo tanto le permiten hacer un uso correcto de ella.

Primero, es importante identificar la persona o personas a las que se les da esta ley originalmente. La ley en el Pentateuco no aplica directamente para todas las personas, incluso entre los israelitas. Las leyes para los propietarios de esclavos son ejemplos obvios ya que no todos los israelitas tenían esclavos. De la misma manera, las leyes sobre la pureza ritual en las campañas militares (Dt 23:9–14) son solo para los soldados. Sin embargo, otras leyes son generales e incluyen a todos. Cualquiera puede encontrarse "algún nido de ave en cualquier árbol, o sobre la tierra" (Dt 22:6). Observar a quién va dirigida la ley ayuda al lector moderno a identificar el grado de similitud entre sus circunstancias y las de las personas que estaban originalmente bajo estas regulaciones.

Otro factor a considerar es si una ley incluye o excluye a personas. Por ejemplo, las leyes que explícitamente defienden a los extranjeros (Dt 10:17–19) son inclusivas. Un ejemplo de una ley exclusiva son los requisitos de amnistía de deudas. A un compañero israelita, se le perdona la deuda cada siete años, pero a los extranjeros no (Dt 15:1–3). Esta ley muestra el privilegio de ser judío y la mayor responsabilidad que tiene un israelita hacia sus compatriotas. Otra ley excluyente es la que tiene relación con ejecución.[151] A los israelitas se les da un periodo de un año de gracia para redimir una casa que fue vendida por dificultades financieras. Después de eso, caducan los estatutos de limitaciones para la recuperación de una propiedad (Lv 25:25–30) y la casa pertenece irreversiblemente al nuevo propietario. Sin embargo, un levita puede redimir su casa en cualquier momento (Lv 25:32). Esta diferencia resalta el privilegio de ser levita; los levitas se benefician de leyes especiales y excepciones. Las leyes excluyentes tienden a resaltar los privilegios de ciertos grupos.

La frecuencia de la aplicación es otro factor contextual en el código legal. Este concepto hace referencia a la frecuencia con la que alguien entra en la jurisdicción de una ley. Algunas leyes, especialmente las apodícticas como "No codiciar", se aplican con la mayor frecuencia posible; aplican constantemente. Las leyes alimenticias también regulan la vida diaria de una persona. Por el contrario, la ley de que cada rey debe hacer su propia copia de la ley escrita a mano (Dt 17:18) aplica con poca frecuencia: una vez en la vida de cada rey.[152]

Cuándo, o por cuánto tiempo, es válida una ley también es importante. Algunas leyes, como las instrucciones para recoger el maná en el desierto, aplican solo temporalmente. Otras, como construir tabernáculos para conmemorar las peregrinaciones en el desierto, no se ponen en práctica hasta que Israel está en la tierra. Aplican al futuro. La lectura de la bendición en el Monte Gerizim y maldiciones en el monte Ebal que Moisés mandó es un evento único (Dt 27). Algunos requisitos, como la ofrenda diaria del holocausto, son continuas y permanentes.

---

150 Tener bebés, como parte de fructificar y multiplicarse (Gn 1:28; 9:1; Éx 1:7), es un mandamiento.

151 Ejecución es un término moderno para una circunstancia parecida a la que describe la ley mosaica.

152 Esta ley no se necesitará hasta dentro de cinco siglos. La frecuencia es especialmente importante en la liturgia, como se expondrá más adelante en el capítulo 4.

También debemos determinar qué problema o error la ley quiere prevenir. La prohibición de hacer tratados con los cananitas (23:20–33) claramente quiere prevenir que los israelitas pierdan su identidad a través de los matrimonios mixtos. Las leyes alimenticias no tanto promueven la salud sino previenen que los israelitas estén comiendo con los cananitas y se corrompan espiritualmente por ellos.[153]

Otro factor contextual a observar es si una ley tiene la intención de proteger un miembro débil de la sociedad. El pago rápido exigido para los trabajadores (Lv 19:13) protege a los pobres de pasar hambre, al igual que las leyes de la cosecha (Lv 23:22). El sistema legal no solo exige justicia para los pobres, sino también generosidad hacia ellos (Dt 10:17–18). Por lo menos diez veces en Deuteronomio se exige una protección legal especial para los huérfanos, viudas y extranjeros.

Parte del código legal es punitivo. Estipula los castigos por varios crímenes a nivel personal (Lv 24:19–21) y nacional (Lv 26:14–25). No todos los crímenes exigen un castigo capital, dejando implícito una jerarquía en la ley. A veces Israel tiene una tarea con un castigo para los que no obedecen. Otras veces la amenaza es que Dios mismo cobrará el castigo. La severidad del castigo corresponde a la gravedad de la ofensa.

Tomar en cuenta los factores anteriores no responde completamente la pregunta de cómo aplicar la ley en la actualidad. Sin embargo, debe ayudar al lector moderno a decidir de qué maneras aplican las leyes a su vida. Algunas, como las leyes apodícticas, aplican directamente; todavía están en vigencia para todas las personas de todos los tiempos. Otras, como las que están dirigidas a los levitas, no aplican directamente, pero están en la palabra de Dios y por consiguiente son útiles para todos los creyentes.

Progresión

Para leer y aplicar la ley correctamente, es importante darse cuenta que no todo se da a la misma vez o en un lugar. A través del tiempo cambia y crece. Todo lo que aparece desde Números 10 en adelante es dado después de Sinaí. Incluso la ley que Israel recibe en Sinaí muestra evidencia de progresión.

El primer paso en esta progresión es el ofrecimiento de Jehová a Israel de ser el pueblo del pacto. La esencia de la relación entre Dios y el hombre, como dice en Éxodo 19:5–6, es que "vosotros seréis mi especial tesoro… y vosotros me seréis un reino de sacerdotes, y gente santa".[154] Israel acepta la oferta (19:8), así que Dios le da el Decálogo (20:1–17) y Código del Pacto (20:21–23:33) que se "caracterizan por…simplicidad patriarcal".[155] Cuando Israel entra legalmente en una relación de pacto con Dios (24), su código legal entero ocupa menos de cuatro capítulos. En la ceremonia de ratificación del pacto, "jóvenes de los hijos de Israel…ofrecieron holocaustos y becerros como sacrificios de paz a Jehová" (24:5). Todos son "varones santos" (22:31). Setenta ancianos ascienden al Monte Sinaí con Moisés, Aaron y los hijos de Aaron. Ven a Dios y comen y beben en su presencia (24:11). Israel realmente es un reino de sacerdotes.

Trágicamente, menos de dos meses después de ratificar el pacto con Dios, Israel viola su ley más importante al ofrecer sacrificios a un becerro de oro (32).[156] Sailhamer argumenta que el incidente del becerro de oro es el momento crucial en la historia de Sinaí después del cual se impone un sistema legal elaborado. El pacto de Sinaí "se sometió a cambios importantes a causa de los repetidos fallos de Israel".[157]

---

153 El riesgo de una enfermedad espiritual del corazón es mayor que el riesgo físico. Michel W. Firmin en "A Christian Perspective on Health," *Journal of Ministry and Theology* 12:2 (Fall 2008): 116–31.

154 Las numerosas repeticiones de esta terminología son sorprendentes. Resumen brevemente la meta de que el hombre disfrute de la presencia divina. Ver Éxodo 22:31; 1 Pedro 2:9–10; Apocalipsis 1:6. Ver Alex T. M. Cheung, "The Priest as the Redeemed Man: A Biblical–Theological Study of the Priesthood" *JETS* 29:3 (Sep 1986): 273–5.

155 Sailhamer, *Pentateuch as Narrative*, 48.

156 La trágica ironía es que la rebelión ocurre mientras Dios está dando las instrucciones para construir el lugar donde su presencia morará con su pueblo permanentemente (25–31).

157 Sailhamer, *Pentateuch*, 48–49.

Después de la idolatría del becerro de oro, ocurren dos cosas significantes. Primero, Israel no ratifica o renueva el pacto como lo hizo antes. En cambio, Dios lo ratifica unilateralmente (34:10). Segundo, el código legal se expande para incluir el Código Sacerdotal (Éx 35–Lv 16). El Código Sacerdotal, instrucciones especiales para la familia de Aarón, es una respuesta a la idolatría de Israel. La nación ya no es "un reino *de sacerdotes* sino un reino *con sacerdotes*".[158]

Un tercer paso en la progresión de la ley ocurre después de una apostasía menos conocida cuando Israel hace sacrificios a los "demonios" (Lv 17:7). Se menciona esta práctica después del Código Sacerdotal y al principio del Código de Santidad (Lv 17–27). Mientras que el Código Sacerdotal pertenece enteramente a la tribu de Leví y sus sacerdotes (el clero), el Código de Santidad regula la vida del resto de las tribus (los laicos). Levítico 17 limita la adoración a un santuario central y da más leyes para el pueblo, obviamente como respuesta a la idolatría con los demonios.

Otra extensión del código legal viene después de la rebelión de Cades. Después que Israel rehusa entrar a la tierra (Nm 13–14), se añaden más leyes. La extensión de la ley continúa después que Coré, Datán, Abiram y On rechazan el liderazgo de Aarón (Nm 16) y el pueblo persiste en cuestionar su elección (Nm 17). Dios da leyes sobre las ofrendas para sostener a la familia de Aarón (Nm 18); de esa manera reafirma su elección de Aarón.

A través del tiempo las leyes de Israel se vuelven más complejas y minuciosas. En un sentido, el Código del Pacto al estilo de los patriarcas entre Dios e Israel debía haber sido suficiente. Pero la incorporación del Código Sacerdotal y de Santidad muestra la ineficacia del Código del Pacto para crear la relación que Jehová realmente quiere con Israel. Las leyes originales no bastan; la incorporación de más código legal no resuelve el problema. Como lo anticipa Moisés (Dt 30:1–10), y como prueba la subsiguiente historia de Israel (Jos–2 Cr), la ley no es la respuesta. La progresión y adaptación de la ley en respuesta a la continua rebelión de Israel demuestra la insuficiencia e ineficacia de la ley para cambiar corazones.

Propósito

Cuando consideramos el propósito de la ley para Israel es importante recordar que cuando se escribe el Pentateuco, Israel ya está viviendo bajo la ley. El Pentateuco no se escribió para darle a Israel la ley mosaica, sino para dirigir a Israel más allá de la ley al Nuevo Pacto.[159] El enfoque de la mayoría del Pentateuco (cuatro de los cinco libros) está en Moisés e Israel; el enfoque del otro libro, Génesis, está en Abraham, su padre. La historia de Moisés e Israel demuestra la ineficacia y las deficiencias de la ley. A pesar del gran privilegio de recibir la revelación en Sinaí, ni Israel ni Moisés entran en la tierra prometida. El pueblo (Dt 1:32) y su líder (Nm 20:12) son ejemplos de incredulidad. Por su incredulidad y fracaso al no entrar en la tierra prometida, Moisés funciona como un doble para el héroe del Pentateuco, Abraham, que vive en la tierra como ejemplo de un verdadero creyente (Gn 15:6). Dios dice de él: "oyó Abraham mi voz, y guardó mi precepto, mis mandamientos, mis estatutos y mis leyes" (Gn 26:5). La incapacidad de Moisés de obedecer las estipulaciones de la ley en contraste con el éxito de Abraham de obedecer por fe sin la ley indica que "el propósito teológico del Pentateuco"[160] es mostrar que los creyentes deben vivir por fe. El propósito principal de la ley no es salvar (Hch 13:39; Gá 2:21; 3:21) sino enseñar a Israel a vivir por fe hasta que Dios haga una obra interna sobrenatural, dándoles la capacidad de amarle como deben (Dt 30:6, 10).

Otro propósito de la ley, uno que es particularmente relevante para el creyente actual, es revelar el carácter de Dios. Aunque los creyentes no están bajo las reglas mosaicas, la ley ilumina[161] áreas de aplicación (leyes apodícticas) y da ejemplos (leyes casuísticas) de cómo vivir en conformidad con el carácter de Dios. En el Antiguo Testamento

158 Ibíd., 51. La cursiva es original.

159 Sailhamer, *Pentateuch as Narrative*, 473–4.

160 Ibíd., 61.

161 Esta terminología refleja el punto de vista de la ley de Ken Casillas en *The Law and the Christian: God's Light within God's Limits*, (Greenville, SC: Bob Jones University Press, 2007).

la ley le da a Israel una imagen precisa de Dios y una descripción minuciosa de cómo vivir de una manera que le agrada. En las culturas paganas que los rodean, el pueblo "no sabe a qué dios han ofendido…, cuál es la ofensa… (o) qué se necesita para satisfacer al dios o dioses".[162] Israel no sufre de esas ambigüedades.

Un tercer propósito de la ley es condenar el pecado. Lo "encerró todo bajo pecado" (Gá 3:22) y fue dada para "que el pecado abundase" (Ro 5:20). Pablo, "en contra de la opinión judía…, habla de la ley no como el remedio de Dios para los problemas de la humanidad caída, sino como algo que confirma y agrava" el problema del pecado.[163] Como una máquina de rayos-x, puede señalar un problema pero no tiene el poder para resolverlo. Bajo la ley, "toda boca se cierra, y todo el mundo queda bajo el juicio de Dios" (Ro 3:19).

La ley también sirve "para supervisar a Israel en los tiempos anteriores a Cristo".[164] Pablo describe la ley como un "tutor para llevarnos a Cristo" (Gá 3:24) (KJV, NASB).[165] Este versículo ha sido mal entendido al poner un énfasis equivocado en la intención didáctica de la ley y decir que su propósito como ayo es enseñar la necesidad de Cristo. Aunque la ley ilustra la necesidad de Cristo, la ley funciona principalmente como una "niñera…para dirigir la conducta [de los israelitas] hasta el tiempo de su madurez, cuando el Mesías prometido sea revelado".[166]

Otro propósito de la ley es "proveer un contexto para que el Israel del Antiguo Testamento repita la experiencia de Adán en el Edén bajo el pacto original de obras".[167] Israel, al igual que Abraham, es el agente de Dios, y la ley mosaica es un paralelo de la prohibición en Edén. Igual que Adán, Israel debe gobernar sujetándose primero al dominio de Dios. Los detalles explícitos que establecen estas conexiones, especialmente en Éxodo, se verán en este estudio más adelante.

La ley también tiene claramente un propósito evangélico. No provee salvación pero es dada a Israel para atraer a las naciones circundantes al Dios de salvación. Deuteronomio 4:6 afirma que la ley es la "sabiduría y la inteligencia [de Israel] ante los ojos de los pueblos". Esta verdad es la esencia de la comisión de Israel. El éxito del agente de Dios de gobernar y bendecir a las naciones depende de su obediencia a la palabra de Dios. Aunque es escogido para gobernar, Israel no es rey sino virrey. Es un representante del verdadero rey, que desea bendecirlos en la medida que ellos le responden con obediencia que demuestra fe. Por lo tanto, la obediencia de Israel a la ley debe guiar a las naciones a desear y buscar la fuente de la prosperidad.[168] Este principio de bendición contingente encaja con el patrón de todos los agentes divinos: Adán, Noé, Abraham, Israel, Cristo,[169] y la iglesia.[170] La obediencia nunca es una condición para la salvación, sino un "requisito previo para el cumplimiento de la misión de Israel para la cual había sido llamado y el requisito previo para su bendición".[171] Si Israel viola la ley, cae bajo la maldición, no puede bendecir a las naciones y frustra el propósito evangélico de la ley.

Metodología

La siguiente hermenéutica para la lectura de la ley toma la información anterior y la pone en una serie de pasos para ser seguidos por el lector. Primero, el lector debe identificar a quién aplicaba la ley originalmente y evaluar la similitud entre sus circunstancias y las de la persona o pueblo a quien fue dada. El segundo paso es

---

162 Daniel I. Block, "Preaching Old Testament Law," 214.

163 David VanDrunen, "Israel's Recapitulation of Adam's Probation under the Law of Moses," *WTJ* 73:2 (Fall 2011): 314.

164 Douglas Moo, "A Modified Lutheran View," 324.

165 Michael J. Smith prefiere *pedagogo* a *maestro* en "The Role of the Pedagogue in Galatians," *BSac* 163:650 (Apr 2006): 197–8. Ver también S. Lewis Johnson, Jr., "Once in Custody, Now in Christ: An Exposition of Galatians 3:23–29," *Emmaus Journal* 13:2 (Winter 2004): 211–9.

166 Moo, "A Modified Lutheran View," 338.

167 VanDrunen, "Israel's Recapitulation," 304.

168 Solo durante el reinado de Salomón se logró este propósito a un nivel significativo (1 R 5, 10).

169 La obediencia activa de Cristo al Padre era necesaria para que pudiera bendecir a las naciones.

170 Pasajes como 1 Timoteo 6:1, Tito 2:5 y 1 Pedro 2:10–11; 3:16 aplican este principio a la iglesia.

171 Daniel I. Block "Preaching Old Testament Law," 211.

determinar la categoría técnica de la ley: incondicional (apodíctica) o condicional (casuística). También ayuda identificar la categoría tradicional en la que encaja (ceremonial, moral o civil) y determinar de qué cuerpo literario proviene. A continuación, el lector debe identificar el tema o temas de la ley determinando de la forma más precisa qué temas abarca la ley.

Después de identificar el tema, el lector debe considerar la razón de cada ley. Aunque la razón no sea fácilmente identificable, Dios da las leyes con un propósito. Algunas veces el único propósito claro es demostrar su soberanía y la obligación del hombre de obedecer. El carácter de Dios, el carácter y deficiencias del hombre, la clase de comunidad que Dios desea y la necesidad del hombre de Cristo son factores a tener en mente cuando determinamos el propósito de la ley.

A continuación, deben examinarse los pasajes del Nuevo Testamento que abordan el tema de la ley. Una cantidad sorprendente de temas que se tratan en la ley también son abordados en el Nuevo Testamento. Cuando hay una enseñanza clara sobre el tema en el Nuevo Testamento, el proceso hermenéutico es muy simple: si el Nuevo Testamento repite el mandamiento, la ley aplica actualmente; si dice explícitamente que la ley ya no tiene vigencia, obviamente no aplica al creyente del Nuevo Testamento. Por ejemplo, el mandamiento de honrar a los padres (Dt 5:16; Ef 6:1-2) y la prohibición de robar (Dt 5:19; Ef 4:28) se repiten en el Nuevo Testamento. Al contrario, Marcos 7:19 revoca las instrucciones mosaicas sobre los animales limpios e impuros. De la misma manera, las leyes sobre el calendario religioso ya no son obligatorias según Romanos 14:5-6. Con frecuencia los pasajes del Nuevo Testamento también aclaran la intención de la ley. Por ejemplo, las palabras de Jesús sobre el asesinato (Mt 5:21-26), adulterio (Mt 5:27-30), ofrendas (Mt 5:33-37), venganza (Mt 5:38-42) y amor (Mt 5:43-47) intensifican la ley, exigiendo una disposición interna a cumplirla. En ese sentido, Él no "abroga la ley" (Mt 5:17) sino que enfatiza el espíritu de la ley y la importancia de la actitud del corazón. Pablo usa la prohibición del Antiguo Testamento de no ponerle bozal al buey que trilla para enseñar el principio del pago justo al trabajador (1 Cor 9:9-10). La ley mosaica sirve como ejemplo del principio que está enseñando. En los casos donde el Nuevo Testamento hace referencia específica a una ley del Antiguo Testamento, el lector debe observar cómo el autor usa la ley en el contexto de su argumento.

El paso final de este método de lectura de la ley es reflexionar si "la ley está escrita en nuestros corazones".[172] El verdadero creyente debe tener un deseo de obedecer, no una tendencia de resistir la instrucción. Debe encontrar que los mandamientos de Dios "no son gravosos" (1 Jn 5:3) y que "Dios es el que en vosotros produce así el querer como el hacer por su buena voluntad" (Fl 2:13). Debe estar agradecido que Jesús, que vino "para cumplir" la ley (Mt 5:17), mantuvo cada aspecto de la ley en su lugar perfectamente. Solo Cristo amó al Padre perfectamente y a su prójimo como a sí mismo. La justicia que ganó por su obediencia a la ley se acredita a todo el que cree en Él, se arrepiente de sus pecados y confía en Él para salvación. Meditar en la obediencia de Cristo a la ley y su sufrimiento por el pecado en lugar de los pecadores provee la motivación del evangelio para vivir una vida recta. A la luz de esto, el creyente debe considerar cómo ejercitar la libertad cristiana en cada área que la ley aborda, escogiendo libremente obedecer el espíritu de la ley,[173] agradecido porque la justicia de Cristo cubre sus faltas. Estos pasos hermenéuticos simples capacitan al lector de la ley del Pentateuco para distinguir entre "las regulaciones antiguas y la revelación eterna".[174]

RESUMEN DE ÉXODO

Ya que la primera parte de Éxodo es narrativa, los dos factores importantes que hay que tener en cuenta son geografía y cronología. El lector debe determinar dónde toman lugar los eventos, en cuántos lugares principales ocurre la acción, el orden de los eventos y la conexión entre los eventos (cronología) y sus diferentes marcos (geografía).

---

172 Las palabras provienen de Romanos 2:15, pero el argumento sigue el flujo de Pablo en 2 Corintios 3:3.
173 La palabra *ley* no hace referencia a la ley mosaica, sino a la sobresaliente verdad que refleja la ley mosaica.
174 Ross, *Holiness to the LORD*, 65.

Debes encontrar cuatro temas principales recurrentes en Éxodo: (1) Servicio, (2) La fidelidad de Dios a sus promesas a los patriarcas, (3) La oposición de Faraón y (4) Dios dándose a conocer. Cuando encuentres uno de estos temas, tómate el tiempo para marcarlo en tu Biblia.

Hojea el libro de Éxodo y responde las preguntas introductorias.

1. ¿Qué género es Éxodo 1–19? _____

2. ¿Cuál es la primera cosa a considerar cuando leemos una narración (ver capítulo 2 de este manual)? _____
    _____

3. ¿Dónde está Israel en Éxodo 1? _____

4. ¿En qué capítulo abandona Israel a Egipto? _____
    _____

5. ¿En qué capítulo canta Israel de su victoria sobre los egipcios y marca el fin de la historia en Egipto? ____
    _____

6. En Éxodo 16:22, ¿dónde va Israel después de cruzar el Mar Rojo?_____

7. ¿En qué capítulo llega Israel a Sinaí? _____

8. ¿Dónde está Israel al final de Éxodo? _____

9. Divide el libro de Éxodo en sus tres escenarios principales:

Capítulos	Escenario
1–15	Israel en
16–18	Israel en el
19–40	Israel en

Egipto, el desierto y Sinaí son los tres marcos principales del libro de Éxodo. En los primeros versículos Moisés repasa rápidamente la migración de Israel a Egipto, donde permanecen hasta el capítulo 13. En el capítulo 15 finalmente celebran la completa libertad de Egipto a orillas del Mar Rojo. Los capítulos 16–18 describen sus viajes en el desierto entre Egipto y Sinaí. En el resto del libro, capítulos 19–40, todavía están en Sinaí. Mientras Israel está en los dos primeros lugares su meta es llegar a Sinaí, el lugar donde Dios entra en pacto con su pueblo. En cada lugar hay un obstáculo que Israel tiene que superar. En Egipto el obstáculo es Faraón, que como simiente de la serpiente se opone a la simiente escogida. Dios se glorifica a sí mismo juzgando a Faraón y salvando a su pueblo. En el segundo lugar, el desierto entre Egipto y Sinaí, el obstáculo es la nación de Israel misma, como demuestran las breves historias en Éxodo 16–18. La ubicación final, Sinaí, es el marco de la segunda mitad de Éxodo.

Para poder entender la cronología del libro, el lector debe determinar primero cuándo empieza y termina el libro y cuántos años abarca. Debe observar si el autor resume brevemente u omite completamente algún periodo del tiempo que abarca, así como los tiempos donde la narración es más lenta para dar más detalles. Los periodos con muchos detalles son de mayor importancia.

10. ¿Cuánto tiempo está Israel en Egipto? (12:40) _____

11. ¿Qué día salió Israel de Egipto (la noche de Pascua)? (12:6) _____

12. ¿Cuándo llegó Israel a Sinaí? (19:1) _____

13. ¿Cuánto tiempo tardó Israel en llegar a Sinaí? _____

_____

14. ¿Qué día se levantó el tabernáculo? _____

_____

15. Divide el libro de Éxodo en sus tres divisiones cronológicas principales. Indica cuánto tiempo Israel estuvo en cada lugar.

Capítulos	Escenario	Tiempo
1–15	Israel en	
16–18	Israel en el	
19–40	Israel en	

16. ¿Dónde está Israel más tiempo? _____

17. ¿Cuál es la sección más larga del libro? _____

18. De la disertación en el interés narrativo, ¿qué significa la extensión de esta sección en cuanto a la importancia de Éxodo 19–40? _____

_____

19. ¿Por qué es tan importante el tiempo en Sinaí? (Las respuestas serán variadas) _____

_____

_____

Antes de estudiar el libro, el lector debe preguntarse si hay profecías o promesas que pueden cumplirse en el libro. En el caso de Éxodo, deben mantenerse en mente las promesas de Génesis, especialmente la gran promesa de un conquistador proveniente de la simiente de la mujer (Gn 3:15). Habrá muchos conflictos entre la simiente de la mujer y la simiente de la serpiente. Como se profetizó, Israel experimenta cuatro siglos de opresión en una tierra extranjera, donde se multiplica y se convierte en una gran nación. Al principio de Éxodo el pueblo espera el cumplimiento de la promesa de victoria sobre sus opresores y regreso a la tierra de Canaán, donde será el agente de Dios para bendecir al mundo (Gn 12:3; 15:14; 46:3).

Antes de empezar a estudiar cualquier libro de la Biblia, tómate un tiempo para orientarte. Aquí hay algunas preguntas de repaso que ayudarán:

1. ¿Sobre qué es la historia de la Biblia? _____

_____

2. ¿Cuándo empieza la historia de la Biblia? _____

_____

3. ¿Cuál es la descripción del salvador? (Gn 3:15) _____

_____

4. ¿Qué le promete Dios a Abraham? _____

_____

_____

5. ¿Cuántas de esas profecías se cumplen en Génesis? _____

_____

_____

6. ¿Qué dice Dios que le ocurrirá a la descendencia de Abraham después? (Gn 15:13–16) _____

_____

_____

7. Al terminar el libro de Génesis, ¿ha ocurrido algo de todo eso? _____

_____

8. ¿Qué saldrá de la descendencia de Abraham? (Gn 17:6, 16) _____

9. ¿Qué le promete Dios a Jacob que ocurrirá en Egipto? (Gn 46:3) _____

_____

10. ¿Es la voluntad de Dios que Jacob vaya a Egipto? (Gn 46:3) _____

11. Al finalizar Génesis, ¿es la familia de Israel una gran nación? _____

12. ¿Cuál de los hijos de Jacob tendrá descendencia real? (Gn 49:10) _____

13. ¿Reina alguno de los hijos de Judá en Génesis? _____

Medita

(No tienes que escribir respuestas para estas preguntas, pero prepárate para explicar tus respuestas). Recuerda lo que has aprendido sobre la palabra de Dios. Siempre es verdad. ¿Qué se debería esperar que ocurra en Egipto? ¿Qué ocurrirá con el tamaño de la familia de Jacob? ¿Cómo los tratarán los egipcios? ¿Por qué los rescata Dios de sus opresores? ¿Cuánto tiempo estarán allí? ¿Qué ocurrirá cuando se vayan? ¿Dónde los llevará Dios después de Egipto? Las profecías y promesas hasta este punto deben guiar tus expectativas como lector.

Sugerencias para el maestro:
- *Permite que los alumnos expresen verbalmente las respuestas a las preguntas anteriores.*

Todos los temas principales de la teología bíblilica que se expusieron en el capítulo 1 de este estudio se encuentran en Éxodo. El tema del reino en Éxodo está ligado a la idea de servicio. En Edén, Adán ejercita su dominio sobre la creación siguiendo las instrucciones de Dios de "trabajarlo y guardarlo" (Gn 2:15). De la misma manera, los israelitas deben servir a Dios, pero al principio de Éxodo son obligados a servir a Faraón. En cada confrontación con Faraón, Moisés repite la demanda de Dios de librar a Israel para que sirva a Dios. Dios libra a los israelitas para que le sirvan como nación.

ISRAEL ES SALVADOPARA SERVIR A JEHOVÁ CAPÍTULOS 1-18

Los dos primeros marcos principales de Éxodo, Egipto y el desierto entre el Mar Rojo y Sinaí, forman la primera mitad del libro. En esta sección Dios salva a su pueblo de la esclavitud en Egipto para que pueda servirle, su verdadero dueño.

SALVADOS DE EGIPTO
ÉXODO 1-15:21

La victoria de Jehová sobre Faraón y los egipcios empieza con la descripción de la opresión de Faraón (1) y la provisión de un salvador, Moisés (2-4). Cuando Faraón se rebela contra la palabra de Dios (5-6), Jehová se da a conocer a Faraón a través de las plagas (7-12), las cuales le fuerzan a liberar a los isrealitas (12-15).

La descendencia prospera frente la oposición de la serpiente. Éxodo 1

1. ¿Cómo conecta Moisés la nación de Israel a la prometida simiente de la mujer? (1:1-6) _____

_____

2. ¿De qué otra manera conecta Moisés a Israel con la prometida simiente de la mujer? (1:7) _____

_____

3. ¿A quién le ha dicho Dios: "Fructificad y multiplicaos. Llenad la tierra"? (Gn 1:28; 9:1, 7) _____

_____

4. ¿Entonces, a qué dos personas se asemeja Israel? _____

_____

5. Si Israel es la simiente de la mujer, ¿qué debe esperar de la simiente de la serpiente? _____

_____

6. ¿Qué persona es la simiente de la serpiente en Éxodo 1? _____

7. ¿Qué hace Faraón en Éxodo 1? _____

_____

8. ¿Quién entiende la conexión entre descendencia y dominio? (1:9-10) _____

9. ¿Qué hace que Faraón se sienta amenazado? (1:9-10) _____

_____

10. Menciona un ejemplo anterior donde la bendición de la descendencia causa oposición. _____

_____

_____

_____

11. ¿Cuál es la primera cosa que hace Faraón para oprimir a Israel? (1:10-14) _____

_____

12. ¿Funciona su plan? (1:12) _____

13. ¿Qué le ocurre a Israel cuando Faraón empieza a oprimirlos? (1:12) _____

_____

14. Observa un tema principal en Éxodo: ¿Qué tema ves en estos versículos? Éxodo1:13, 14; 3:12; 4:23; 5:18; 6:5; 7:16; 8:1, 20; 9:1, 13; 10:3, 7–8, 11, 24, 26; 12:31; 13:5; 14:5, 12; 20:5, 9; 21:2, 6; 23:24–25, 33; 34:21.

_____

15. ¿A quién sirve Israel al principio del libro? (1:13, 14) _____

16. ¿Para qué quiere Dios que Faraón deje ir a Israel? (8:1) _____

17. ¿A quién estará tentado a servir Israel en Canaán? (23:33) _____

18. ¿Por qué salva Dios a Israel de servir a Faraón en Egipto? _____

19. ¿Cuál es la segunda cosa que Faraón hace para oprimir a Israel? (1:15–20) _____

20. ¿Funciona su plan? (1:17) _____

21. ¿Cómo bendice Dios a las parteras? (1:21) _____

22. ¿Cómo se cumple en Éxodo 1:21 la promesa de Abraham en Génesis 12:3? (1:21) *P*_____

23. ¿Cuál es la tercera cosa que hace Faraón para oprimir a Israel? (1:22) _____

24. ¿Qué otras personas hasta este punto intentan (uno con éxito) dañar la simiente de la mujer? _____

Éxodo empieza identificando claramente a la nación de Israel como la simiente de la mujer. El cumplimiento de la promesa de Dios de que Israel se convertiría en una gran nación se registra en el primer párrafo de Éxodo: los israelitas "fructificaron y se multiplicaron, y fueron aumentados y fortalecidos en extremo, y se llenó de ellos la tierra" (1:7). Estos verbos son los mismos que se usan en las instrucciones de Dios a Adán y Noé (Gn 1:28; 8:17; 9:1, 7), indicando que Israel es el nuevo agente de Dios para cumplir el plan divino.[175] La lucha entre la simiente divina y la de la serpiente continúa con Faraón como la personificación de la simiente de la serpiente. Entendiendo la conexión entre la multiplicación de la descendencia y la habilidad de dominar y reinar (1:9–10), él empieza a oprimir a Israel. Pero cuanto más los persigue, más se multiplican. A pesar de su continua prosperidad, él aumenta la opresión aún más.

175 De la misma manera que con la creación, Dios saca a los israelitas de las aguas, y los pone en una tierra próspera, les da mandamientos, promete bendición y vida por la obediencia pero amenaza con maldición y muerte por la desobediencia, pero los destierra cuando incumplen sus mandamientos, y maravillosamente promete una intervención futura para salvarlos de su culpa y exilio.

Un salvador inesperado
Conforme va aumentado el sufrimiento de la descendencia, Dios prepara un salvador.

Éxodo 2:1–11

1. ¿Qué tribu menciona Éxodo 2:1? _____

2. ¿Qué hace Leví en la única historia sobre él en Génesis 34:25–29? _____

   _____

   _____

3. ¿Las acciones de Leví en Génesis 34 dan la impresión de que uno de sus hijos salvará vidas? _____

4. ¿Hay algo en Génesis que nos haga pensar que Leví estará involucrado en salvar a Israel? _____

5. ¿Qué tema de la teología bíblilica tiene que ver con tener bebés? (2:2) _____

   _____

6. ¿Por qué intenta esconder la madre a su bebé? (2:3) _____

   _____

7. ¿Qué hace la madre de Moisés para proteger a su bebé? (2:3) _____

   _____

8. La palabra traducida "arquilla" en 2:3 se encuentra en Génesis 6:14. ¿Puedes adivinar cómo se traduce en ese versículo? _____

9. ¿Qué usa la madre de Moisés para cubrir el arca? (2:3) _____

   _____

10. ¿Qué usa Noé para cubrir el arca? (Génesis 6:14) _____

   _____

   Nota lingüística: La palabra traducida "brea" en 2:3 no es exactamente la misma palabra de Génesis 6:14. Sin embargo, las sustancias son muy similares.

11. ¿Dónde pone el arca la madre de Moisés? (2:3) _____

12. ¿Quién vigila al bebé? (2:4) (Esto es importante en Números 12) _____

   _____

13. ¿Quién encuentra al bebé y salva su vida? (2:4–9) _____

   _____

14. ¿Por qué lo llama "Moisés" (sacado)? (2:10) _____

   _____

15. ¿Dónde dice Faraón que deben matar a los niños? (1:22) _____

16. ¿Dónde preserva Dios la vida de Moisés? (2:3–10) _____

   _____

17. Además del arca y la brea, ¿qué tienen en común Moisés y Noé? (Pista: ¿Dónde flotan sus arcas?)

   _____

18. ¿Cómo se compara el contexto de Moisés (opresión de los malos en Éxodo 1) con el contexto de Noé en Génesis 6? _____

19. ¿Para qué usa Dios a Moisés y a Noé? _____
_____

20. ¿Dónde crece Moisés? (2:10) _____
_____

21. Describe la forma en la que Dios preserva a Moisés. _____
_____

22. Se puede encontrar ironía en acontecimientos que son contrarios a lo que se espera. ¿Qué ironías ves en la preservación de Moisés? _____
_____
_____
_____

23. ¿Cómo presagia la niñez de Moisés a la niñez de Jesús? _____
_____
_____

En el capítulo 2 Dios milagrosamente protege a un levita incluso aunque ninguna profecía dice que el conquistador vendrá de Leví, mientras que Judá y José son prominentes en Génesis. Claramente Dios también tiene un propósito para las otras tribus en su plan de rescate.

Moisés usa el tema del agua muchas veces en la primera mitad de Éxodo. Faraón intenta exterminar a los israelitas usando agua (1:2), pero la vida del que liberará a Israel de su opresión se salva por el agua (2:3–5, 10). El primer y cuarto encuentro entre Moisés y Faraón son en las aguas del Nilo. El agua se vuelve sangre en la primera plaga (7:14–25); después, en el Mar Rojo, el agua es el instrumento de victoria sobre Egipto (14). La conexión entre la nación de Israel y los agentes divinos anteriores es evidente ya que el agua es importante en la historia de la creación con Adán (Gn 1) y en la historia del diluvio con Noé (Gn 6–8). De hecho, Moisés, al igual que Noé, se salva a través de un arca cubierta de brea. Después, Dios describe a Israel como su primogénito, al igual que describe a Adán (Éx 4:22; Lc 3:38). La nación de Israel, con Moisés como su líder, es el nuevo agente divino para gobernar y bendecir al mundo.[176]

La historia de la infancia de Moisés prefigura la infancia del verdadero salvador. Cuando los dos están en peligro de muerte a manos de un rey pagano violento, Dios milagrosamente preserva sus vidas. Moisés es protegido de la muerte en un lugar pagano: el palacio de Faraón. Jesús es protegido de la muerte a manos de Herodes cuando sus padres se lo llevan a Egipto, un país que se asocia más con opresión que salvación. Irónicamente los dos son preservados en Egipto.[177]

---

176 Aaron Chalmers añade como una conexión entre Noé (Gn 8:1) y Moisés (Éx 2:22–24), "Dios está recordando la importancia del pacto de Noé para la teología bíblica", *TynBul* 60:2 (2009): 207–16.
177 Bryant G. Wood comenta la mención de Ramsés (1:11) y defiende una fecha temprana de Éxodo (1446 a.c.). Es interesante su descripción del hallazgo arqueológico de lo que fue probablemente el hogar de Moisés, con fotos y diagramas. "The Royal Precinct at Ramses," *BSpad* 17:2 (Spring 2004): 45–51.

Moisés falla en salvar a su pueblo. Éxodo 2:11-23

1. Cronología: Según el sermón de Esteban en Hechos 7:23, ¿cuántos años tiene Moisés cuando visita a sus hermanos hebreos (2:11)?_____

2. ¿Qué intenta hacer Moisés por sus compañeros hebreos? (2:11-12) _____
    _____

3. ¿Qué hace Moisés para salvar a sus compañeros hebreos de la opresión? (2:11-12) _____
    _____

4. ¿La simiente de la mujer va a quitar vidas o salvar vidas? _____
    _____

5. ¿Qué frase del principio del versículo 12 indica que Moisés sabe que matar a un egipcio está mal? (2:12)
    _____
    _____

6. ¿Qué intenta hacer Moisés al día siguiente? (2:13) _____
    _____

7. ¿Puede hacerlo? (2:14) _____

8. ¿Quieren los israelitas su ayuda? (2:14) _____

9. ¿Qué hace Moisés cuando descubre que su crimen se ha descubierto? (2:15) _____
    _____

10. ¿Qué similitudes hay entre cómo Moisés consigue su esposa y cómo los patriarcas consiguen las suyas?
    (2:16-22) _____
    _____
    _____

11. ¿De qué forma es Moisés como Abraham (Génesis 23:4) y Jacob (Génesis 47:9)? (2:22) _____
    _____

12. ¿Cuántos años tiene Moisés cuando va a la presencia de Faraón? (7:7) _____
    _____

13. ¿Cuántos años aproximadamente permanece Moisés en el desierto de Madián? _____
    _____

14. ¿Qué recuerda Dios? (2:23-24) S_____
    _____

15. ¿Pareciera que Moisés es una fuente de salvación para la descendencia? _____

16. ¿Qué da esperanza de salvación? (2:23-25) _____

17. Tema principal de Éxodo: ¿Qué tema mencionan los versículos 2:24; 3:6, 15–16; 6:3, 8; 32:13 y 33:1? _____

_____

_____

18. ¿Le da Dios a Israel la tierra de Canaán porque son superiores a otras naciones? (Dt 9:5) _____

19. ¿Por qué dice Dios que le dará a Israel la tierra de Canaán? (Dt 9:5) _____

_____

Al igual que José, Moisés vive en un palacio pero prefiere ser identificado con sus hermanos israelitas. En su primer intento de intervenir a favor de los israelitas se mete en problemas (2:11–12). Además, el hecho de tomar una vida humana lo identifica más con la simiente de la serpiente que con la de la mujer. En su próximo intento de intervenir, es incapaz de mediar entre dos de sus hermanos; de hecho lo rechazan (2:13) y huye, igual que Abraham y Jacob huyeron cuando estaban en peligro. Como Isaac y Jacob, Moisés encuentra su esposa en un pozo durante su exilio (2:16–25).[178] Aunque algunos aspectos de la vida de Moisés son parecidos a Noé, Abraham, Isaac y Jacob, Moisés falla como salvador de su pueblo. Parece que Israel está en Egipto sin esperanza, pero Dios recuerda su promesa a los patriarcas (2:24). La fidelidad de Dios es su única esperanza.

Meditación:
¿De cuáles pecados me ha perdonado Dios?
¿Hay algún pecado que he hecho que Dios no perdonaría?
¿Por qué hay esperanza del perdón?

Dios se da a conocer a Moisés. Éxodo 3–4

Contexto: Dios "dándose a conocer" es un tema principal en Éxodo. Observa a las personas a las que Dios se da a conocer. Hay una progresión clara.

1. Compara las circunstancias de Moisés en 2:11 con 3:1. Compara Hechos 7:22 y Éxodo 4:10. _____

_____

_____

_____

_____

_____

2. ¿Parece Moisés un salvador en este momento? _____

3. ¿Qué aprende Moisés sobre la presencia divina? (3:5–6) _____

_____

4. ¿Cómo describe Dios la tierra que quiere darle a su pueblo? (3:7–8) _____

_____

5. Describe esa clase de tierra en una palabra. (3:7–8) _____

_____

6. ¿Qué hecho se supone que debe darle valor a Moisés? (3:12) _____

_____

---

178 Sailhamer. *The Pentateuch as Narrative*, 243.

7. ¿De qué manera es Moisés un sacerdote en este pasaje? _____

_____

8. ¿Qué le revela Dios a Moisés? (3:13–20) _____

_____

_____

9. ¿Quién necesita conocer a Dios personalmente antes de que Dios le use? (3:13) _____

10. Observa un tema principal en Éxodo: ¿Qué tema ves en Éxodo 5:2; 6:3, 7; 7:5, 17; 8:10, 22; 9:29, 30; 10:2, 7, 26; 11:7; 14:4, 18; 16:6, 12, 15; 18:11; 29:46; 31:33; 33:5, 12, 17; 36:1? _____

_____

11. Tema principal en Éxodo: ¿Qué tema tienen en común Éxodo 3:19; 4:21; 7:3–4, 13–14, 22; 8:15, 19, 32; 9:7, 12, 34–35; 10:1, 20, 27; 11:10; 14:4–5, 8? _____

_____

_____

12. ¿Responde Moisés a su encargo con fe? (4:1) _____

13. ¿Qué dos señales le da Dios a Moisés para que crea (y pueda persuadir a los israelitas escépticos)? (4:2–9)

_____

_____

14. ¿Obedece Moisés después que Dios le da el poder para hacer milagros? (4:10–11) _____

15. ¿Quién manda Dios para acompañar a Moisés en su misión salvadora? (4:11–17) (Esto será importante en Éxodo 32 y Números 12). _____

16. ¿Cómo llama Dios a Israel? (4:21–23) _____

17. ¿Con qué amenaza Dios a Faraón si no deja ir a su primogénito (Israel)? (4:21–23) _____

_____

18. ¿Cuál es la primera reacción al mensaje de Moisés? (4:31) _____

_____

Dios enfatiza su santidad cuando se encuentra con Moisés en la zarza ardiente en el Monte Sinaí.[179] La presencia de Dios santifica el lugar donde aparece; Moisés no debe acercarse mucho (3:5). Este principio se enfatiza a lo largo de todo el Pentateuco. Dios se identifica a sí mismo haciendo referencia a los patriarcas (3:6). Dios es un Dios personal, y promete estar con Moisés. Revela que su nombre es YO SOY (3:14, 15), indicando su eternidad, soberanía y autosuficiencia.[180] Él es omnisciente. Conociendo el futuro, le dice a Moisés que Faraón no lo escuchará hasta que haya visto el gran poder de Dios (3:19–20).[181] Las promesas de Génesis 15:13–17 para Israel se repiten; Dios castigará la nación que los oprime y ellos desvalijarán a sus opresores. Todo va de acuerdo al plan de Dios (3:21–22).

---

179 Una vez más es Dios quien busca al hombre para salvarlo.
180 Ver la excelente exposición de Bruce K. Waltke sobre "Yo Soy" en *Old Testament Theology*, 359–69.
181 Layton Talbert da un trato excelente al tema del endurecimiento del corazón de Faraón en *Not by Chance: Learning to Trust a Sovereign God*, (Greenville, SC: Bob Jones University Press, 2001), 87–93. Ver también Dorian G. Coover Cox, "The Hardening of Pharaoh's Heart in its Literary and Cultural Contexts," *BSac* 163:651 (Jul 2006): 292–311.

Moisés, el salvador de Israel, muestra incredulidad e indisposición a obedecer a Dios y regresar a Egipto. No responde con fe sino con objeciones y excusas. No pudo salvar a su pueblo cuando era joven, fuerte, celoso e influyente (2); pero ahora viejo, un asesino fugitivo, incrédulo y tartamudo, será usado por Dios para salvar.[182] Dios le da a Moisés tres señales para confirmar su mensaje y finalmente convence a Moisés para que vaya a Faraón prometiendo que Él estará con él y que su hermano Aarón le acompañará. Moisés se dirige a Egipto sabiendo que Faraón se opondrá a Dios. Sin embargo, Dios usará la oposición para glorificarse a sí mismo (4:21). La historia sobre como Jehová casi mata a Moisés en su camino a Egipto hace ver a Moisés como incapaz de tener éxito en su misión. En su incredulidad y desobediencia no es como Abraham sino más como Balaam.

Jehová Juzga a Egipto. Éxodo 5-6

1. ¿Moisés le pide o le exige a Faraón? (5:1) _____

2. ¿Qué pregunta hace Faraón? (5:2) _____

3. ¿Qué le hace Faraón a los israelitas en respuesta a la exigencia de Moisés? (5:2–18) _____

4. ¿Cómo responden los israelitas ante el aumento de opresión? (5:19–21) _____

5. ¿Cómo responde Moisés a esta situación? (5:22–23) _____

6. Según lo que Dios dice en estos versículos, ¿ha cambiado su plan? (6:1–8) _____

7. ¿Qué vuelve a decir Dios sobre la tierra? (6:1–8) _____

8. ¿Cree Israel en las promesas de Dios? (6:9) _____

9. ¿Da la apariencia Moisés de estar deseoso de continuar con la misión? (6:10–13, 30) _____

10. ¿Cómo se llama esta lista de nombres? (6:14–30) _____

11. ¿Para qué usa Moisés las genealogías en Génesis? _____

12. ¿Cuáles hijos de Jacob incluye Moisés? (6:14–16) _____

13. ¿Qué se podría estar preguntando alguien de una de las otras tribus mientras se lee esta sección? _____

14. ¿De qué tribu habla más Moisés? (6:16–25) _____

15. ¿Qué indica esto? _____

---

182 Observa el tema de la teología bíblica de debilidad.

La reacción inicial de Israel al enviar Dios a Moisés y Aarón es gratitud y adoración (4:31), pero su regocijo dura poco. En el capítulo 5, Moisés confronta a Faraón por primera vez, y Faraón le pregunta: "¿Quién es Jehová, para que yo oiga su voz y deje ir a Israel?" Su pregunta saca a relucir un tema principal del libro: Dios se da a conocer y exige la sumisión de las personas a las que se revela a sí mismo. Faraón no conoce a Dios ni entiende sus propósitos, pero se da cuenta de que Dios quiere darle a Israel descanso de su trabajo (5:4). Faraón se rebela e incrementa la opresión, exigiendo que se haga la misma cantidad de ladrillo sin proveer la paja para hacerlo (5:10–19). El pueblo está peor que antes y se queja contra Moisés (5:21), quien a su vez cuestiona el plan de Dios (5:22–23). Dios no solo confirma su plan (6:1) sino también su deseo de entrar en una relación cercana con su pueblo (6:2–7). Dios rescatará a Israel a pesar de las dudas del pueblo y de Moisés. La genealogía de la segunda mitad del capítulo 6 muestra otra vez la importancia de la familia de Leví en el plan divino.[183]

Moisés y Faraón protagonizan la lucha entre las simientes. Éxodo 7–11

1. ¿Cuál dice Dios que es el propósito de juzgar a Egipto? (7:1–6) _____

2. ¿Cómo llama Dios a Israel? (7:4) _____

3. ¿Dónde va a pelear el ejército de Dios? (7:4) _____

4. Si Israel es su ejército, ¿quién es Dios en la metáfora? (7:4) _____

5. ¿Cuántos años tienen Moisés y Aarón cuando van a la presencia de Faraón? (7:7) _____

6. ¿Qué evidencia exige Faraón? (7:8–10) _____

7. ¿Qué pueden hacer los magos de Faraón? (7:11–13) _____

8. ¿Cómo influencia a Faraón el milagro que hicieron sus magos? (7:13) _____

9. ¿Dónde va Moisés a encontrarse con Faraón al principio de las plagas? (7:15) _____

10. ¿Cuál es la primera plaga? (7:14–21) _____

11. ¿Quién puede hacer el mismo milagro? (7:22–24) _____

12. ¿Cuál es la segunda plaga? (8:1–6) _____

13. ¿Quién puede hacer el mismo milagro? (8:7) _____

14. ¿Qué hace Faraón cuando mueren las ranas? (8:8–15) _____

15. ¿Cuál es la tercera plaga? (8:16–18) _____

16. ¿Pueden duplicar los magos de Faraón esta plaga? (8:19) _____

17. ¿Qué le dicen a Faraón sus magos? (8:19) _____

---

183 "Se puede ver que el propósito de la lista es introducir a Moisés y Aarón, en el hecho de que la lista de nombres solo es un fragmento de una lista de los doce hijos de Jacob (cf. Gn 49:1–27)…se da un breve recuento de la familia inmediata de Moisés y Aarón." Sailhamer, *Pentateuch as Narrative*, 251–2.

18. ¿Escucha Faraón a sus magos? (8:19) _____

19. ¿Cuál es la cuarta plaga? (8:20–24) _____

20. ¿Qué es diferente en esta plaga? (8:22–23) _____
_____

21. ¿Qué acuerdo ofrece Faraón? (8:24–32) _____
_____

22. ¿Qué hace Faraón después que las moscas fueron quitadas? (8:24–32) _____
_____

23. ¿Cuál es la quinta plaga? (9:1–6) _____

24. ¿Muere algo del ganado de Israel? (9:1–6) _____

25. ¿Faraón sabe eso? (9:1–6) _____

26. ¿Cómo lo descubre Faraón? (9:7) _____

27. ¿Le hace eso cambiar de opinión? (9:7) _____

28. ¿Cuál es la sexta plaga? (9:8–10) _____

29. ¿A qué personas afecta? (9:11) _____
_____

30. ¿Parece afectar a los israelitas? _____

31. ¿Qué ocurre en este momento? (9:12) _____
_____

32. ¿Ha sido explicado en la historia el endurecimiento del corazón de Faraón de esta manera antes?
_____
_____
_____

33. ¿Qué te sugiere esto sobre el juicio divino? _____
_____
_____

34. Lee 8:15, 32 y 9:34. ¿Qué ocurre primero, Faraón endurece su corazón o Jehová endurece el corazón de Faraón?
_____
_____

35. ¿Cuál es la séptima plaga? (9:13–26) _____

36. ¿Afecta el granizo a los israelitas? (9:26) _____

37. ¿Qué hace Faraón cuando para la tormenta (34)? (9:27–35) _____
_____

38. ¿Cuál es la octava plaga? (10:1–15) _____

39. ¿Deja Faraón ir a Israel como había prometido hacer una vez que las langostas se fueran? (10:16–20)

_____

_____

40. ¿Por qué no? (10:20) _____

_____

41. ¿Cuál es la novena plaga? (10:21–29) _____

42. ¿Cuánto duran las tinieblas? (10:21–29) _____

43. ¿Qué amenaza hay sobre Faraón, desde Éxodo 4:23? _____

_____

44. ¿Cuál es la décima plaga? (11:5) _____

_____

45. ¿Sabe Faraón que esto viene? _____

   Medita

   ¿Hay alguna pérdida que pueda compararse a la pérdida de un hijo? _____ ¿Cómo muestra el evangelio que Dios llevó sobre sí mismo lo peor del juicio (plagas) que el pecado merece? _____

   _____

   _____

   _____

46. ¿Cuántas advertencias claras le da Dios a Faraón antes de mandar el juicio culminante? _____

_____

_____

47. ¿Qué promesas de Génesis 15:13–16 se cumplen en Éxodo 11:1–3? _____

_____

48. ¿Cómo va a hacer Dios una "distinción entre Egipto e Israel"? (11:4–7) _____

_____

_____

49. ¿Qué tema de la teología bíblica se ve en las plagas? _____

_____

Las diez plagas[184] son la respuesta de Dios a la pregunta que Faraón hace en 5:2. Le "muestra a Faraón quien tiene dominio realmente, el primogénito del dios egipcio, Faraón, o el primogénito de Jehová, Israel".[185] La supremacía de Dios es evidente cuando la serpiente que era la vara de Moisés devora a las serpientes producidas a través de artes demoníacas por los hechiceros de Faraón. Cuando Moisés confronta a Faraón al día siguiente en el río, la pregunta

---

184 El texto hace referencia al juicio como _plagas_ varias veces (9:3, 14, 15; 11:1), pero en general se les llama con más frecuencia 'señales' (7:3; 8:23; 10:1, 2) o 'maravillas' (4:21; 7:3; 11:9, 10; cf. 'milagro' en 7:9)". T. D. Alexander, _From Paradise to the Promised Land,_ 161. Esta observación enfatiza el hecho de que la intención de Jehová no era solo juzgar Egipto, sino también revelarse a sí mismo.
185 Dempster, _Dominion and Dynasty,_ 97.

de Faraón sobre la identidad de Jehová empieza a responderse. Cada área que Dios toca con las plagas corresponde a algo que supuestamente está bajo el control de uno o más dioses egipcios. Dios demuestra que Él es el Dios del río, no el dios Hapi. Él tiene control sobre las ranas, Heqt no.[186] Jehová es el único Dios verdadero.

Normalmente es el protagonista de la historia quien tiene un doble, no el antagonista; pero en esta sección, los hechiceros de Faraón son sus dobles. El cambio en la actitud de ellos resalta y contrasta con la dureza del corazón de Faraón. Al principio apoyan a Faraón y se oponen a Dios, pero cuando se dan cuenta que el Dios de Moisés es más poderoso que ellos (8:18-19), le dicen a Faraón, "Este es el dedo de Dios". Pero todavía Faraón no escucha. Los hechiceros no se mencionan otra vez hasta la sexta plaga cuando están tan afligidos por las úlceras que no pueden estar en la presencia de Faraón. Reconocen el poder de Dios; Faraón no.[187]

El cuidado especial de Dios hacia Israel se muestra en que las plagas no les afectan. Después de la plaga de las moscas, el juicio no cae en la región de Gosén donde vive Israel.[188] La salvación para el pueblo de Dios viene a través de su juicio a los incrédulos.

Jehová juzga a Egipto y salva la descendencia. Éxodo 12 y 13

1. ¿Qué mes le dice Dios a Moisés que será el primer mes del año para Israel? (12:2) _____

   _____

2. ¿Qué le está diciendo Dios a Moisés que empiece? _____

   _____

3. ¿Qué ceremonia le da Dios a Israel en la décima plaga? (12:11) _____

4. ¿Quién debe observar la Pascua? (12:3) _____

5. ¿Qué clase de animal debe ser escogido? (12:3-5) _____

   _____

6. ¿Cuándo debe ser inmolado el cordero? (12:6) _____

   Nota cultural: Israel usaba meses lunares que duran 29.4 días. El mes empieza con la luna nueva o la primera aparición de la luna después que se oscurece.

7. ¿Qué fase de la luna está a mitad del ciclo (día 14)? _____

   _____

8. ¿Es la luna llena normalmente visible en Egipto y en el desierto? S_____

   _____

   _____

9. ¿De qué manera ayuda a Israel dejar Egipto en luna llena? _____

   _____

10. ¿Qué debe hacerse con la sangre? (12:7) _____

    _____

---

186 Para más información de los dioses de Egipto, ver William J. McRae en "The Finger of God," *Emmaus Journal* 4:2 (Winter 1995): 155-67.

187 Alexander, *From Paradise to the Promised Land*, 162.

188 La exclusión de Israel en las plagas se menciona específicamente en la cuarta (8:22), quinta (9:4), sexta (9:11), séptima (9:26), novena (10:23) y décima (12:30) plaga. Probablemente ocurre lo mismo con la octava plaga.

11. ¿Qué indica la sangre en la puerta? (12:7) _____

_____

_____

12. ¿Qué debe Israel hacer con el cordero? (12:7) _____

13. ¿Qué más debe Israel comer? (12:8) _____

¿Qué piensas que las hierbas amargas representan? _____

_____

14. ¿Cómo deben estar vestidos mientras comen la Pascua? (12:11) _____

_____

15. Si las personas se visten para viajar y comen rápidamente, ¿qué están a punto de hacer? _____

_____

_____

16. ¿Qué dice Dios que verá como una señal de fe obediente? (12:13) _____

17. ¿Qué ocurrirá en un hogar que tiene la sangre en la puerta? (12:13) _____

_____

_____

18. ¿Qué ocurrirá en un hogar que no tiene la sangre en la puerta? (12:13)_____

_____

19. ¿Cuánto tiempo tienen que conmemorar la salvación de Dios? (12:14) _____

_____

20. ¿Qué más tiene que hacer Israel para recordar el éxodo? (12:15) _____

_____

21. ¿Cuál es el nombre de esta fiesta de siete días? (12:17) _____

_____

22. ¿Qué debe celebrar Israel? (12:17) _____

_____

23. ¿Quién aprenderá sobre la salvación de Egipto a través de esta fiesta anual? (12:24–27) _____

_____

24. ¿Sobre quién recae el juicio? (12:29) _____

_____

25. ¿Es esto lo que Dios dijo que iba a pasar (ver 11:4–6)? _____

26. ¿Alguien en Egipto observa la Pascua? _____

27. ¿Quién muere en la décima plaga? _____

28. Según 4:22–23, ¿por qué mueren los primogénitos en Egipto? _____

_____

29. ¿Qué provee Dios para Israel en medio del juicio? _____

30. Dato muy importante: ¿Qué es lo último que Faraón le pide a Moisés? (12:32) _____

31. ¿Cómo confirma la última petición de Faraón el pacto con Abraham? _____

_____

32. ¿Qué profecía de Génesis 15:13–16 se cumple en 12:35–36? _____

_____

33. ¿Qué fiesta conmemora el éxodo? (13:1–10) _____

34. ¿Qué debe hacer Israel con cada primogénito? (13:11–16) _____

35. ¿Por qué Dios no guía a Israel a la tierra de los filisteos? (13:17) _____

_____

36. ¿Cómo suben los hijos de Israel de la tierra de Egipto? (13:18) _____

_____

37. ¿Qué se llevan cuando se van? (13:19) _____

38. ¿Cómo los guía Dios? (13:21–22) _____

_____

39. ¿Qué indica la columna? (13:21–22) _____

_____

La Pascua "es la fiesta base. Las seis fiestas que siguen se construyen sobre ésta".[189] Su importancia se evidencia por el hecho de que Dios le instruye a Moisés a empezar el calendario hebreo con el mes de la Pascua y éxodo de Egipto (12:2).[190] El tiempo debe empezar a contarse desde ese momento. Las preparaciones que hicieron para escapar de la plaga de la muerte son extensas; el rito que se llevó a cabo para poder salvar la vida del primogénito duró cuatro días.[191]

El animal escogido para el sacrificio, de un año sin defecto, llega a ser un estándar para casi todos los sacrificios (12:5). Debe ser escogido de los animales más valiosos del rebaño. Para asegurarse de que el cordero es perfecto (12:3, 6), hay cuatro días entre el tiempo de escoger el animal y cuando es sacrificado. Cualquier defecto se vuelve evidente durante ese periodo de tiempo. Se puede marcar un paralelismo con el periodo de tiempo entre la entrada triunfal de Jesús y su crucifixión, en la que su vida está bajo el microscopio más que en otro momento de su vida. No se halló falta en Él.

El precio de la salvación del primogénito es la muerte de una víctima inocente en su lugar. Para que una persona se salve, el juicio debe caer sobre otra que no lo merezca. La necesidad universal de salvación también es clara; toda la familia debe participar en el rito (12:3). La sangre debe aplicarse en la puerta de la casa de la familia, identificando la muerte del cordero con las personas que están dentro (12:7). La cena conmemora la salvación de Egipto. Las hierbas amargas le recuerdan a Israel su sufrimiento en Egipto y el pan sin levadura recuerda la prisa con la que se hizo el éxodo. Las familias expresan su fe comiendo mientras están listos para salir en

---

189 Kevin Howard, "Pascua," en *The Feasts of the Lord* (Orlando: Zion's Hope, 1997), 16.
190 El mes lunar empieza con la primera aparición de la luna nueva. Evidentemente Dios se le aparece a Moisés en la luna nueva.
191 Aparte de esta, la única plaga que requiere preparación es la del granizo. Los creyentes pueden guardar sus ganados para protegerlos (9:20–21).

cualquier momento. La Pascua[192] y la Fiesta de los Panes sin levadura se establecen después como las dos primeras fiestas anuales para Israel (Lv 23). La práctica de redimir al primogénito también sirve como recordatorio para las siguientes generaciones de la gran salvación que Dios provee para Israel (13).

Otra promesa que se cumple explícitamente en el éxodo es que los egipcios son despojados de sus riquezas. Moisés relata cómo Dios le da "gracia al pueblo delante de los egipcios, y les dieron cuanto pedían" (12:35–36). Ninguna de las promesas de Abraham ha fallado; el pueblo debe estar convencido de que todo va de acuerdo al plan divino.[193]

Las últimas palabras de Faraón son interesantes en términos de la teología bíblica. La simiente de la serpiente reconoce que la bendición solo viene a través de Israel y su Dios. Le ruega a Moisés: "Bendecidme también a mí" (12:32). En esta petición se ve un cumplimiento de la promesa dada a Israel en Génesis 12:2–3.

La manifestación de Dios a Israel en el desierto es poderosa y práctica; durante la noche el fuego da luz y calor, y durante el día la nube provee sombra. Pero mucho más importante que cualquier beneficio físico es la presencia de Dios guiando a Israel. La presencia divina regresa y camina con el pueblo de Dios otra vez (Gn 3:8).

Victoria completa para el ejército de Dios. Éxodo 14–15

1. ¿Qué le dice Dios a Israel que debe hacer? (14:2–4) _____

   _____

2. ¿Qué le dice Dios a Moisés que dirá Faraón? (14:2–4) _____

   _____

3. ¿Qué dice Dios que hará Faraón? (14:2–4) _____

   _____

   ¿Por qué planea Dios otra confrontación con Faraón? (14:2–4) _____

   _____

4. ¿Ocurre exactamente lo que dijo Dios? (14:5–10) _____

5. Con tus propias palabras, ¿qué le dice la nación de Israel a Moisés? Observa que esta es la **primera cosa** que dice Israel después de salir de Egipto. (14:11, 12) _____

   _____

   _____

6. ¿A quién dicen los israelitas que prefieren servir, a Dios o a los egipcios? (14:12) _____

   _____

7. ¿Es sorprendente decir esto después que Dios los ha salvado milagrosamente? _____

   Medita
   ¿Cómo has dicho, con tu boca o con tus acciones, que prefieres no servir a Dios?

---

192 J. Berbman Kline sugiere un punto de vista alternativo de "un viejo error de traducción del verbo חָפַּף". Hay evidencia léxica del hebreo (Is 31:5 y 1 Ry 18:21) y de fuentes egipcias para ver una imagen de pájaro. En este caso, el verbo se traduciría "cubrir" o "planear". Kline sugiere que la promesa es de protección no exención. "La fiesta de Cubrir", *Basics of Biblical Hebrew*, 2nd ed. (Grand Rapids: Zondervan, 2001), 173–4.
193 El estudiante debe identificar qué profecías se han cumplido (Gn 15:13–16, 46:3; ver preguntas 18–30). La profecía de Éxodo 3:19–22 debe ser añadida a la lista.

8. ¿Por qué debe Israel "estar firme y ver la salvación de Dios"? (14:13, 14) _____

_____

9. ¿Qué hace Dios por Israel? (14:15–30) _____

_____

10. ¿Qué cambio ocurre en Israel? (14:30) _____

_____

11. ¿Cómo se salva Israel? (14:15–30) _____

_____

12. ¿Cómo es juzgado Egipto? (14:15–30) _____

_____

13. ¿Qué tema de la teología bíblica se ve otra vez? _____

_____

Repaso: Lee la introducción al Pentateuco otra vez y explica con tus propias palabras la importancia del poema de Éxodo 15. El poema marca una división principal del Pentateuco y menciona explícitamente temas principales de la teología bíblica.

14. ¿Qué motivo literario domina la primera parte de Éxodo? (1–14) _____

_____

El ejército de Dios anticipa el santuario. Éxodo 15:1–21

1. ¿Quién es el héroe de Éxodo? (15:1–12) _____

2. ¿Quién aprende a temer a Jehová como resultado de su victoria sobre Faraón? *(15:13–16)* _____

_____

_____

3. ¿Cuáles son las descripciones de la tierra donde Dios está llevando a Israel? (15:17) _____

_____

_____

4. ¿Qué dos temas principales de la teología bíblica están unidos en esta descripción? _____

_____

5. ¿Qué palabra describe mejor la tierra de Canaán en estos versículos? (15:17) _____

_____

6. ¿Qué tema principal de la teología bíblica está claramente en este versículo? (15:18) _____

_____

7. ¿Dónde reinará Dios? (15:17–18) _____

_____

8. ¿Qué mujer escribe una canción para celebrar la victoria de Dios? (15:20–21) _____

Aunque Israel es librado de Egipto, Dios todavía no ha terminado con Faraón (14:4). Dios le informa a Moisés sus planes porque le acaba de dar instrucciones que parecen ilógicas e imprudentes. Moisés debe dirigir al pueblo fuera del camino a un callejón sin salida entre las montañas y el mar (14:2).[194] Dios sabe lo que Faraón va a pensar y los planes que hará (14:3). Dios pone a Israel en una posición de gran peligro para poder ganar con una victoria más gloriosa. Israel no canta canciones de victoria después del éxodo, pero canta canciones después de ver destruida en el mar la mayor armada del mundo.[195] Los egipcios, al intentar escapar, reconocen que Dios está luchando contra ellos a favor de los israelitas (14:25). Después del éxodo los israelitas y los egipcios reconocen al Señor y confiesan su grandeza y poder.

La canción de victoria de Moisés no solo homenajea a Jehová como un gran guerrero sino también da una interpretación del evento. Según Moisés, la victoria debe ser un testimonio a las naciones (15:14). Dios plantará a Israel en el "monte de su heredad", el lugar de su "morada" (15:17). Canaán será el "santuario" de Dios (15:17) desde donde reinará para siempre (15:18). En la tierra, Israel será el agente divino para establecer el reino de Dios y dar a conocer su nombre a las naciones. Los temas de la teología bíblica de la tierra, la presencia divina y el reino están explícitos en la conclusión de la canción de Moisés. La idea de un descanso para la simiente está implícita. Además de su importancia en la composición y estructura del Pentateuco, la claridad de esta canción para la teología bíblica es casi inigualable.

SALVADOS EN EL DESIERTO
ÉXODO 15:22–18:27

Después de escapar de Egipto, Israel lucha por sobrevivir durante el viaje de seis semanas a Sinaí. Tiene un enemigo interno, su propio pecado (15:22–17:7), y un enemigo externo, Amalec (17:7–16). A pesar de estos problemas, se confirma su papel como agente de Dios de bendecir el nombre de Jehová (18).

Queja desde Egipto hasta Sinaí. Éxodo 15:22–17:7

1. ¿Cuánto tiempo está el pueblo feliz? (15:22–25) _____

2. ¿Por qué murmuran? (15:22–27) _____

3. ¿Qué le ha mostrado Dios repetidamente a Israel sobre el agua? (1–15) _____

4. ¿En qué se parece la segunda historia (16:1–36) a la primera? _____

5. ¿En qué se parece la tercera historia (17:1–7) a la primera y la segunda? _____

6. ¿Qué tienen en común las primeras tres historias (15:22–27; 16:1–36; 17:1–7) después del éxodo? _____

_____

_____

Ahora que es claro el poder de Dios sobre los enemigos de Israel, parece que la victoria está segura. Pero la primera historia después de la canción de victoria revela que Israel tiene un enemigo aún más peligroso: el pecado que mora en su corazón. Después de tres días, olvidando que Dios controla el agua, el pueblo empieza a quejarse por la falta de agua buena para beber y fallan en su primera prueba de fe dudando de su poder (15:22). Dios tiene misericordia del pueblo incrédulo y rebelde (15:24–27), pero inmediatamente después fallan nuevamente, esta vez a causa de su hambre.[196] Aunque una vez más Dios suple sus necesidades (16:13), algunos todavía no saben quién es realmente (16:12) y fallan en creerle sobre la cantidad de maná que deben reunir (16:20, 27). Alertando al lector de un retraso significativo en el viaje, Moisés menciona que los israelitas comen maná por cuarenta años hasta que llegan a Canaán. La tercera historia sobre el tiempo de Israel en el desierto muestra otra

194 La reciente obra de Gary A. Byers, que incluye mapas y fotos, arroja luz al panorama del éxodo en "New Evidence from Egypt on the Location of the Exodus Sea Crossing Part 1," *BSpad* 19:1 (Winder 2006): 14–22 y "New Evidence from Egypt on the Location of the Exodus Sea Crossing Part 2," *BSpad* 19:1 (Spring 2006): 34–40.
195 Según Elizabeth Fletcher, es "uno de los pocos poemas [de una mujer] que sobrevivió al mundo antiguo" en "Miriam" par. 7 [en-línea], consultado el 30 de julio 2014, disponible en http://www.womeninthebible.net/ 1.7.Miriam.htm, Internet.
196 Moisés marca la cronología (16:1). Es exactamente un mes después de la Pascua y el éxodo.

vez su incredulidad (17:1–7). Esta vez Israel acusa a Moisés de librarlos de Egipto solo para matarlos de sed (17:3). A pesar de la nube y el fuego que los guía y las formas milagrosas por las que suple sus necesidades, Israel, el agente divino, todavía duda que Dios está con ellos (17:7).

Maldiciendo y Bendiciendo la Descendencia. Éxodo 17:8–18:27

1. ¿Quién ataca a Israel en el desierto? (17:8–16) _____

2. Según Números 24:20, ¿es o no es Amalec una nación importante? _____

3. ¿Quién gana la batalla? (17:8–16) _____

4. ¿Qué palabra hace referencia al tema del reino? (17:16) _____

5. ¿Quién viene a visitar a Moisés? (18:1) _____

6. ¿De qué nacionalidad es Jetro? (18:1) _____

7. ¿Por qué viene Jetro? (18:1–9) _____

_____

8. ¿Cómo confirma esto las palabras de Moisés en 15:14–16? _____

_____

9. ¿Qué dice Jetro? (18:10) _____

_____

10. ¿Cómo confirman las palabras de Jetro a las palabras que dijo Moisés en 15:14–16? (18:10) _____

_____

_____

11. ¿Qué dice Jetro de Dios? (18:11) _____

_____

12. ¿Qué lleva a Jetro a esa conclusión? _____

_____

13. ¿Qué le recomienda Jetro a Moisés? (18:12–27) _____

_____

14. ¿Cuántos años tiene Moisés en Éxodo 18? _____

En el viaje de Egipto a Sinaí, dos gentiles, un rey y un sacerdote, salen a encontrar a Israel. En la primera historia, el poderoso rey de Amalec,[197] al igual que Faraón antes, es la simiente de la serpiente. Intenta exterminar a Israel, pero Dios es fiel con su pueblo infiel. Dios les da la victoria de una forma que deja claro que es Él quien lucha, e Israel gana la batalla. Cuando las manos de Moisés se levantaban, Israel prevalecía, pero cuando bajaba sus manos, el enemigo prevalecía. En su primera batalla Israel aprende que Jehová es el verdadero guerrero. El rey de Amalec intenta atacar a la simiente y falla. Después de la victoria Moisés da la misma razón por el éxito que da en Éxodo 15: los enemigos de Israel están luchando contra el "trono de Jehová" (17:16).[198]

---

197 Louis H. Feldman describe la importancia de los amalecitas en "Josephus' View of the Amalekites," *BBR* 12:2 (2002): 161–86.

198 La frase de 17:16 que se traduce "la mano de Amalec se levantó contra el trono de Jehová" tiene un juego de palabras entre "trono" (כסה) y "mano" (יד). La frase dice literalmente: "(porque/por) la mano (sobre/contra) el trono de Jehová". Podría decir "Por la mano en el trono de Jehová", y por consiguiente ser un juramento (NASB), o podría decir "porque [Amalec luchó] contra el trono de Jehová (RV60)". La última traducción identifica Israel como el trono de Jehová, que a la luz de Éxodo 15:17–18, encaja bien con el contexto inmediato y general. Una traducción recomendada es: "Porque [él hizo guerra] contra el trono de Jehová, Jehová tendrá guerra con Amalec de generación en generación".

Jetro, un sacerdote gentil, viaja al desierto para encontrar a Israel. Habiendo escuchado de su salvación (18:1), él bendice el nombre de Jehová cuando ve el poder de Dios para salvar (18:10). Israel es el agente de Dios para mostrarle a Jetro que "Jehová es más grande que todos los dioses" (18:11). Jetro hace sacrificios a Jehová y come con los ancianos del pueblo (18:12). La historia del capítulo 18 es más que simplemente la multiplicación de líderes. Hace un contraste entre la respuesta de Jetro y la de Amalec; como Dios dice que pasaría (Gn 12:3), algunos bendicen a las naciones y otros las maldicen. La reacción de una persona o nación hacia Israel es su reacción hacia Dios, porque Israel es el agente de Dios.

ISRAEL SIRVE A JEHOVÁ EN SU SANTUARIO CAPÍTULOS 19–40

ISRAEL ENTRA EN PACTO CON JEHOVÁ
ÉXODO 19–24

La segunda mitad del libro empieza con la llegada de Israel a Sinaí en el capítulo 19. Moisés registra el tiempo específicamente; es el [primer día] del tercer mes después de la salida de Egipto. Pasan 11 meses y 20 días al pie de la montaña (Nm 10:11) donde reciben la ley y las instrucciones para el tabernáculo. Los sacerdotes se consagran y Dios viene a morar entre ellos, restaurando en alguna medida el santuario que el hombre tuvo una vez en Edén. Sinaí es el corazón del Pentateuco.[199]

1. ¿Cuándo llega Israel al Sinaí? (19:1) *El primer día (luna llena)* _____

Observa todas las veces que Moisés sube (19:3) o baja (19:7). Haz una flecha ascendente o descendente en el

margen de tu Biblia para que observes los movimientos de Moisés.

2. ¿Cómo describe Dios su salvación sobre Israel? (19:4) *L*_____

_____

3. En esta metáfora, Dios es un _____ (19:4)

4. ¿De qué es dueño Dios? (19:5) _____

5. ¿Qué le ofrece el dueño de toda la tierra a Israel? (19:5) _____

_____

6. ¿Qué frase describe lo que Dios quiere que Israel sea? (19:6) _____

_____

7. Hasta ahora, ¿qué reyes-sacerdotes se han visto en la historia? _____

_____

8. Resume con tus propias palabras lo que Dios le ofrece a Israel. _____

_____

9. ¿Acepta el pueblo la oferta de Dios? (19:7–8) _____

10. ¿Qué tema de la teología bíblica es evidente? (19:9) _____

_____

---

199 Hay 68 capítulos antes de Sinaí (Gn 1–Éx 18) y 60 después (Nm 11–Dt 34).

11. ¿Qué tiene que hacer Israel para prepararse para la visita de Dios? (19:9–15) _____

_____

12. ¿Qué sugiere esto sobre Israel? _____

13. Describe la escena cuando Dios aparece. (19:16–19) _____

_____

_____

14. ¿Qué hacen Dios y Moisés? (19:19–20) _____

_____

15. ¿Qué advertencia le dice Dios a Moisés que tiene que darle al pueblo? (19:21–25) _____

_____

16. ¿Qué indica esta advertencia sobre pecadores en la presencia de Dios? _____

_____

17. Después Dios le da a Moisés estos mandamientos en tablas de piedra. ¿Cómo los da originalmente? (20:1)

_____

18. ¿Qué le da Dios a Israel en el Sinaí? (20:1–18) _____

19. ¿Qué tema principal de la teología bíblica es evidente? _____

_____

20. ¿Cuál es la reacción de Israel al escuchar a Dios dar los Diez Mandamientos? *(20:18–21)* _____

_____

21. ¿La reacción de Israel da la impresión de que quiere ser un reino de sacerdotes como ha dicho en 19:7–8?

_____

Nota de contexto: Éxodo 24:7 hace referencia a 20:23–23:33 como al "Libro del Pacto". Complementa los Diez Mandamientos para Israel en tres capítulos y medio. A veces esa sección es llamada el Código del Pacto.

22. ¿Qué leyes cubre esta sección? (20:23–26) _____

23. ¿Qué leyes cubre esta sección? (21:1–22:20) _____

_____

24. ¿Qué leyes cubre esta sección? (22:21–23:9) _____

25. ¿Qué leyes cubre esta sección? (23:10–19) _____

26. ¿Qué cubre esta sección (no leyes)? (23:20–33) _____

_____

Observa cada sección. (Probablemente estas no sean las divisiones de tu Biblia).

27. Incluyendo los Diez Mandamientos, ¿cuántos capítulos de ley hay al terminar Éxodo 23? _____

_____

28. ¿Da la impresión de ser un sistema pesado y complicado? _____

_____

29. ¿A quién se le permite subir? ¿A quién no se le permite? (24:1-2) _____

_____

_____

30. ¿Qué hace Moisés con lo que Dios le dice? (24:4) _____

31. ¿Qué construye Moisés? (24:4-11) _____

32. ¿Qué representa cada parte? _____

_____

33. ¿Quién ofrece los sacrificios? (24:4-11) _____

34. ¿Qué salpica Moisés con sangre (cada mitad)? (24:4-11) _____

_____

¿Con qué ratifica Israel el pacto con Dios? (24:4-11) _____

35. ¿Qué hacen Aarón, Nadab, Abiú y los setenta ancianos después de ser salpicados con sangre? (24:4-11)

_____

36. ¿Qué ven los ancianos? (24:10) *A Dios. Una manifestación de la presencia divina.*

37. ¿Qué hecho fantástico registra este versículo? (24:11) *L*_____

_____

38. Hasta ahora, ¿quién más "come y bebe" o está en contacto con Dios en la Biblia? _____

_____

39. Después de ratificar el pacto, ¿dónde va Moisés? (24:12-17) _____

_____

40. ¿Cuánto tiempo esta parado Moisés en algún punto del camino? (24:16) _____

41. ¿Cuánto tiempo pasa Moisés en la montaña? (24:16-18) _____

La esencia del deseo de Dios en su pacto con Israel se resume en Éxodo 19, donde el Señor dice que Israel será su "especial tesoro sobre todos los pueblos...un reino de sacerdotes y gente santa" (19:5-6).[200] Cada hebreo debe estar en comunión con Dios y representarlo ante las naciones. Pero para que Israel disfrute de este privilegio especial, debe limpiarse de su pecado, una barrera entre ellos y Dios (18:10-13). La manifestación visible y audible de la presencia de Dios hace temblar al pueblo. Tienen miedo de estar en la presencia de Dios y le piden a Moisés que sea su mediador (20:19). Dios le da a Moisés un pequeño libro como comentario y aplicación de los Diez Mandamientos (20:23-23:33), el Libro del Pacto (24:7). Israel debe ser gobernado por la palabra de Dios. Israel es su trono (17:16), su santuario (15:17-18) y su agente, bajo la autoridad de su palabra (Éx 20-24).

---

200 Otra forma de traducir la frase es *sacerdotes reales*. Este encargo, dado en primer lugar a Adán, es la voluntad de Dios para el hombre. El hombre debe gobernar (rey) como agente del trono de Dios, y adorar como su agente (sacerdote) en el templo. La iglesia tiene el mismo encargo (1 P 2:9). Ver Apocalipsis 1:6.

Cuando el pueblo ratifica el pacto, solo tienen cuatro capítulos de leyes (el Decálogo y el Libro del Pacto). En la ceremonia para ratificar el pacto formalmente, Moisés construye un altar para representar a Dios y doce pilares para representar a las doce tribus de Israel. Los jóvenes actúan como sacerdotes, mostrando que Israel es una nación santa de sacerdotes reales (24:5). Los líderes disfrutan de la presencia de Dios en Sinaí al comer y beber ante Él, y se les da una visión extraordinaria de Dios.[201] Moisés sube a la montaña otra vez para recibir el Decálogo en tablas de piedra.[202] Dios también le da los planes para la construcción del santuario donde Dios morará con su pueblo y donde el hombre puede tener comunión con Él.

PLANES PARA EL TABERNÁCULO
ÉXODO 25–31

Nota: Si nunca has leído esta sección antes, tómate el tiempo de leerla. Si estás familiarizado con el tabernáculo, hojea la sección y responde las preguntas.

1. ¿Qué le da Dios a Moisés en la montaña? (25–31) _____
   _____

2. ¿Cuál es el primer elemento del mobiliario que describe Dios? (25:10–22) _____
   _____

3. ¿Cómo se llama el pan que se pone en la mesa especial en el tabernáculo? (25:30) _____
   _____

4. ¿Cuáles son las dos divisiones del tabernáculo? (26:33–34) _____
   _____

5. ¿Qué tiene que construir Israel para poder hacer sacrificios? (27:1–7) _____
   _____

6. ¿Qué rodea el tabernáculo? (27:9–19) _____
   _____

7. ¿Llevan el mismo uniforme los sacerdotes y el sumo sacerdote? (28:1–43) _____

8. ¿Qué ceremonia especial debe ser realizada para los sacerdotes? (29:1–49) _____
   _____

9. ¿Qué elemento del mobiliario está delante de la cortina al lado del lugar Santísimo? (30:1–10) _____
   _____

10. ¿Qué se hace para que los sacerdotes puedan lavarse las manos y los pies antes de entrar en la presencia de Dios? (30:17–21) _____

11. Esta sección da instrucciones de cómo hacer aceite e incienso. (30:22–38) ¿Puede alguien usar la fórmula especial para el aceite e incienso fuera del tabernáculo? (30:22–38) _____
   _____

---

201 Anteriormente no se les había permitido acercarse tanto (24:2). Ahora ven manifestaciones de Dios como solo Ezequiel (Ez 1:26–28) y Juan (Ap 4) lo harán después.
202 "Moisés ascendió a la montaña para recibir las estipulaciones de la ley solo después que Israel al pie de la montaña selló el pacto al comprometerse a guardar el Libro del Pacto". Waltke, *An Old Testament Theology*, 449.

12. ¿Qué se quiere comunicar a través de todos estos detalles? _____

_____

_____

13. ¿Quién es escogido para hacer el tabernáculo? (31:1–11) _____

_____

14. ¿Por qué tienen la capacidad de hacerlo? (31:3) _____

_____

15. ¿Qué le da Dios a Moisés después de decirle cómo construir el tabernáculo? (31:18) _____

_____

16. Tres conexiones con lugares sagrados de Génesis:

   • Teofanías: Dios aparece y manda (Gn 1:28; 9:1, 7; 12:3–4; 17:2, etc.). ¿Aparece Dios en el tabernáculo?

   _____

   • Altares: Hombres construyen un altar (Gn 8:20; 13:4; 26:25; 33:20, ect.). ¿Construye el hombre un altar en el tabernáculo? _____

   • Montañas: A veces el altar está en una montaña (Gn 8:20; 22:9, etc.). ¿Está asociado el tabernáculo con una montaña sagrada? _____

   • Incluso si estás familiarizado con el tabernáculo, observa estos pasajes para ver su conexión con Edén.

17. ¿Cuál es el propósito del tabernáculo? (25:7) _____

_____

18. Dios visita a Abraham en raras ocasiones, pero ¿cuándo fue la última vez que Dios moró con el hombre?

_____

19. ¿Qué esculturas de oro deben estar encima del arca del pacto? (25:18–19) _____

20. ¿Qué figura debe estar en las cortinas del tabernáculo? (26:1, 31) _____

21. ¿Cuándo fue la última vez que los querubines fueron vistos (Gn 3:24)? _____

_____

22. ¿Qué dos verbos nos dicen lo que los levitas deben hacer en el tabernáculo (Nm 3:7; 8:26;18:5–6)?

_____

_____

23. ¿Dónde vemos estos verbos antes? (El único lugar es Génesis 2:15) _____

24. ¿Qué metales y colores son predominantes en el tabernáculo (25:3–7; 35:5–9, 22–27)? _____

_____

25. ¿Qué clase de residencia normalmente tienen estos materiales? _____

_____

26. Si el tabernáculo es donde Dios mora, y es adecuado para un rey, ¿qué dice de Dios esta construcción?

_____

27. ¿Cómo se llama normalmente a la silla de un rey? _____

28. El arca del pacto, además de contener la ley, es el _____ de Dios.

29. ¿Qué se supone que tienen que hacer los hombres en el tabernáculo? _____

_____

30. ¿Cómo se llaman los lugares donde el hombre se encuentra con Dios (o los dioses)? _____

_____

31. Además de ser una residencia real, el tabernáculo es un (25:7) _____

32. En el tabernáculo Dios restaura el _____ que el hombre perdió en el Edén. (Misma respuesta que arriba).

Hay muchos puntos de comparación entre el tabernáculo y lugares santos en la narrativa de Génesis. Adán disfruta de la presencia de Dios en el huerto, y Dios habla con Noé, Abraham y Jacob. La presencia de Dios santifica; de hecho, Dios no solo aparece en el tabernáculo de vez en cuando, Él mora allí. El tabernáculo no es *un* lugar santo sino *el* lugar santo. Noé y Abraham hacen sacrificios en montañas (Ararat y Moriah) y en el Monte Sinaí Dios le da a Israel las instrucciones del lugar donde el pueblo hará sus sacrificios. Al igual que Noé, Abraham, Isaac y Jacob, Israel construye un altar para los sacrificios a Dios (27:1–8).[203]

El tabernáculo iguala el santuario del Edén en varias maneras. El arca del pacto, la primera pieza de mobiliario que Dios le manda hacer a Moisés, tiene las figuras de dos querubines en su tapa que guardan la presencia divina. La única mención previa de querubines es en Edén donde guardan la entrada después que Adán y Eva fueron expulsados (Gn 3:24). En el tabernáculo, los querubines están en el arca y en las cortinas alrededor del santuario. Otro paralelo entre Edén y el tabernáculo es el trabajo descrito en ambos lugares. Génesis 2:15 utiliza el verbo trabajar y servir para describir lo que Adán tenía que hacer en el huerto; Números utiliza los mismos verbos para describir el trabajo de los sacerdotes en el tabernáculo (Nm 3:7–8; 8:26; 18:5–6). La única vez que estos verbos aparecen juntos en el Pentateuco es en estos dos contextos. Además, igual que el Edén, el tabernáculo es el centro del dominio de Dios en la tierra. Los materiales preciosos (oro, plata y bronce) que se usan para construir el tabernáculo y la prominencia del color real azul indican que esta tienda es una tienda real.[204] El arca del pacto, el asiento de la morada de Dios, "tiene la función…de un trono".[205] El tabernáculo, al igual que el Edén, es el centro de operaciones del gobierno divino.

Otros paralelismos entre Edén y el tabernáculo incluyen los "decretos divinos…, el diseño del Sabbat…, y el Espíritu…actuando a través de Bezaleel y Aholiab",[206] pero la conexión más importante entre los dos santuarios es la presencia divina. En Edén, Dios camina con el hombre (Gn 3:8); después de su expulsión, Dios visita a algunos hombres de vez en cuando, pero no mora con ellos. Pero del tabernáculo, sin embargo, Dios dice: "Y harán un santuario para mí, y habitaré en medio de ellos" (25:8). Dios le dice a Israel: "y andaré entre vosotros, y yo seré vuestro Dios, y vosotros seréis mi pueblo" (Lv 26:12).

---

203 T. D. Alexander, *From Eden to the New Jerusalem*, 31.

204 "Por el inventario de metales preciosos y telas de color azul es aparente que esta no es una tienda común. Es para uso real". T. D. Alexander, *From Paradise to the Promised Land*, 194–5.

205 Ibíd., 195.

206 Meredith G. Kline, "Investiture with the Image of God," *WTJ* 40:1 (Fall 1977): 41–42. Bruce Waltke añade que "la productividad junto con el diseño de los querubines, une el tabernáculo con el Huerto de Edén, sugiriendo un paraíso" en *An Old Testament Theology*, 460.

EL PACTO VIOLADO PERO RENOVADO
ÉXODO 32–34

1. Al empezar Éxodo 32, ¿cuánto tiempo ha estado Moisés en el Monte Sinaí (24:18)? _____

2. ¿Quién planea hacer un becerro de oro? (32:2) _____

3. ¿Cómo participa el pueblo para hacer el becerro de oro? (32:2–4) _____

4. ¿Cómo adora el pueblo al becerro? (32:5–6) _____

5. ¿Qué dice Dios que le hará a Israel? (32:10) _____

6. ¿Por qué Dios no los destruye? (32:11–14) _____

7. ¿Cuál es el primer argumento de Moisés para que Dios no destruya a Israel? (32:12) _____
_____

8. ¿Cuál es el segundo argumento de Moisés para que Dios no destruya a Israel? (32:13) _____
_____

9. ¿Qué tribu se junta con Moisés identificándose como del "lado de Jehová"? (32:26) _____

10. ¿De qué dos maneras es castigado Israel por hacer el becerro de oro? (32:27–35) _____
_____

11. ¿Cuál es la amenaza de Dios al pueblo? (33:3, 5) _____

12. ¿Qué dice Dios que pasará si va con Israel? (33:3, 5) _____
_____

13. ¿Qué palabra describe cómo será el viaje sin la presencia de Dios? (33:4) _____

14. ¿Dónde va Moisés para consultar con Dios? (33:7–11) _____
_____

15. ¿Es este "Tabernáculo de Reunión" el tabernáculo? (33:7–11) _____
_____

16. ¿Qué dos temas de la teología bíblica encontramos en 33:14? _____
_____

17. ¿Cuál dice Moisés que es la prueba (evidencia) de tener el favor de Dios? (33:16) _____
_____

18. ¿Qué pide ver Moisés? (33:18) _____

19. ¿Qué hace Dios para mostrarle a Moisés su gloria? (34:5–8) _____
_____

20. ¿Cuántas frases describen la misericordia de Dios? (34:6–7) _____
_____

21. ¿Cuántas frases describen el juicio de Dios? (34:6–7) _____
_____

22. ¿Qué aspecto de su carácter enfatiza Dios? (34:10) _____

23. ¿Qué hace el Dios misericordioso por Israel? (34:10) _____

24. ¿Construye Israel altares y hace sacrificios esta vez, como en el capítulo 24? (34:10) _____

25. ¿Quién hace en solitario este pacto con Israel? (34:10) _____

26. ¿Qué repite Dios para Israel? (34:11–27) _____

27. ¿Por qué brilla la cara de Moisés? (34:29–35) _____

_____

Un mes después del pacto, Israel lo viola. Mientras Dios le está explicando a Moisés cómo consagrar a Aarón como sumo sacerdote (29), Aarón está al pie de la montaña quebrantando los dos primeros mandamientos (20:3–6) y la primera ley del Libro del Pacto (21:23) al construir el becerro de oro (32). Israel, el nuevo agente de Dios para bendecir a las naciones, cae rápidamente en idolatría. De la misma manera que Abraham intercedió por Sodoma, Moisés intercedió por Israel y Dios no los extermina.[207] La base del argumento de Moisés no es el mérito del pueblo sino la fidelidad de Dios a sus promesas y el perjudicial testimonio que sería para las naciones paganas. Cuando Dios amenaza con abandonar a su pueblo (33:1–5), Moisés intercede una vez más (33:12–16). Dios castiga con muerte (32:28, 35) pero también muestra misericordia. De hecho, en respuesta a la petición de Moisés, Dios le da una manifestación inigualable de su presencia (34:5–8).[208]

Fiel a sus promesas a los patriarcas, Dios continúa con su plan de usar a Israel. Pero ya no les invita a ratificar el pacto con Él. En su lugar, hace un pacto unilateral que no está supeditado a que ellos estén de acuerdo (34:10). Si el éxito del plan de Dios depende de Israel, no hay esperanza, pero Dios adquiere toda la responsabilidad del éxito del plan y el proyecto del tabernáculo continúa (35–40). Dios todavía morará con su pueblo aunque ha mostrado que es indigno. Después del incidente del becerro de oro, Dios escoge una tribu para que sean sacerdotes. Él ya ha escogido a Aarón y sus hijos (29) pero en el capítulo 32 escoge a toda la tribu de Leví.

DIOS MORA EN EL SANTUARIO
ÉXODO 35–40

1. ¿Qué va a construir Israel? (35:1–35) _____

2. ¿Qué hace Israel para proveer lo necesario para la construcción del templo? (35:1–29) _____

_____

3. ¿Qué diferencias y qué similitudes hay entre este pasaje y Éxodo 32:2–4? (35:1–29) _____

_____

_____

4. Compara Éxodo 25–31 con 36–39. ¿Está en el mismo orden la lista del mobiliario? Si no, ¿piensas que

   hay   una   razón?   _____

_____

---

207 Sailhamer identifica a Moisés y Abraham como dos personajes principales del Pentateuco (*Pentateuch as Literature,* 66–77). Su papel mediador es un punto fuerte en común. Ayuda a establecer la comparación entre los dos para que al final el contraste, específicamente el fallo de Moisés, pueda ser apreciado.
208 Para una explicación de "millares" y ayuda con la frase "que visita la iniquidad de los padres sobre los hijos", ver J. Carl Laney, "God's Self-Revelation in Exodus," *BSac* 158:629   (Jan 2001): 36–51.

Al leer estos capítulos, observa otra vez la conexión con Edén del estudio anterior.

5. ¿Qué hace Israel? (40:1–33) _____

6. ¿Qué día monta Israel el tabernáculo? (40:1–2) _____

    _____

7. ¿Pareciera simbólico o importante construir el tabernáculo por primera vez en el primer día del mes primero?

    _____

8. ¿Qué ocurre cuando arman el tabernáculo? (40:34) _____

    _____

9. ¿Qué evidencia hay de que esta manifestación de la gloria de Dios sobrepasa a la del Sinaí? (40:35)

    _____

    _____

    _____

10. ¿Qué manifestación de la presencia de Dios es mayor, Sinaí o el tabernáculo? (40:35) _____

    _____

11. ¿Dónde se puede encontrar la nube de Jehová? (40:36–38) _____

    _____

12. En Levítico 26:12–13 Dios le dice a Israel, "y andaré entre vosotros, y yo seré vuestro Dios, y vosotros seréis

    mi pueblo. Yo Jehová vuestro Dios". ¿Suena esto como lo que ocurría en el Edén? _____

    _____

    _____

Cuando empieza el año siguiente (40:17) Israel termina la preparación del tabernáculo y lo arma. La gloria de Dios, una manifestación visible de su presencia, llena el santuario (40:34). La presencia de Dios es tan gloriosa que incluso Moisés, que ha estado en la presencia de Dios muchas veces, no puede entrar en la tienda. Esta manifestación de la presencia de Dios en el tabernáculo es superior a la del Sinaí. Dios es fiel con Israel, a pesar de sus derrotas, y establece un lugar donde mora con su pueblo.

RESUMEN DE ÉXODO

Cada tema principal de la teología bíblica está claro en Éxodo. Dios cumple las promesas que hizo a los patriarcas. Bendice a la simiente en Egipto. Salva a su pueblo Israel, su nuevo agente en la tierra, para que le sirva. La oposición de Faraón, la simiente de la serpiente, no puede frustrar el plan divino; de hecho, Dios lo usa para revelarse a sí mismo al mundo. Tristemente, el pueblo de Dios peca en cuanto sale de Egipto, y mientras Dios le da a Israel su ley, el futuro sumo sacerdote guía al pueblo en idolatría. Pero Dios, que es rico en misericordia, sigue con su plan. Instruye a Israel cómo debe vivir como su pueblo especial (con la ley) y le da los planos del tabernáculo. Al final de Éxodo, Dios va a morar con el hombre, restableciendo en la tierra el santuario perdido del Edén.

En Éxodo vemos las implicaciones éticas de ser el agente de Dios. El sistema sacerdotal se establece, y de Éxodo en adelante, el hombre se acerca a Dios a través de intermediarios en vez de hacer sus propios altares como en Génesis. Dios le dice a Moisés: "No te acerques" (3:5). El acceso a la presencia divina a través de la meditación y el sacrificio se desarrolla más en Levítico.

BOSQUEJO DE ÉXODO
SALVADOS PARA SERVIR EN SANRUARIO

I. Israel es salvado para servir a Jehová. **1–18**

    A. Israel es salvado de Egipto. **1:1–15:21**

        1. La Serpiente intenta exterminar la simiente de la mujer. **1**

        2. Un salvador inesperado. **2–4**

        3. Jehová juzga a Egipto. **5–11**

        4. Jehová juzga a Egipto y salva a Israel. **12–13**

        5. Victoria completa para el ejército de Dios. **14–15**

    B. Israel es salvado en el desierto. **15:22–18:27**

        1. Quejas desde Egipto hasta Sinaí. **15:22–17:7**

        2. Maldición y bendición de la descendencia. **17:8–18:27**

II. Israel es salvado para servir a Jehová en su santuario. **19–40**

    A. Israel entra en pacto con Jehová. **19–24**

    B. Planes para el tabernáculo. **25–31**

    C. El pacto violado pero renovado. **32–34**

    D. Dios mora en su santuario. **35–40**

4

CÓMO SERVIR AL DIOS SANTO: UN ESTUDIO DE LA TEOLOGÍA BÍBLICA DE LEVÍTICO

UNA GUÍA PARA LEER LITURGIA

Pocas secciones de la Biblia son tan difíciles de entender y aplicar como el libro de Levítico.[209] Y a pesar de eso Levítico "es uno de los libros más importantes del Antiguo Testamento".[210] La mayoría es la liturgia, o ley religiosa. El Nuevo Testamento indica claramente que la mayoría de sus leyes no aplican, pero Pablo afirma que "toda la Escritura es...útil" (2 Tm 3:16). Este capítulo tiene el objetivo de ayudar al estudiante a ver la belleza, provecho y aplicabilidad de Levítico. A continuación hay una breve guía para leer liturgia.

Contexto y Propósito

Como cualquier género, la liturgia debe ser leída en su contexto. Ya que la liturgia es una subdivisión de la ley,[211] muchos de los factores contextuales que aplican a la ley también aplican a la liturgia. Los repasaremos junto con muchas otras consideraciones que aplican más directamente al leer liturgia.

Precedente Histórico

El contexto histórico de Levítico incluye el tiempo antes de Moisés y el Monte Sinaí. Aunque la sobrecogedora mayoría de las normas que gobiernan la adoración de Israel parten de Sinaí o después, Génesis es el punto de partida de la liturgia de Israel, no Éxodo. Un sorprendente número de rituales que se describen en Levítico son del periodo patriarcal. Los padres de Israel construyeron altares, ofrecieron sacrificios (Gn 12:6; 22:13; 31:54; 46:1), derramaron ofrendas de libación (Gn 35:14) y tuvieron comunión con Dios (Gn 18). Abraham diezma (Gn 14) y a él se le dio la señal de la circuncisión (Gn 17), no a Moisés. Pero incluso antes de los patriarcas, Noé distingue entre los animales limpios e inmundos (Gn 7:2)[212] y recibe la prohibición de comer sangre

---

209 Todas las referencias bíblicas del capítulo 4 son de Levítico a menos que se indique lo contrario.

210 Ross, *Holiness to the LORD,* 15.

211 Ver el Capítulo 3 arriba para una guía de cómo leer la ley.

212 Mark F. Rooker observa que en la historia de la inundación la distinción entre los animales limpios e inmundos se hace dos veces. La primera en el número de animales que entran al arca (7:2, 8) y la segunda en el sacrificio únicamente de animales limpios después del diluvio (8:20) en "The Genesis Flood," *SBJT* 5:3 (Fall 2001): 64–65.

(Gn 9:4). Y finalmente, el descanso del Sabbat se remite a la semana de la creación. Un propósito del sistema litúrgico es establecer una conexión clara entre Israel y los agentes de salvación previos en la historia de la redención. Desde Adán hasta Noé y Abraham, se desarrolla la liturgia no escrita; en Israel florece en un sistema completo codificado de adoración.

Contexto Histórico Inmediato

El contexto histórico más inmediato del sistema litúrgico es el éxodo. Moisés le exige siete veces a Faraón que deje ir a Israel para servir a Jehová Dios (Éx 7:16; 8:1, 20; 9:1, 13; 10:3; 12:31). El sistema litúrgico que se le dio a Moisés expresa cómo Israel debe servir a Dios. De hecho, la primera vez que Moisés le exige a Faraón que libere a Israel, dice: "Deja ir a mi pueblo a celebrarme fiesta en el desierto" (Éx 5:1). Adorar a Jehová en el sistema de fiestas es una gran parte del servicio de Israel a Dios. Si Éxodo relata cómo Israel fue salvo para servir (Éx 1–19) en el santuario (Éx 20–40), Levítico explica cómo debe servir a un Dios santo. Esta conexión teológica entre Éxodo y Levítico[213] también sigue el flujo narrativo de los dos libros. Éxodo termina con el levantamiento del tabernáculo, y Levítico prescribe la liturgia que tendrá lugar en ese tabernáculo (así como muchas otras leyes que gobiernan la vida diaria y religiosa).

Al igual que las leyes nacionales promueven la identidad nacional, también lo hace la liturgia nacional. Las observaciones del Sabbat separan a Israel de las naciones que le rodean. Además, "el peregrinaje…al santuario central…contribuye a la unidad nacional".[214] La liturgia de Israel, especialmente con su calendario prescrito, crea una identidad cultural para la nueva nación.[215]

Muchas de las instrucciones litúrgicas de Levítico, como ofrendar los primeros frutos (23:10–22) y construir tabernáculos conmemorativos (23:33–43), no se observan hasta que Israel está en la tierra. El enfoque de Levítico es cómo servir a Dios en la tierra prometida. Muchos temas principales de la teología bíblica se unen en el libro de Levítico. Se declara bendición (26:1–13) y maldición (26:14–45) sobre Israel. Su descanso en la tierra (bendición), o falta de él (maldición), depende de su respuesta obediente y con fe a la palabra de Dios (liturgia). De la misma manera que con Adán en Edén, la desobediencia resulta en maldición en la tierra y con el tiempo expulsión de ella. La liturgia de Israel tiene la intención de promover su bienestar espiritual y consecuentemente su prosperidad general. Pero el privilegio de acercarse al Dios santo conlleva inherentemente un riesgo; debe hacerse de la manera que Él prescribe.

Teología Ilustrada

Otro propósito de las leyes ceremoniales es enseñar verdades teológicas eternas. Por ejemplo, la santidad de Dios se afirma explícitamente (11:44–45) y se ilustra gráficamente. El sistema de sacrificios ilustra "la imposibilidad para un hombre pecador de acercarse [a Dios] a menos que sus pecados hayan sido limpiados".[216] Dios es único y separado del pecado. El complejo diseño del tabernáculo demuestra que el acceso a Dios está restringido. Una pared de aproximadamente 2.25 metros de alto[217] rodea completamente el terreno del tabernáculo (Éx 27:9–19),y solo una puerta provee el acceso. El primer objeto que se ve después de pasar por la puerta es un gran altar. Nadie que no fuera levita podía ir más allá del altar. Solo los levitas tienen acceso al propio tabernáculo, e incluso ellos deben parar y lavarse las manos y los pies antes de entrar. Sin embargo, el Lugar Santísimo era zona prohibida hasta para ellos. Solo un hombre, el sumo sacerdote, podía entrar una vez al año en el Lugar Santísimo donde moraba la presencia de Dios.

---

213 En hebreo la primera frase de Levítico no tiene un sujeto gramatical explícito. El sujeto viene de la frase anterior en Éxodo 40:38, demostrando la continuidad literaria entre Éxodo y Levítico.

214 Timothy K. Hui, "The Purpose of Israel's Annual Feasts," *BSac* 147:586 (Apr 1990): 145.

215 Kandy Queen-Southland repasa los cinco pasajes que regulan las fiestas en "Cultic Calendars in the Old Testament" *Faith and Mission* 8:2 (Spring 1991): 76–85.

216 A. M. Hodgkin, *Christ in All the Scriptures,* (8th ed., Basingstoke: Pickering and Inglis, 1985), 23.

217 Esta medida calcula los cinco codos en Éxodo 27:18 a 45 cm por codo.

La santidad de Dios y la pecaminosidad del hombre también están relacionadas por el sistema de limpieza e impureza. El sistema promueve la higiene,[218] y limita entremezclarse con las naciones paganas que los rodean, pero "el mensaje más importante que conllevan estas leyes es que Dios es santo, y al contrario, el hombre en sí mismo está contaminado y no es apto para acercarse a un Dios santo".[219] Nadie puede evadir los rituales de pureza.[220] El hombre no solo es pecador, sino que también contamina a otros desde el nacimiento (12) hasta la muerte (Nm 19:11). No importa lo cuidadoso que sea un israelita, "los estados periódicos de inmundicia son inevitables".[221]

Otra verdad demostrada por el sistema litúrgico es la sanción por el pecado. Lo sangriento del sistema representa vívidamente que el castigo del pecado es la muerte (Ro 6:23a). Pero al mismo tiempo, el sistema de sacrificios demuestra la posibilidad del perdón y la reconciliación (Ro 6:23b). El derramamiento de sangre es la manera de "hacer y mantener la paz con Dios".[222] El principio de sustitución también es evidente, especialmente en las ofrendas expiatorias (Lv 4–5:6). Estas ofrendas exigen que el creyente penitente "confiese aquello en que pecó" (5:5) y "ponga su mano sobre la cabeza de la ofrenda de expiación, y la degollará en el lugar del holocausto" (4:29), y de este modo se identifica a sí mismo y su pecado con el animal que muere en su lugar. La salvación es posible si un sustituto inocente lleva el castigo.

La verdad de que el hombre no puede acercarse a Dios por su propio mérito también está clara en el sistema litúrgico. Es necesario un intermediario consagrado y ordenado. Nunca más Israel será un "reino de sacerdotes" (Éx 19:6) hasta que Cristo restaure todas las cosas.[223] Levítico 8–10 describe la consagración de los hombres sin la cual la adoración es imposible.

Factores Contextuales

Muchos factores contextuales ayudan al estudiante de la Biblia a explorar la multitud de instrucciones litúrgicas. Levítico es una guía bien estructurada de la vida religiosa de Israel. El contexto inmediato, como siempre, es muy importante. Conocer la organización de las secciones más grandes de Levítico ayudará al lector moderno a entender el sistema litúrgico de Israel.[224]

Categorías

Algunas veces es imposible agrupar en categorías las leyes ceremoniales. Pueden ser organizadas por temas como se menciona arriba en la guía para leer la ley. Agrupar las leyes específicas en categorías ayuda porque con frecuencia se repiten las instrucciones para un tema en varios lugares a través del Pentateuco. Por ejemplo, las leyes sobre la redención de un primogénito están repartidas desde Éxodo 13 hasta Deuteronomio 25. Las leyes de los sacerdotes se pueden subdividir en leyes sobre la contaminación (21:1–4, 11; 22:4–8), matrimonio (21:7–8, 13–14), deformidades físicas (21:18–20), o compartir comida (22:10–13). Las regulaciones sacerdotales generalmente vienen en una lista, y algunas veces las mismas regulaciones se repiten en listas posteriores.

---

218 Joe M. Sprinkle llama a los beneficios higiénicos "una contribución secundaria" en "The Rationale of the Laws of Clean and Unclean in the Old Testament," *JETS* 43:4 (Dec 2000): 646.

219 Ibíd., 637.

220 "Puesto que muchas de las causas de impurezas no están relacionadas con la ética, cada persona en un momento u otro de su vida estará en un estado de impureza". Jerry M. Hullinger, "The Divine Presence, Uncleanness, and Ezekiel's Millennial Sacrifices," *BSac* 163:652 (Oct 2006): 412.

221 Sprinkle, "The Rationale of the Laws," 641

222 Ross, *Holiness to the LORD*, 54.

223 El conocimiento universal de Jehová bajo el Nuevo Pacto (Jr 31:34) indica que el trabajo sacerdotal de enseñar al pueblo la ley de Dios (Dt 24:8) ya no será necesario. La función sacerdotal de Israel a escala global posiblemente se describe en Zacarías 8:23. Apocalipsis 1:6 indica que la obra redentora del Mesías hace a los suyos reyes y sacerdotes. Servirán mil años (Ap 20:6).

224 Daniel I. Block tiene una tabla de las secciones principales que es de mucha ayuda en "You Shall not Covet Your Neighbor's Wife: A Study in Deuteronomic Domestic Ideology," *JETS* 53:3 (Sep 2010): 454. Ver también el bosquejo de Levítico en este manual.

La liturgia también establece el calendario religioso para Israel. Cuando consideramos cualquier sacrificio o día santo, la frecuencia de su observación es significativa. Los días santos son catalogados en semanales, mensuales y anuales. Cuanto más frecuentemente se observe el día, el evento es más común (y por lo tanto menos especial). En cambio, eventos menos frecuentes indican que son más significativos. Levítico 23 y Números 28–29 son dos pasajes principales sobre las siete fiestas anuales, pero incluso las fiestas anuales no tienen la misma importancia. Factores como su duración (un día o una semana entera), si se prohíbe cualquier clase de trabajo o no, si se exige o no un peregrinaje al santuario central y si otros capítulos del Pentateuco dan detalles más específicos sobre la fiesta, ayudan a determinar su importancia.[225] Finalmente, la clase o clases de sacrificios que se ofrecen en cada fiesta anual debe ser identificado. En la Pascua (Éx 12–13) es una ofrenda de paz (3), Pentecostés (23:15–21) es principalmente una ofrenda vegetal (2) y el Día de la Expiación (16) es una ofrenda expiatoria (4).

Audiencia

La audiencia para quien fueron dadas las instrucciones litúrgicas también debe ser determinada. La primera sección de Levítico (1–7) da las instrucciones de los sacrificios básicos dos veces. La primera vez las instrucciones son para los adoradores (1–6:7); la segunda, para los sacerdotes (Lv 6:8–7:38). Esta distinción ayuda al lector a entender la primera parte del libro. Identificar la audiencia también es importante en las instrucciones para ungir sacerdotes (8–9). Esta sección es específica para Moisés, quien tiene que iniciar la adoración en el tabernáculo. El patrón para consagrar a los primeros sacerdotes establece un precedente para consagrar sacerdotes. La mayoría de Levítico aplica solo a los sacerdotes.

La audiencia de una ley puede ser personal o corporativa (para toda la nación). En Éxodo 24, el holocausto y la ofrenda de paz se prescriben para todo Israel. El holocausto diario (Éx 29:42) y la ofrenda expiatoria en el Día de la Expiación (Lv 16) también son para toda la nación. Sin embargo, los capítulos 1–5 prescriben holocaustos y ofrendas expiatorias individuales.[226] La adoración es un asunto nacional y personal. Cada individuo debe expresar fe en Dios personalmente.[227]

Inclusivo o Exclusivo

Otro factor contextual que tiene relación con la audiencia es si la liturgia tiene la intención de ser inclusiva o exclusiva. Algunas veces el código litúrgico aplica a unos pocos escogidos o tiende a crear un grupo exclusivo; las instrucciones para los sacerdotes son exclusivas en este sentido. La liturgia para el Día de la Expiación (16)[228] es aún más excluyente; solo es para el sumo sacerdote. Ya que una gran parte de la liturgia es exclusiva para los sacerdotes, cualquier liturgia que es intencionalmente inclusiva es digna de atención. Por ejemplo, la provisión para todos los niveles económicos en el holocausto (1) y la purificación de una madre primeriza (12) enfatiza la necesidad universal de estos ritos al igual que el acceso universal a ellos.

---

225 Levítico 24–25 describe la adoración del sábado. Éxodo 12–13 y Números 9 detallan la Pascua. Levítico 16 describe el Día de la Expiación. Deuteronomio 16 resume las tres fiestas de peregrinaje.

226 Las palabras "cuando alguno de entre vosotros ofrece ofrenda" (1:2) indica que el enfoque es individual.

227 Romanos 9:6 aclara "no todos los que descienden de Israel son israelitas".

228 Barry C. Joslin llama a Levítico 16 "el capítulo climático de Levítico". "Christ Bore the Sins of Many: Substitution and the Atonement in Hebrews," *SBJT* 11:2 (Summer 2007): 75.

Rígido o Flexible

En general el sistema de Levítico no es flexible. Como ilustra el juicio de Nadab y Abiú (Nm 10), el sistema es rígidamente exacto. Por lo tanto, las escasas ocasiones cuando la ley permite flexibilidad son significantes. Por ejemplo, cómo cocinar la ofrenda de grano (2) parece estar completamente a la discreción del adorador. Flexibilidad en una ley generalmente la hace más inclusiva. Sin embargo, en ocasiones la apariencia de flexibilidad puede ser engañosa y se debe buscar una explicación más satisfactoria, porque la liturgia mosaica generalmente es exclusiva y rígida.

Frecuencia

Otro aspecto a considerar de la ley ceremonial es la frecuencia con la que surge el tema en cuestión. Ya que el holocausto se observa dos veces al día, las leyes relacionadas con él se usan muy frecuentemente. Por el contrario, las leyes sobre el ritual de limpieza después de la curación de un leproso al parecer no se usan nunca. Cincuenta y tres versículos (14:1–53) explican detalladamente lo que debe hacerse cuando un leproso es sanado, pero aparte de María (cuya curación es milagrosa) no hay ningún registro en el Antiguo Testamento de ningún israelita que se curara de lepra.[229] La liturgia para la purificación de un leproso sanado parece completamente innecesaria hasta los días de Jesús.[230]

La frecuencia con la que debe hacerse una ofrenda también debe ser considerada. Las ofrendas regulares son las que forman parte del calendario de Levítico. El holocausto, por ejemplo, se observa dos veces al día. Se programan ofrendas especiales para el Sabbat y fiestas anuales. En cambio, las ofrendas expiatorias (por el pecado) individuales no están programadas.[231] Se hacen cuando alguien peca y se llaman *ocasionales* porque son ocasionadas, o provocadas, por el pecado de alguien. Las ofrendas de ordenación también son ocasionadas por la necesidad de instaurar un sacerdote nuevo. Las leyes habituales y las ocasionales son obligatorias.[232] Sin embargo, cualquier persona puede traer las ofrendas habituales en cualquier momento. Por ejemplo, hay una ofrenda de paz programada que se hace en la Pascua, pero alguien que quiera celebrar la bondad de Dios, por ejemplo, puede traer una ofrenda de paz libremente.

Repaso del Sistema Litúrgico

Antes de empezar el estudio inductivo de Levítico, tener un claro entendimiento del calendario mosaico y de las clases básicas de sacrificios ayudará al estudiante a mantenerse orientado en el libro. A continuación hay un repaso simple del calendario y sacrificios de Israel.

Calendario

Al igual que los calendarios modernos, el calendario de Israel marca días, semanas, meses y años. Hay un sacrificio habitual correspondiente a cada una de estas divisiones. Los holocaustos se hacen dos veces al día, por la mañana y por la noche. Cada Sabbat se ofrece un holocausto semanal además de los diarios (Nm 28:10). En el Sabbat, se prohíbe trabajar. Siguiendo el ciclo lunar, cada luna nueva empieza un mes nuevo. Otro holocausto se ofrece en la fiesta de la Luna Nueva, o mensualmente, y una vez más el trabajo está prohibido. Si la Luna Nueva cae un sábado, se necesitan tres holocaustos separados el mismo día (Nm 28:15).[233]

---

229 Naamán también es sanado (2 Ry 5), pero la ley no aplicada para él por ser gentil.

230 "El consenso de eruditos es que el término no está limitado a la lepra moderna (enfermedad de Hansen); en cambio, este término cubre una variedad de enfermedades de la piel". Sprinkle, "The Rationale of the Laws," 637.

231 Una vez al año, en el Día de la Expiación, está programada una ofrenda por el pecado para toda la nación.

232 Estas categorías son similares en cierto grado a las categorías de leyes: apodícticas (incondicionales) y casuísticas (condicionales).

233 Una décima de efa son 2.2 litros. La ofrenda diaria de grano es "una décima de efa" (Nm 28:5), la semanal son 4.4 litros, o "dos décimas de efa" (Nm 28:9) y la mensual son "tres décimas de efa", 6.6 litros (Nm 28:12–13). El evento menos frecuente, la Luna Nueva, exige la mayor ofrenda.

Siete fiestas especiales se observan cada año. Estas fiestas anuales son la Pascua, los Panes sin Levadura, las Primicias, Pentecostés, las Trompetas, el Día de la Expiación y los Tabernáculos.[234] Las tres primeras se celebran en la primavera; las tres últimas seis meses después en otoño. Estas fiestas giran en torno a la vida agrícola de Israel y conmemoran eventos del pasado. También anticipan eventos en el ministerio del Mesías.[235]

Sacrificios

Tres elementos forman parte de casi cada sacrificio: pan, vino y carne.[236] El pan y el vino acompañan el holocausto de la mañana y la tarde (Éx 29:39–41). El vino muchas veces se derrama en la tierra cerca del altar. Esta ofrenda líquida se llama ofrenda líquida o libación. Además de la libación, se prepara una ofrenda vegetal (pan). La palabra técnica para la ofrenda de grano es *oblación,* pero se usan muchas palabras para hacer referencia a esta ofrenda, como ofrenda de *cereal, grano, comida* y *vegetal.*[237] Las ofrendas de animales, también llamadas sacrificios sangrientos, se subdividen en tres categorías: holocaustos, ofrendas de paz y ofrendas de expiación. Las ofrendas de expiación están subdivididas en ofrenda por el pecado (o por la culpa) y ofrenda de transgresión (expiatoria) (4:1 y 5:14). Aunque son básicamente iguales, en el caso de la ofrenda por la culpa, la restitución es posible y debe ser hecha. También se añadía una sanción monetaria del veinte por ciento.[238]

Para resumir, una ofrenda normal incluye pan, vino y carne. Este manual hará referencia a estos elementos como ofrenda *vegetal, líquida* y *animal.* Los nombres técnicos son *oblación, libación* y *sangriente.* La cantidad de la ofrenda varía según la ocasión. El propósito de la ofrenda animal determina lo que se hace con su carne.

TEOLOGÍA BÍBLICA DE LEVÍTICO: CÓMO SERVIR AL DIOS SANTO

Levítico es inusual en que la inmensa mayoría de su contenido fue dictado a Moisés directamente por Dios.[239] El texto registra casi cuarenta veces frases como: "habló Dios a Moisés",[240] indicando el origen divino incuestionable del sistema de adoración de Israel.

La santidad de Dios es una verdad teológica central que enfatiza el libro de Levítico. Su santidad es el motivo de cada ley, incluso las más mundanas y seculares. Por ejemplo, el capítulo 11:44–45, considerado por muchos como el resumen de todo el libro, explica que incluso las prohibiciones alimenticias provienen de la santidad de Dios.[241] Dios desea que su pueblo sea diferente a las otras naciones, no solo en su moralidad, sino como "un estilo de vida".[242]

---

234 En *The Feasts of the Lord* (Orlando, FL: Zion's Hope, 1997), Kevin Howard y Marvin J. Rosenthal le dan un enfoque excelente a cada fiesta. Sobre todo es de ayuda la conexión que hacen con la importancia escatológica del sistema.

235 Timothy K. Hui observa que "para que el ciclo de fiestas tenga…una importancia escatológica…, primero debe hablar recordando a Israel de su redención pasada antes de poder hablar de su redención futura". "The Purpose of Israel's Annual Feasts," *BSac* 147:586 (Apr 90): 143–4.

236 Un ejemplo donde los tres elementos se prescriben explícitamente es en las Primicias (23:10–13). En ocasiones es necesario comparar varios pasajes donde se describe la fiesta para ver que se involucran los tres elementos.

237 A veces la ofrenda de grano se quema completamente y a veces es comida por los sacerdotes.

238 Bruce Waltke añade la categoría de "Ofrenda de Ordenación (6:19–23)" en *Old Testament Theology,* 453. Esta ofrenda no está en la primera sección de sacrificios ya que no se aplica a los laicos (1–5). Michael Farley hace referencia a esta ofrenda como la "ofrenda de Tributo/Dedicación" en "What is 'Biblical' Worship?" 605.

239 La doctrina de la inspiración no enseña que toda Biblia fue dictada. Ya que los casos de dictado directo son en comparación escasos, Levítico se destaca por ser inusual en este aspecto.

240 Levítico 4:1; 5:14; 6:1, 8, 19, 24; 7:22, 28; 8:1; 10:3, 8; 11:1; 12:1; 13:1; 14:1, 33; 15:1; 16:1; 17:1; 18:1; 19:1; 20:1; 21:16; 22:1, 17, 26; 23:1, 9, 23, 26, 33; 24:1, 13; 25:1; 27:1.

241 Ver Robert V. McCabe, "The Old Testament Foundation for Separation," *DBSJ* 7:1 (Fall 2002): 17. Otros versículos similares son Levítico 19:2; 20:7, 26; 22:32. Ver la explicación de McCabe de santidad como separación, 5–11.

242 Rolland D. McCune, "An Inside Look at Ecclesiastical Separation," par. 23. [en–línea], información tomada el 7 July 2014, disponible en https://www.dbts.edu/pdf/shortarticles/insidelook.pdf, Internet.

Los temas de la teología bíblica sobresalientes en Levítico son la presencia divina, el santuario y salvación a través del juicio. La presencia divina santifica el tabernáculo (Éx 40) y los pecadores están excluidos de la presencia divina. El Dios santo juzga el pecado, como ilustran gráficamente los sacrificios; pero a través del juicio sustitutivo de una víctima inocente, el acceso de un pecador a la presencia divina es posible.

El tema de la teología bíblica de bendición y maldición también es claro al final del libro. En el capítulo 26, se revela por primera vez la bendición y la maldición que hay como resultado de la obediencia o la desobediencia. Al igual que con Adán, que Israel disfrute de la bendición que Dios quiere para ellos depende de su obediencia a la palabra de Dios.

Dos historias cortas (10:1–20; 24:10–23) interrumpen la secuencia de las instrucciones litúrgicas. Cada una ilustra lo imposible de erradicar la naturaleza de rebeldía del hombre contra las leyes de Dios. En la primera historia, dos de los cinco sacerdotes, Nadab y Abiú, son quemados vivos el día de su ordenación al ministerio. En la segunda historia, un joven es apedreado por transgredir el día de reposo mientras están en Sinaí. Estas historias confirman la necesidad del sistema litúrgico para refrenar el pecado inherente en el corazón humano. Al mismo tiempo, las historias ilustran que el sistema no es una solución adecuada para el problema del pecado. Ni siquiera los sacerdotes están a salvo; de hecho, son los primeros en caer bajo el juicio divino. Cuanto más cerca se está de la presencia divina, más peligro y restricciones hay. El privilegio de estar en la presencia del Dios santo exige santidad.

INTRODUCCIÓN

No olvides orientarte al empezar un libro nuevo. Hojear el libro de Levítico y responder las siguiente preguntas te ayudarán a hacerlo.

1. ¿Cuál es el género principal que se usa en el libro de Levítico? _____

    _____

El marco de Levítico. La sección inicial de leyes termina en 7:38.

2. ¿Dónde recibe Moisés la sección inicial? _____

3. ¿Dónde está Israel cuando termina el libro? (27:34) _____

4. El marco de Levítico nunca cambia. ¿Dónde está Israel durante todo el libro? _____

5. La cronología de Levítico: ¿Cuánto tiempo estuvo Israel en Sinaí? _____

Repaso

1. ¿Qué tienen en común los tres incidentes (10:1–20; 17:7; 24:10–23) de Levítico? _____

2. En 10:1–20, ¿quién peca? _____

3. En 10:1–20, ¿cómo castiga Dios el pecado? _____

4. En 17:7, ¿quién peca haciendo sacrificios a demonios? _____

5. En 24:10–23, ¿quién peca? _____

6. En 24:10–23, ¿cómo castiga Dios el pecado? _____

7. En conclusión, ¿cuál es el castigo para el pecado? _____

8. ¿Quién está en peligro del castigo del pecado? _____

Bosquejo de Levítico

1. Levítico puede dividirse en dos partes: capítulos 1–16 y capítulos 17–27. ¿Cuáles son los temas dominantes en la primera parte del libro? _____

    _____

2. ¿Cuál es la amplitud de los temas en la segunda parte del libro? _____

    _____

Levítico tiene dos divisiones que no son aparentes de inmediato. La primera mitad explica cómo acercarse al Dios santo (1–16). La segunda mitad explica cómo vivir en la presencia del Dios santo (17–27). Los comentarios bíblicos con frecuencia hacen referencia a la primera mitad con el nombre técnico Código Sacerdotal y a la segunda mitad Código de Santidad.

CÓDIGO SACERDOTAL
CÓMO ACERCARSE AL DIOS SANTO
CAPÍTULOS 1–16

ACERCARSE AL DIOS SANTO EXIGE SACRIFICIOS
LEVÍTICO 1–7

El Código Sacerdotal contiene instrucciones en tres aspectos básicos de la vida religiosa: los sacrificios (1–7), los sacerdotes (8–10) y el ritual de purificación (11–16). La primera categoría, las instrucciones sobre los sacrificios, se da primero para los laicos (1:1–6:7) y después al clero (6:8–7:38). Estas dos subdivisiones detallan los mismos sacrificios; primero le dice al adorador qué clase de sacrificios debe traer y después les explica a los sacerdotes el protocolo de los sacrificios.[243]

EL ADORADOR REQUIERE SACRIFICIOS 1:1–6:7

Levítico 1
1. ¿Qué ofrendas se describen en el capítulo 1? (1:3) _____

    _____

2. ¿Para quién son estas instrucciones? (1:2) _____

    _____

3. ¿Qué implica el nombre de la ofrenda con lo que hay que hacer con el cuerpo muerto del animal?

    _____

    _____

4. ¿Qué piensas que comunica el holocausto? (Las respuestas serán variadas.) _____

    _____

5. ¿Qué clase de animal se puede ofrecer como holocausto? (1:5, 10, 14) _____

    _____

    _____

---

243 El holocausto se describe en Levítico 1 y 6:8–13, la ofrenda de grano en Levítico 2 y en 6:14–18, la ofrenda de paz en Levítico 3 y 7:11–38, la ofrenda por el pecado en Levítico 4:1–5:13 y 6:24–30 y la ofrenda expiatoria en Levítico 5:14–6:7 y 7:1–10.

6. ¿En qué se diferencian estos animales? _____

_____

¿Qué animal es una ofrenda extravagante (muy valioso)? (1:5) _____

7. ¿Qué ofrenda esperarías que trajera alguien muy rico? _____

Medita

¿Cuánto cuesta un becerro? ¿Cuántas veces al año podía alguien traer un becerro a ese costo y quemarlo completamente ante Jehová?

8. ¿Pueden ofrecer las personas pobres el holocausto? (1:14) _____

9. ¿Son inclusivas o exclusivas las instrucciones para el holocausto? _____

_____

Levítico 2

1. ¿Qué ofrenda se describe en el capítulo 2? _____

Nota: La ofrenda de oblación también puede ser llamada ofrenda de grano o cereal. Este estudio usará el término ofrenda vegetal.

2. ¿Cuáles son las tres variaciones para cocinar la ofrenda vegetal? (2:4, 5, 7) _____

_____

3. ¿La ofrenda tiene que ser cocinada de una manera específica? _____

4. ¿Es flexible o rígido? _____

Levítico 3

1. ¿Qué ofrenda se describe en el capítulo 3? _____

2. ¿Qué clase de animal se puede traer como ofrenda de paz? (3:1, 6-7, 12) _____

_____

3. ¿Estas opciones indican flexibilidad o rigidez? _____

4. ¿Qué parte se quema para honrar a Dios? (3:3-4, 15-16) _____

_____

5. ¿Por qué piensas que se escogen estas partes para ofrecer a Dios? _____

_____

6. Según Éxodo 12:8-9 (las instrucciones para la Pascua), ¿qué se hace con el animal? _____

_____

7. ¿Cómo se compara la ofrenda de paz (capítulo 3) con el holocausto (capítulo 1)? _____

_____

_____

8. ¿Qué expresa la ofrenda de paz? (Piensa en el nombre). _____

_____

El holocausto es la primera ofrenda descrita en Levítico. Se expresa consagración total a Jehová trayendo un sacrificio animal cuyo cuerpo será consumido completamente por el fuego.[244] En las instrucciones del holocausto se proveen opciones para tres niveles económicos (1). Un becerro es una ofrenda cara y extravagante (1:5).[245] Pero la ley es inclusiva, proveyendo una manera para que la gente más pobre pueda presentar "tórtolas o palominos" (1:4). La segunda ofrenda que cita es la ofrenda vegetal (2). Es flexible en su preparación; puede ser "cocida en horno" (2:4), "en sartén" (2:5), o "cocida en cazuela" (2:7). La siguiente ofrenda que se describe también admite algo de flexibilidad: la ofrenda de paz. Puede ser un toro, una vaca, un carnero, una cordera o una cabra (3:1, 6-7, 12).[246] No importa qué animal se sacrifique, el principio de honrar a Dios como rey se expresa al darle las mejores partes del animal.[247] Después de quemar lo mejor de la ofrenda de paz en su presencia, el resto del animal, igual que el cordero de la Pascua, se lleva a casa y se come con familia y amigos. La ofrenda de paz celebra la comunión que alguien tiene con Dios y con la comunidad de creyentes.[248] La flexibilidad e inclusión de los tres primeros sacrificios invitan al adorador a expresar su consagración a Jehová de una forma personal.

Levítico 4:1–5:13

1. ¿Qué ofrenda se describe en el capítulo 4? _____

   _____

2. Del repaso del sistema sacrificial, ¿en qué categoría entra la ofrenda por el pecado (4:20)? _____

   _____

   _____

   De la introducción, ¿es la ofrenda por el pecado normal, ocasional o voluntaria? _____

   _____

   _____

3. ¿Hay flexibilidad en lo que se puede traer, o se prescribe rígidamente? _____

   _____

4. ¿Qué palabras se repiten en esta sección más que en los sacrificios anteriores? _____

   _____

5. La sección identifica diferentes sacrificios para diferentes personas. Indica en la tabla siguiente la persona o grupo y el animal que se requiere si la persona peca.

OFRENDAS EXPIATORIAS			
Persona o grupo		Animal requerido	
4:3		4:3	
4:13		4:14	
4:22		4:23	
4:27		4:28	

---

244 Alfred Edersheim describe el gran cuidado que tenían en el periodo del segundo templo de asegurarse que los huesos del holocausto se consumieran completamente en *The Temple, Its Ministry and Services as they were at the Time of Jesus Christ*, (London: Religious Tract Society, 1908), 85.

245 El holocausto corporativo es inflexible. Según la ocasión, se indica el animal exacto. El holocausto individual es flexible e inclusivo.

246 Ya que la ofrenda de paz es una comida, las tórtolas y los palominos no son una opción.

247 Las partes son "la grosura…, los dos riñones...la grosura del intestino que está sobre el hígado" (3:3–5, 3:15–16).

248 Éxodo 12:8–9 explica la cena. El enfoque de Levítico 3 está en ofrecer a Dios la mejor porción de la fiesta.

6. ¿En qué orden están las personas o grupos mencionados? _____

_____

7. ¿Qué observas sobre el orden de los animales? _____

_____

8. ¿Qué te sugiere eso sobre la gravedad del pecado de los líderes? _____

_____

9. Describe el procedimiento para ofrecer el sacrificio de expiación. (5:5; 4:29–31) _____

_____

Levítico 5:14–6:7

1. ¿Qué ofrenda se describe en la segunda parte del capítulo 5? (5:15) _____

_____

2. ¿Qué sanción adicional se aplica en las ofrendas expiatorias por la culpa? (5:16; 6:5) _____

_____

_____

Las ofrendas de expiación (4–5), provocadas por el pecado, se prescriben rígidamente. Estas ofrendas ponen mucho énfasis en la manipulación de la sangre, y la expiación y perdón que se obtiene.[249] El tamaño del animal a sacrificar varía dependiendo de la posición del ofensor, no del tipo de pecado. Un sacerdote que peque debe traer un becerro (4:3). La expiación para el pecado corporativo también exige el sacrificio de un becerro (4:13–14). Los pecados de un líder (4:22) exigen una cabra macho (4:28). Cuanto más influyente sea la posición del pecador, mayor será su responsabilidad ante Dios. El procedimiento para la expiación se describe en Levítico 4:27–31. El pecador penitente se identifica a sí mismo con el animal poniendo su mano sobre la cabeza del animal, confesando sus pecados y matando al animal (4:29). Después el sacerdote pone la sangre en el altar (4:30), se hace la expiación y el pecador es perdonado (4:31).

---

249 Se menciona la expiación una vez en la sección del holocausto (1:4), pero las otras referencias a la expiación en la sección inicial se mencionan en conjunto con las ofrendas por el pecado y por la culpa en 4–6:7. Veintitrés de las cuarenta y cuatro veces que aparece el verbo expiar en el libro se encuentran del 4–6 o en 16, el capítulo que da más detalles de estos sacrificios. Nueve de las referencias al perdón en Levítico se encuentran en esta sección de sacrificios.

LOS SACERDOTES OFRECEN SACRIFICIOS. 6:8–7:38

Completa la tabla

INSTRUCCIONES PARA LOS SACERDOTES		
Texto	Ofrenda	Descripción previa ¿Qué capítulo?
6:8–13		
6:14–18		
6:19–23		
6:24–30		
7:1–10		
7:11–36		

1. ¿Quién está autorizado a comer las ofrendas vegetales? (6:15–16) _____ _____

2. ¿Por qué no hay instrucciones para los laicos con respecto a las ofrendas de ordenación? (6:19–23) _____ _____ _____

3. ¿Qué tres subcategorías de "ofrendas de paz" hay? (7:12, 16) _____ _____

4. ¿Por qué traería alguien una ofrenda de <u>acción de gracias</u>? _____ _____

5. ¿Por qué traería alguien una ofrenda de <u>voto</u>? _____ _____

6. ¿Por qué traería alguien una ofrenda <u>voluntaria</u>? _____ _____

En esta sección se les dice a los sacerdotes cómo deben hacer las ofrendas que se describen en la primera parte del libro. Se les da un permiso exclusivo de comer las ofrendas vegetales que el pueblo trae (6:16). Evidentemente la forma que el adorador escoge para preparar el pan determina la clase de pan que los sacerdotes comen ese día. También se les dice a los sacerdotes qué parte de los animales sacrificados pueden comer. La vida espiritual de Israel y la vida física de los sacerdotes están indiscutiblemente ligadas. Las ofrendas de consagración, una clase de ofrenda vegetal (6:19–23), no se mencionan en esta sección para los laicos porque solo los sacerdotes son consagrados. Las ofrendas de expiación y ofrendas por la culpa son descritas a los sacerdotes como "santísimas" (6:25, 7:1). Las instrucciones para los sacerdotes sobre las ofrendas de paz (7:11–36) dicen que las ofrendas de paz pueden traerse para expresar gratitud (7:12), para marcar el cumplimiento de un voto (7:16), o por ningún motivo específico (una ofrenda voluntaria [7:16]).

ACERCARSE AL DIOS SANTO EXIGE MEDIACIÓN
LEVÍTICO 8–10

Levítico 8–9

1. ¿Qué describe Levítico 8? _____

    _____

2. ¿Cuántas personas son consagradas? (8:2; 10:1, 12) _____

    _____

3. ¿Qué hace Moisés para consagrar a los sacerdotes? (8:5–13) _____

    _____

4. ¿Qué sacrificios necesitan estos hombres para poder empezar a oficiar como sacerdotes? (8:14–29)

    _____

    _____

5. ¿Qué es necesario (capítulo 8) antes que el sacerdote pueda ofrecer sacrificios por otros (capítulo 9)?

    _____

    _____

6. ¿Cuánto dura esta ceremonia? (8:33–36; 9:1) _____

7. ¿Qué hacen Aarón y sus cuatro hijos? (9:1–22) _____

    _____

8. ¿Qué hace Dios para mostrar que acepta sus sacrificios? (9:23–24) _____

    _____

    _____

9. ¿Qué hace el pueblo cuando ve fuego salir de la presencia de Dios y quemar los sacrificios? (9:24)

    _____

    _____

Levítico 10

1. ¿Qué hacen dos (Nadab y Abiú) de los cinco sacerdotes? (10:1) _____

   _____

2. ¿Qué les ocurre? (10:2) _____

   _____

3. ¿Qué tienen en común estos dos versículos? (10:2; 9:24) _____

   _____

4. ¿Qué consume el fuego en cada ocasión? (10:2; 9:23) _____

   _____

5. ¿Qué le enseña esto a Israel sobre Dios? (10:3)_____

   _____

6. ¿Qué leyes adicionales se dan en este punto? (10:4–11) _____

   _____

7. ¿Qué tienen que hacer los sacerdotes? (10:11) _____

   _____

Resumen: Acercarse al Dios santo (1–16) exige sacrificio (1–7), sacerdotes (mediación) (8–10), y evitar y quitar la contaminación (11–16). Ésta es la tercera sub–división de la primera mitad de Levítico.

El capítulo 8 demuestra otra vez que cuanto más alguien se acerca a Dios, se exige más santidad. Moisés lava, viste y unge a los sacerdotes (8:5–13). En su ordenación se sacrifica un becerro como ofrenda por el pecado (8:14–17), un carnero como holocausto (8:18–21) y otro carnero como ofrenda de ordenación (8:22–26). También se hace una ofrenda mecida (8:27–29). Antes de poder funcionar como intermediarios para el resto de la nación, son ungidos como agentes–sacerdotes de Dios (8:30). En el capítulo 9, los sacerdotes recién ungidos hacen sus primeros sacrificios (9:23). Fuego sale "de delante de Jehová" (probablemente del arca del pacto en el lugar santísimo) y consume los sacrificios, indicando que Dios acepta el sacrificio de los sacerdotes. El pueblo se postra sobre sus rostros y adora a Dios (9:24).

Con la unción de los sacerdotes se añade una nueva descripción del deseado campeón prometido por primera vez en Génesis 3:15. La palabra hebrea para ungido, *mesías*, aparece por primera vez en este contexto. Además de gobernar y salvar al mundo, el campeón será el ungido de Dios, un intermediario que puede tratar con el problema del pecado haciendo un sacrificio de sangre. Será un sacerdote para pecadores.[250]

Los defectos de la institución mesiánica humana se revelan inmediatamente. Levítico 4:3 explica lo que debe hacerse "si el sacerdote ungido pecare" (traducción literal: "si el sacerdote mesías peca"). A estos hombres escogidos (ungidos) se les exige realizar un largo ritual para limpiar su propio pecado antes de ir a Dios de parte de otros pecadores (8:14–29). La siguiente historia describe cómo murieron dos de los cinco sacerdotes, Nadab y Abiú, aparentemente en su primer día de oficio sacerdotal. El fuego de Jehová que consume la ofrenda hecha por los sacerdotes el día anterior ahora los consume a ellos.[251] Las muertes de Nadab y Abiú provocan más leyes sacerdotales sobre el duelo (10:6–9) y la dieta (10:11).[252]

---

250 En la Biblia encontramos numerosas variantes del verbo *ungir*, pero el sustantivao se usa por primera vez en Levítico 4:3.

251 Richard S. Hess describe cuatro interpretaciones de "fuego extraño" en "Leviticus 10:1: Strange Fire and an Odd Name," *BBR* (2002): 187–92.

252 Al igual que en Edén, el pueblo no debe decidir por sí mismo lo que es bueno y lo que es malo, o "discernir entre lo santo y lo profano, y entre lo inmundo y lo limpio" (10:10).

Resumen:

1. ¿Cómo se llama el sacrificio que expresa consagración? (Lv 1) _____

_____

2. ¿Cómo se llama el sacrificio que expresa comunión? (Lv 3) _____

_____

3. ¿Cómo se llama el sacrificio que expresa confesión? (Lv 4–6) _____

_____

ACERCARSE AL DIOS SANTO EXIGE
QUITAR LA CONTAMINACIÓN
LEVÍTICO 11–16

Levítico 11–15

1. En una palabra, ¿qué regula Levítico 11? _____

2. En una palabra, ¿cuál es el tema de Levítico 12? _____

3. En una palabra, ¿qué regula Levítico 13–15? _____

_____

4. ¿Qué áreas de la vida son posibles causas de contaminación? _____

_____

5. ¿Son estas fuentes de contaminación inherentemente pecaminosas? _____

_____

_____

Levítico 11

1. ¿Qué tienen en común Levítico 11, Génesis 2:16–17 y 9:2–4? _____

_____

Levítico 12

1. ¿Qué tienen en común Levítico 12, Génesis 1:28, 9:1 y 9:7? _____

_____

2. ¿Qué tienen en común Levítico 12 y Génesis 3:16? _____

_____

Levítico 13–15

1. ¿Qué regulan estos tres capítulos? *(13)* _____

_____

2. ¿Dónde se ve el efecto de la maldición en estos dos capítulos? _____

_____

3. ¿Son las intrucciones en este capítulo muy específicas? _____

4. ¿Indican los extensos detalles que el tema es o no es importante? _____

5. ¿Puedes pensar en algún momento del Antiguo Testamento cuando alguien se cura de la lepra?

_____

_____

6. ¿Hay algún registro en el Antiguo Testamento de alguién que usara estas leyes de purificación?

_____

_____

7. ¿Son estas leyes usadas alguna vez en la Biblia (Mt 8:1–4)? _____

El acceso al Dios santo no solo exige sacrificio (1–7) y mediación (8–10), sino también que se elimine y se evite la contaminación. Las circunstancias comunes de la vida, como comer (11), nacimiento (12) y problemas de salud (12–15), pueden ser fuentes de contaminación. Lo tedioso y detallado de las leyes en estas áreas muestran que la santidad de Dios debe aplicarse en cada aspecto de la vida. La conexión con los agentes de Dios previos también es evidente en la ley litúrgica. Por ejemplo, igual que Dios les da a Adán y a Noé instrucciones de lo que pueden y no pueden comer (Gn 2:16, 17; 9:2–4), le da a Israel las leyes alimenticias (11). El mandamiento a Adán y Noé de fructificar incluye el nacimiento de hijos (Gn 1:28; 8:21; 9:1, 7), y las leyes de Israel exigen purificación después del nacimiento para que la madre pueda volver a entrar en la adoración corporativa.

Los detalles con los que se vuelven a dar las leyes sobre la lepra (13) y su limpieza (14) en la segunda mitad del libro indican su importancia. Una razón del énfasis en este tema puede ser que la lepra es un símbolo apropiado para el pecado ya que es incurable, y de naturaleza penetrante.[253] El pecado no es un problema menor. Otro motivo es dirigir la atención a Cristo, el verdadero sacerdote, cuando venga. Una de las maneras por las que se identifica como Mesías es por sanar leprosos (Lc 7:22). Que aparezca un hombre en el templo solicitando hacer un sacrificio para su purificación de la lepra debe haber sido algo completamente sin precedentes (Mt 8:4). Los sacerdotes tienen ritos de purificación después de la lepra casi 1,500 años sin usarlos. De repente, en múltiples ocasiones, ex-leprosos vienen a purificarse. El que los está sanando ha de ser mayor que cualquier otro agente previo. Cristo tiene el poder de sanar cuerpos de la lepra y almas del pecado.

Levítico 16

1. ¿Qué área del tabernáculo tiene más restringido el acceso? (16:1–3) _____

_____

_____

2. ¿Por qué se restringe el acceso a esta área más que a cualquier otra? (16:3) _____

_____

_____

3. ¿Quién puede entrar en esta área? (16:3–14) _____

_____

4. ¿Con qué frecuencia puede entrar en esta área? (16:29) _____

_____

---

253 Charles C. Ryrie, "The Cleansing of the Leper," BSac 113:451 (Jul 1956): 262–7.

5. ¿Qué tiene que hacer el sumo sacerdote antes de ofrecer sacrificios por la nación? (16:3–14)

_____

_____

6. ¿Lleva puesto el sumo sacerdote su túnica especial de sumo sacerdote (Éxodo 28:31–35) cuando ofrece

sacrificios por él mismo? (16:4–5) _____

7. ¿Qué alcanza este sacrificio para la nación? (16:15–19) _____

_____

8. ¿Es el resto del sistema de sacrificios (1–7) suficiente para expiar los pecados de Israel? _____

En el capítulo 16 concluye el Código Sacerdotal con las instrucciones para el día más sagrado del año, el Día de la Expiación. Este día es "primera y principalmente una ceremonia que enseña que todos los sacrificios que componen el sistema Levítico y que se llevan a cabo fielmente durante todo el año, no sirven para quitar el pecado".[254] Todos los sacrificios (1–7), mediadores especiales (8–10) y rituales de purificación (11–15) que se describen en el libro hasta este momento son insuficientes. Se necesita un día especial adicional para "purificar…a causa de las impurezas de los hijos de Israel" (16:16). En el Día de la Expiación, se demuestra una vez más la pecaminosidad de los mediadores. El sumo sacerdote debe hacer un sacrificio "para él mismo y para su casa" (16:3–14) antes de poder representar al pueblo (16:15–34). Cuando el sumo sacerdote entra al Lugar Santísimo para hacer el sacrificio por los sacerdotes, no lleva puesta su túnica oficial normal (Éx 28:31–35; Lv 16:4), sino "vestiduras sencillas de lino: túnica, ropa interior, cinto y turbante".[255] Él pone a un lado las vestiduras que marcan una distinción especial y aparece humildemente ante Dios vestido como un sacerdote normal. Por sagrado que sea, es otro mecador más. Esto señala la necesidad de un gran Sumo–sacerdote que no tenga de qué pedir perdón. Es después de hacer el sacrificio para sí mismo y para los otros sacerdotes que Aarón se pone sus vestiduras especiales y representa a la nación ante Dios.

La descripción del día más santo del calendario de Israel concluye con el Código Sacerdotal (1–16). También es la conclusión de una sección principal sobre el santuario (tabernáculo) que empieza en Éxodo 35. Todo el sistema de Levítico espera este día "para hacer expiación una vez al año por todos los pecados de Israel" (16:34). Dios provee instrucciones sobre el lugar donde su presencia vivirá con el pueblo (Éx 25–40) así como el sistema para acercarse (1–16) a su santa presencia a través de sacrificios (1–7), sacerdotes (8–10) y rituales de purificación (11–16).

CÓDIGO DE SANTIDAD
CÓMO CAMINAR CON EL DIOS SANTO
CAPÍTULOS 17–26

Levítico 17

1. ¿Dónde debe sacrificar Israel? (17:1–9) _____

2. ¿A quiénes ha ofrecido el pueblo sacrificios? (17:7) _____

_____

3. ¿En qué se parece esta historia a Éxodo 32? _____

_____

254 S. Lewis Johnson, Jr., "Yom Kippur and Jesus Christ, An Exposition of Leviticus 16:1–34," Emmaus Journal 20:1 (Summer 2011): 42.
255 Ross, Holiness to the LORD, 318. Ross continúa diciendo: "Sus espléndidas ropas le hacen ver como un dirigente, como alguien con autoridad; pero ahora en la presencia de Dios él está privado de todo honor. Este puede ser el motivo por el cambio de apariencia".

4. ¿En qué se diferencia esta historia a Éxodo 32? _____

5. ¿Qué motivo se da para no comer la sangre de los animales? (17:11) _____

6. ¿Qué hace la sangre? (17:11) _____

7. ¿Qué tiene que ver esta sección con los versículos 1–9? (17:10–16) _____

8. ¿Qué tema de esta sección tiene que ver con el capítulo 16? (17:10–16) _____

Levítico 18

1. ¿Qué área de la vida es regulada por las leyes de Levítico 18? _____

2. ¿Qué tema de la teología bíblica se relaciona con la sexualidad? _____

3. ¿En qué contexto quería Dios que el pueblo tuviera relaciones sexuales? _____

4. Basado en tu conocimiento de la historia de Israel, ¿por qué es apropiado que este sea el primer tema en el Código de Santidad? _____

5. Al leer Números, observa que este pecado se comete en la historia final de la primera generación (Nm 25).

Levítico 19

1. ¿Qué se prohíbe en esta sección? (19:1–8) _____

2. ¿Por qué es esta ley particularmente relevante para Israel en este momento (17:7; Éx 32)?

3. Levítico 19 es una conglomeración de leyes. Sin embargo, un versículo da el principio fundamental. ¿Puedes identificar qué idea (una frase) es la base de todas estas leyes? _____

4. ¿Cuál es la base para estas leyes? (19:18b) _____

5. ¿Por qué le dice Dios a Israel que deben amar a los extranjeros? (19:34) _____

6. ¿Cómo muestra Dios su amor divino a las naciones? (19:34) _____

Levítico 20

1. ¿Qué pecados deben castigarse con la muerte (1–5, 6, 27, 9, 10, 15)? _____

    _____

    _____

2. ¿Qué amenaza cuelga sobre Israel si no se deshace de los pecados mencionados arriba? (20:22)

    _____

3. ¿Por qué echa Dios a los cananitas? (20:23) _____

    _____

4. ¿Qué implica el hecho de que Dios prescribe un castigo para estos crímenes? _____

    _____

5. Describe cómo quiere Dios que sea su pueblo (en comparación con los cananitas). (20:22–26)

    _____

En la segunda mitad de Levítico el enfoque cambia de los sacerdotes (1–16) al pueblo otra vez (17–27). Las primeras regulaciones afirman que todos los sacrificios deben ser hechos "a la puerta del tabernáculo de reunión" (17:5). Esta aclaración se da para que el pueblo pare de sacrificar a "los demonios" (17:7), algo que aparentemente estaban haciendo lejos del santuario.[256] El énfasis en el santuario central (17:1–9) prepara el fundamento teológico para Deuteronomio 12–16, que enfatiza la elección de Dios de un lugar de adoración santo especial en la Tierra Santa.   Al igual que con la rebelión del becerro de oro (Éx 32), el pecado del pueblo de hacer "sacrificios a los demonios" (17:7) detona una sesión extensa de legislación. En el incidente anterior, la idolatría se lleva a cabo bajo el liderazgo de un sacerdote (Aarón), y después se da el Código Sacerdotal. Esta vez la idolatría surge del pueblo mismo; a continuación se da el Código de Santidad, que aplica mayormente a todo Israel.[257] La intención de estas leyes es "la prevención de futura idolatría entre el pueblo".[258] La primera prohibición de comer sangre está conectada con el sistema litúrgico (17:10–16); no deben comerla porque "hace expiación sobre el altar por vuestras almas" (11). Las leyes subsiguientes cubren las áreas morales, como la sexualidad (18)[259] y la adoración (idolatría [19:1–8]). Caminar con el Dios santo afecta la vida en la sociedad (19:9–37); las leyes son aplicaciones específicas del principio: "Amarás a tu prójimo como a ti mismo" (19:18). Los castigos prescritos por sacrificar niños (20:1–9), inmoralidad sexual (20:10–21) y brujería (20:22–27) implican que Dios sabe que su pueblo infringirá la ley en estas áreas tan atroces. El simple mandamiento: "Me seréis santos" (20:26) no refrenará el mal que hay su interior.

Levítico 21–22

1. ¿Sobre quiénes tratan estos dos capítulos? _____

2. ¿Qué área de la vida de los sacerdotes cubre esta sección? (21:1–6, 10–12) _____

    _____

---

256 Johnson discute la traducción de "demonios", y conecta la historia de 17:7 con el macho cabrío para Azazel de Levítico 16 en "Yom Kippur," 58.

257 Hacer un bosquejo del Código de Santidad es difícil. Ross lo describe como "bastante diverso, cambiando de leyes rituales a fiestas y maldiciones." (*Holiness to the Lord,* 330). En el bosquejo detallado de Waltke de Levítico en esta sección solo hay un punto titulado "Código de Santidad (caps. 17–26)" sin subdivisiones (*Old Testament Theology*, 453).

258 Sailhamer, *Pentateuch as Narrative*, 343. Él nota que el "becerro de la ofrenda por el pecado" es para los sacerdotes mientras el "macho cabrio para la ofrenda [es]por el pecado del pueblo" (345).

259 Observa el tema de simiente.

3. ¿Qué área de la vida de los sacerdotes cubre esta sección? (21:7–9, 13–15) _____

_____

Nota: Puede parecer extraño que se den más leyes para los sacerdotes en el Código de Santidad, que es para los laicos. Estas leyes gobiernan las vidas de los sacerdotes en la sociedad. Ellos viven en medio del pueblo, no solo en el tabernáculo haciendo sacrificios.

4. En una palabra, ¿qué no pueden tener los sacerdotes? (21:16–24) _____

_____

5. ¿Quién puede comer la comida santa con un sacerdote? (22:1–16) _____

_____

6. En una palabra, ¿qué es necesario para que un animal sea sacrificado? (22:17–33) _____

7. ¿Cómo se compara esto con los sacerdotes (21:16–24)? _____

_____

Los dos capítulos siguientes, 21 y 22, tratan una vez más con los sacerdotes. Sailhamer explica que estas reglas para sacerdotes se encuentran aquí en lugar de en el Código Sacerdotal porque indican cuál es "la condición de los sacerdotes entre la comunidad".[260] Las dos áreas básicas que se regulan son los funerales y las bodas, eventos sociales importantes. En los aspectos sociales de sus vidas (21:1–15), e incluso en sus características físicas (21:16–24), Dios quiere que los sacerdotes que oficien sean hombres "perfectos"; el santuario debe ser el lubar más parecido al Edén en todo el mundo. Dios exige que los animales para los sacrificios, al igual que los hombres que los ofrecen, sean sin mancha (22:17–33). No debe verse en el nuevo santuario ninguna evidencia de la caída.

Levítico 23

1. ¿Qué regula este capítulo? _____

2. ¿Qué tiene que hacer Israel al final de cada semana? (23:3) _____

3. Indica el nombre y la fecha de la primera fiesta anual. (23:4–5) _____

_____

4. Indica el nombre y la fecha de la segunda fiesta anual. (23:6–8) _____

_____

5. Indica el nombre y la fecha de la tercera fiesta anual. (23:9–14) _____

_____

6. Indica el nombre y la fecha de la cuarta fiesta anual. (23:15–22) _____

_____

_____

7. Indica el nombre y la fecha de la quinta fiesta anual. (23:23–25) _____

_____

8. Indica el nombre y la fecha de la sexta fiesta anual. (23:26–32) _____

_____

260 Sailhamer, *Pentateuch as Narrative*, 354.

9. Indica el nombre y la fecha de la séptima fiesta anual. (23:33–43) _____

_____

10. ¿Cuántas fiestas hay en el primer mes? _____

11. ¿Cuántas fiestas hay en el séptimo mes? _____

12. ¿Durante qué dos meses celebran los israelitas seis de sus fiestas anuales? _____

_____

Nota: La fiesta de las semanas es en el tercer mes, pero se calcula desde una fecha del primer mes.

El capítulo 23 repasa el calendario religioso que se da como ayuda para preservar la vida espiritual de Israel. Las siete fiestas anuales[261] descritas en este capítulo están organizadas en relación a la vida agrícola de Israel. Las cuatro primeras (las fiestas primaverales)[262] son al principio de la siega, y las tres últimas (las fiestas otoñales) son al final del año agrícola. Agrupado en dos grupos bianuales, unen a la nación en la celebración de las bendiciones de Dios y su presencia. De la misma manera que la semana de la creación tiene siete días, el calendario de Israel tiene siete fiestas. E igual que la semana de la creación culmina con un día de descanso, así también la fiesta de los Tabernáculos, la séptima y última fiesta, enfatiza descanso en la presencia divina (23:28–30). Los temas de la teología bíblica de simiente, tierra, bendición y descanso se demuestran en el calendario de Israel.

Levítico 24

1. ¿Qué cosa santa se describe en 24:1–4? (24:1–4) _____

2. ¿Qué cosa santa se describe en 24:5–9? (24:5–9) _____

3. ¿Qué tema continúa en Levítico 24? (24:1–9) _____

4. ¿Qué historia interrumpe el énfasis en la adoración santa? (24:10–16) _____

_____

5. ¿Qué factor en la familia del hijo puede haber contribuido para su falta de respeto por el nombre de Dios?

(24:10–16) _____

_____

6. ¿Cómo serviría de advertencia para Israel el problema con la prole de un matrimonio mixto? _____

_____

_____

7. ¿Cuál es el castigo para la blasfemia? _____

8. ¿Qué demanda la regla del "ojo por ojo"? (23:17–23)

    (a) Más castigo que la ofensa original.

    (b) Menos castigo que la ofensa original.

    (c) Mismo castigo a la ofensa original.

9. En lo fundamental, ¿es justa la regla del "ojo por ojo"? _____

---

261 Levítico 23 es el único lugar donde aparecen las siete juntas. En la repetición del calendario en Números 28–29 se omite la fiesta de las primicias (23:9–14).

262 Pentecostés (semanas) se considera una fiesta primaveral aunque es tres meses después porque su fecha se calcula desde la fiesta de las Primicias, que es una fiesta primaveral.

El énfasis en la adoración continúa en el capítulo 24, donde se enfatiza la santidad del aceite y del pan que se usa en el tabernáculo en la presencia de Dios (24:1-9). En este contexto, la trágica historia del hijo blasfemo le recuerda al lector la triste realidad del pecado interno. Ningún sacrificio, sacerdote o ceremonia puede cambiar la rebelión fundamental de un hombre contra el dominio de Dios. El énfasis en la nacionalidad mixta del hijo probablemente tenía la intención de advertir a los israelitas que no se casaran con personas de otras naciones.

Levítico 25

1. ¿Qué tema continúa en Levítico 25? _____

   _____

2. ¿Qué debe pasar cada siete años? (25:1-7) _____

3. ¿A qué se le da un descanso cada siete años? (25:4) _____

4. ¿Por qué tiene Dios el derecho de exigir a Israel que le dé descanso a la tierra? (25:2) _____

   _____

5. ¿Cómo va a comer Israel si no siembra la tierra en un año? (25:20-22) _____

   _____

6. ¿Qué debe pasar después de cada cuarenta y nueve años? (25:8-55) _____

   _____

7. ¿Qué debe ser cedido cada cincuenta años (25:28)? (25:1-34) _____

   _____

8. ¿Quién debe ser liberado cada cincuenta años (25:40-41)? (25:35-55) _____

   _____

9. ¿Por qué no deben venderse las tierras "a perpetuidad"? (25:23) _____

   _____

10. ¿Por qué deben ser los israelitas redimidos, o liberados, cada cincuenta años? (25:54-55) _____

    _____

    _____

11. ¿Qué dos temas de la teología bíblicason el enfoque en Levítico 25? _____

    _____

Las instrucciones para la adoración que empezaron en el capítulo 23 continúan en el capítulo 25. Los temas de teología bíblica de bendición (25:21) y descanso (25:18-19) para la tierra y la descendencia claramente se unen en estas leyes. Además de sus días santos anuales (23), Israel debe tener dos tipos de años santos (25). En primer lugar, en el reino de Dios, cada siete años la tierra misma debe descansar (25:1-7). Dios bendecirá tan abundantemente la obediencia de Israel que no necesitará trabajar la tierra durante un año entero. Pareciera que la maldición de la tierra (Gn 3:17-19) se suspendiera; la tierra de Israel será como el Edén. En segundo lugar, dos veces en un siglo se observa un año de descanso adicional, el año de Jubileo.[263] En este año especial, las tierras familiares vendidas por deudas se devuelven a su propietario original y los esclavos israelitas son liberados (25). Las leyes para redimir la herencia familiar no solo igualan los niveles económicos sino que también demuestran quién es el verdadero dueño de la tierra. Dios dice: "La tierra no se venderá a perpetuidad" (25:23). El pueblo de Dios, como Abraham (Gn 23:4) y Jacob (Gn 47:9) antes, vive en la tierra prometida como "forasteros y extranjeros...para conmigo [Dios]" (25:23).

---

263 Una reseña breve del Año de Jubileo es dada por Michael A. Harbin en "Jubilee and Social Justice," JETS 54:4 (Dec 2011): 685-99.

Levítico 26

1. ¿Qué promete Dios si Israel obedece? (26:1–13) _____

_____

2. ¿Cuál es la amenaza de Dios si Israel desobedece? (26:14–45) _____

3. ¿Qué tema principal de la teología bíblica trata Levítico 26? _____

_____

4. ¿Cuántos versículos describen la bendición por la obediencia? _____

5. ¿Cuántos versículos describen la maldición por la desobediencia? _____

6. ¿Qué sugiere esta diferencia? _____

_____

7. ¿Qué dice de la actitud de Dios hacia el hombre la oportunidad de disfrutar de su bendición (Génesis 1:28)? _____

_____

8. ¿Se ha revertido hasta este punto la maldición que vino después de la Caída? _____

9. En Levítico, ¿está todavía Israel esperando la venida del salvador? _____

10. Lee el último versículo escrito antes de la venida de Jesús (Malaquías 4:6). ¿Cuál es la amenaza de Dios?

_____

_____

11. ¿Cuánto tiempo estará la amenaza de la maldición sobre Israel? _____

_____

12. ¿Qué tema de la teología bíblica está disponible para Israel si obedece? (26:3–6) ____

_____

13. ¿Qué tema de la teología bíblica está disponible para Israel si obedece? (26:7–9) ____

_____

14. ¿Qué tema de la teología bíblica está disponible para Israel si obedece? (26:10–13) ___

_____

15. ¿Cuál dice Dios que es el propósito de su disciplina? (26:18, 21, 23, 27–28) _____

_____

16. ¿Cuál es la maldición final que caerá sobre Israel si no responde a la disciplina? (26:32) _____

_____

17. ¿En qué se parece la descripción en estos versículos al Edén? (26:11–12) _____

_____

18. Describe en una palabra la maldición final. (26:33–34) _____

_____

Como se demuestra por sus primeras palabras al hombre y a los animales (Gn 1:22, 28), Dios siempre ha deseado bendecir a su creación. La maldición es un resultado de la rebelión del hombre (Gn 3:14-19). Levítico prescribe para Israel la vida santa que debe vivir para poder acercarse (1-16) y camTinar con Dios (17-27). Su obediencia a la palabra divina es la condición para la bendición edénica de descanso (26:1-13), dominio (7-9) y presencia divina (10-13). De la misma manera que en el Edén, la consecuencia de la desobediencia es maldición (14-16). Pero incluso la maldición con la que Jehová amenaza a Israel tiene la intención de motivarlos a ser leales al pacto (18, 21, 23, 27). Como un padre, Dios "disciplinará" a Israel (18) hasta que se "humille su corazón" (41). La disciplina aumentará en severidad (14-17, 18-20, 21-22, 23-26, 27-33) hasta el momento en que Dios "asolará la tierra" (32) y esparcirá a los israelitas "entre las naciones" (33). Si desobedecen, serán expulsados del nuevo santuario de Canaán, igual que Adán fue expulsado del santuario del Edén.

La descripción de Dios de la maldición es mucho más larga (26 versículos) que la de la bendición (13 versículos).[264] La amenaza de la maldición es muy grande; Dios conoce la naturaleza pecaminosa del hombre. Él anticipa que después de darle la tierra a Israel (25:2; Josué), el pueblo descenderá en espiral espiritual (26:14-30; Jc-2 Cr) hasta ser expulsados de Canaán (26:31-33; el exilio). En el exilio, Israel se arrepentirá (26:41; Dn 9:3-19) y Dios le restaurará (26:42; Esdras, Nehemías), pero no hasta que la tierra haya descansado por los años sabáticos que no se han observado (26:43; 2 Cr 36:21). Hasta que venga el salvador prometido (alrededor de 1500 años después), Israel está bajo la amenaza de la maldición. El Código de Santidad termina con las bendiciones y maldiciones por la obediencia.

VOTOS, CAMINAR CON EL DIOS SANTO EXIGE COMPROMISO
CAPÍTULO 27

Levítico 27

1. ¿Qué es legislado en el capítulo 27? _____

2. ¿Cuándo hacen votos las personas normalmente (26:14-45)? _____

_____

3. ¿Son voluntarios u obligatorios los votos? _____

4. ¿Hacer un voto a Dios es normalmente algo positivo o negativo? _____

5. ¿Termina el libro con una nota positiva o negativa? _____

6. Vuelve a leer Levítico 26:11-13. ¿Qué quiere Dios para Israel? _____

_____

7. ¿Qué tiene que ver Levítico (la liturgía) con ese propósito? _____

_____

La legislación de los votos del último capítulo da esperanza de que algunos israelitas serán fieles al Señor (27). Estas leyes dan instrucciones para un creyente que desea honrar a Dios dedicando miembros de familia (27:1-8),[265] animales (27:9-13), casas (14-15), o propiedades (16-25) para uso sagrado. La ley estipula un pago que se puede hacer para redimir el objeto del voto, devolviéndolo a uso personal. El primogénito (27:26-27) y el diezmo (27:30-33) ya le pertenecen a Dios y no se pueden redimir. La legislación del voto al final del libro forma

---

264 En Levítico 26 Dios mismo da las bendiciones y maldiciones. Deuteronomio 28 es simplemente su repetición.
265 Un ejemplo es el voto de Ana en 1 S 1:11 de dedicar su hijo a Dios si le concede su petición.

"un balance bonito" con la legislación de los sacrificios voluntarios al principio del libro.[266] Le recuerda al lector que el propósito del libro no es explicar por qué Dios tendrá que maldecir la nación de Israel, sino delinear cómo pueden acercarse y caminar con el Dios santo; el punto es tener un corazón que busca a Dios. El final positivo de Levítico confirma que el deseo de Dios es bendecir la descendencia en la tierra, dándole a su pueblo descanso en el santuario. A pesar de la maldición que cuelga sobre Israel, la liturgia de Levítico prescribe cómo un Israel obediente puede disfrutar una vida edénica en la tierra (26:1–13).

RESUMEN DE LEVÍTICO

Levítico prescribe el sistema litúrgico de Israel. Les provee una manera de acercarse a Jehová y caminar en su presencia. La primera mitad, el Código Sacerdotal, les enseña que acercarse al Dios santo requiere sacrificio, mediación y ritual de limpieza de impureza. La segunda mitad, el Código de Santidad, aplica el principio de santidad a casi cada aspecto de la vida del pueblo. Las pocas historias que hay en el libro acentúan la necesidad de santidad de parte del pueblo para estar en la presencia del Dios santo. Las historias demuestran que la bendición de tener acceso a la presencia de Jehová incrementa la responsabilidad y riesgo de caer bajo su maldición. El Código de Santidad concluye con las bendiciones y maldiciones que experimentará Israel, dependiendo de si obedece a la palabra de Dios o no. El libro concluye con instrucciones para votos, otra forma de promover el andar con el santo Dios de Israel.

BOSQUEJO DE LEVÍTICO

I. Código Sacerdotal: Cómo acercarse al Dios Santo. **1–16**

  A. Acercarse al Dios santo exige sacrificios. **1–7** [*Ritos*]

    1. El adorador trae sacrificios. **1:1–6:7**

    2. Los sacerdotes ofrecen sacrificios. **6:8–7:38**

  B. Acercarse al Dios santo exige mediación. **8–10**   [*Los representantes*]

  C. Acercarse al Dios santo exige quitar la contaminación. **11–16**   [*Pureza* ritual]

    1. En el plato. **11**

    2. En el parto. **12**

    3. En la piel. **13–15**

    4. Purificación anual. **16**

II. Código de Santidad: Cómo caminar con el Dios santo. **17–26**

  A. *Pureza* moral. **18–20**

  B. *Los representantes* en la sociedad. **21–22**

  C. *Ritos*. **23–25**

III. Votos: Caminar con el Dios Santo exige compromiso. **27**

266 Ross, *Holiness to the LORD*, 487.

5

DOS GENERACIONES, FRACASO DE LA PRIMERA Y ESPERANZA PARA LA SEGUNDA UN ESTUDIO DE LA TEOLOGÍA BÍBLICA DE NÚMEROS

TEOLOGÍA BÍBLICA DE NÚMEROS: DOS GENERACIONES

En este punto de tu estudio del Pentateuco, debes ser capaz de orientarte en el contexto de cada libro nuevo. Las siguientes preguntas te ayudarán a orientarte.

1. ¿Cuál es el género principal de Números? _____

2. ¿Cuál es la primera pregunta a considerar en una narrativa? _____

El marco de Números:

1. ¿Dónde está Israel cuando empieza el libro? (1:1) _____

2. ¿A dónde guía la nube a Israel después de Sinaí? (10:11–12) _____

3. ¿Dónde acampa Israel mientras los espías examinan la tierra? (13:26) _____

4. ¿A dónde dice Dios que caerán los cuerpos de los israelitas desobedientes? (14:29) _____
   _____

5. ¿A dónde se encuentra Israel otra vez? (20:1) _____
   _____

6. ¿A dónde llega Israel finalmente? (21:11) _____
   _____

7. ¿Cómo se llama el lugar donde acampa Israel? (25:1) _____

8. ¿Qué otro nombre se le da a este lugar? (25:3) (Pista: Ver 23:28) _____

   (Encuentra este lugar en un mapa bíblico si es posible.)

9. ¿Dónde hace Moisés el segundo censo? (26:63) _____
   _____

10. ¿En qué lado del río Jordán quieren vivir las tribus en el capítulo 32? (32:19) _____

_____

11. ¿Ha cruzado Israel el río Jordán hasta este momento? (32:5, 27) _____

12. ¿Dónde está Israel cuando termina el libro? (36:13) _____

_____

Conclusión:

En Números 1–10:10 Israel está en Sinaí, desde Números 10:11–36 Israel está en el desierto.

Al principio de Números,[267] Israel todavía está acampado en Sinaí[268] haciendo las preparaciones militares finales antes de empezar su viaje a la tierra prometida (1–10). Atraviesan el desierto hasta Cades, la frontera sur de Canaán (13). Israel espera allí mientras los espías investigan Canaán, y después se niegan a entrar en la tierra y son sentenciados a morir en el desierto (14). Entre los capítulos 16 y 19 Israel está vagando en el desierto por casi cuarenta años. En Números 20, Israel vuelve a Cades, a punto de partida. En Números 21:10 llegan a la orilla oriental del Río Jordán cerca de Moab, donde permanecen hasta el final del libro. En Peor (25), todavía en la orilla oriental del Jordán, el pueblo otra vez peca contra Dios. El libro concluye con los "hijos de Israel en los campos de Moab, junto al Jordán, frente a Jericó" (36:13), finalmente listo para cruzar el Jordán y conquistar Canaán. En resumen, el marco de Números es primero Sinaí (1–10) y después el desierto (11–36).

La cronología de Números

Repaso

1. ¿Qué describe el capítulo 1? _____

2. ¿Dónde se hace este censo? (1:1) _____

3. ¿Qué describe el capítulo 26? (26) _____

4. ¿Se hace el segundo censo en el mismo lugar? (26:63) _____

5. Compara la cifra final de los censos en 1:46 y 26:51. ¿Son iguales? _____

6. ¿El censo es igual o diferente? _____

7. De una forma general, Números se puede dividir cronológicamente en la duración de dos generaciones.

   ¿En qué capítulo empieza el relato de cada generación? _____

   _____

Cronología de la sección. Numeros 1–10:11

1. ¿Qué día menciona Moisés? (9:15) _____

Nota: La construcción del tabernáculo es el primer evento cronológico del libro. Capítulos 1–9:14 ocurren después de que el tabernáculo es establecido.

2. Lee Éxodo 40:2, ¿Cuándo se arma el tabernáculo? _____

_____

---

267 Todas las citas de las Escrituras del capítulo 5 son de Números a menos que se indique lo contrario.
268 La narrativa es de Éxodo 19–Números 10.

3. ¿Qué día se va Israel de Sinaí? (10:11-12) _____

_____

4. Si Números 9:15 (establecimiento del tabernáculo) ocurre el primer día del año y Números 10:11 (dejan Sinaí) ocurre el día veinte del segundo mes, ¿cuánto tiempo es cubierto en los capítulos 1–10:11?

_____

_____

5. ¿Es mucha o poca información sobre un mes y medio en la historia de Israel? _____

_____

6. Basado en los comentarios sobre el interés narrativo, ¿qué significa si el autor da mucha información sobre un periodo corto de tiempo? _____

_____

Cronología del tiempo en el desierto.

1. ¿Cuánto tiempo dice Dios que el pueblo vagará en el desierto? (14:33) _____

_____

Números es el registro de dos generaciones sucesivas de israelitas. Empieza con el censo de la primera generación en Sinaí (1) y termina con el censo de la segunda generación en la orilla del Jordán en Moab (26). Ya que los eventos de los capítulos 1–10 no están registrados en orden cronológico, es necesario observar cada referencia al tiempo para poder construir la secuencia de eventos apropiadamente. El levantamiento del tabernáculo en Sinaí que se registra en Números 9:15 realmente es el primer evento que ocurre cronológicamente; los otros eventos que se registran en los capítulos del 1 al 10 ocurren después. Éxodo 40:1 dice que la fecha del levantamiento del tabernáculo es el primer día del mes primero al principio del segundo año después de abandonar Egipto. Números 10:11-12 marca el día exacto cuando Israel se va de Sinaí: el día veinte del segundo mes, al principio del mismo año. Una comparación de estas referencias muestra que Números 1–10 cubre el último mes y veinte días del año que Israel pasó en Sinaí.[269] Estos capítulos registran su preparación final antes de dejar el monte de Dios.

La extensión del viaje de Israel a Cades no se da en Números, pero Deuteronomio 1:2 indica que es un viaje de once días (aunque probablemente Israel tarda más de un mes).[270] Probablemente Israel llega a Cades en el tercer mes del año y acampa allí por lo menos cuarenta días (13:25). En Cades Dios sentencia a Israel a vagar en el desierto durante cuarenta años hasta que la generación incrédula muera (14:33). La única fecha específica en todo ese periodo de cuarenta años es el día de la muerte de Aarón, que ocurre "a los cuarenta años de la salida de los hijos de Israel de la tierra de Egipto, en el mes quinto, en el primero del mes" (33:38).[271] Con la muerte de Aarón (32:13), los cuarenta años de vagar por el desierto están a punto de terminar.

269 Diez capítulos para cubrir menos de dos meses es un alto interés narrativo.
270 El retraso en Números 11 (un mes) y 12 (siete días) se explican más adelante.
271 La muerte de María (20:1) es en el primer mes, pero no se menciona el año. Por el contexto parece que murió cuatro meses antes que su hermano.

Bosquejo de Números.

Haz un bosquejo del libro de Números tomando en cuenta las dos generaciones (1, 26) y los escenarios (Sinaí, 1–10; desierto, 11–36).

Generación	1ª Generación A	1ª Generación B	2ª Generación
Escenario			

Nota: Recuerda que antes de Números, Israel ha estado en Sinaí alrededor de 9 meses (Éxodo). El libro de Números tiene dos partes: capítulos 1–25 tratan de la primera generación y capítulos 26–36 tratan de la segunda generación. La sección de la primera generación (1–25) se subdivide según el tiempo en Sinaí (1–10) y en el desierto (11–25).

2. ¿Por qué piensas que el libro se llama Números? _____

_____

LA GENERACIÓN INCRÉDULA FRACASA EN TOMAR LA TIERRA
CAPÍTULOS 1–25

El libro de Números recibe su nombre del título de la Septuaginta, *Arithmoi.*[272] Moisés y los líderes tienen que hacer mucha aritmética durante los dos censos. Tristemente, cuentan los muertos con más frecuencia que a los vivos.

EL ORDEN DIVINO ESTABLECIDO
NÚMEROS 1–10

Mientras que Éxodo y Levítico tienen un énfasis religioso, Números tiene un enfoque militar. El censo de Números 1, desde el punto de vista de la teología bíblica, es un conteo de la simiente de la mujer, específicamente, de soldados listos para luchar por la tierra prometida. El censo es muy específico; se cuenta a cada hombre de veinte años en adelante que puede ir a la guerra (1:2–3).

LA ORGANIZACIÓN DEL CAMPAMENTO MILITAR TERMINA 1–2

Números 1–2

1. Identifica el género y la edad de las personas que Moisés cuenta. (1:3, 18, 20, 22, 24, 26, 30, 32, 34, 36, 38, 40, 42, 45). _____

_____

2. De los mismo versículos, ¿qué otra frase describe a estos hombre? _____

_____

---

272 Wolf, *Introduction to the Old Testament Pentateuch,* 219.

3. ¿Cuál es el propósito de contar los soldados? _____

_____

4. ¿Cuántos soldados cuentan? (1:46) _____

5. ¿Qué tema de la teología bíblica tiene relación con cuántas personas hay? _____

_____

6. ¿Cómo confirma esta cifra Éxodo 1:7? _____

_____

7. ¿Qué tribu no es contada? (1:47–50) _____

8. ¿Piensas que los levitas serán soldados? _____

9. ¿Cuál es el castigo por entrar ilegítimamente al santuario? (1:51) _____

10. ¿Qué hacen Moisés y Aarón con los soldados que cuentan en el capítulo 1? (2:1–34) _____

_____

11. ¿Cuál es el punto de referencia para ubicar dónde acampa cada uno? (2:2) _____

_____

12. ¿Cuál es el centro del campamento de Israel? (2:2) _____

13. Si los ejércitos antiguos acampaban alrededor de sus reyes, ¿quién es el verdadero rey de Israel? (Observa de quién es la tienda que está en el centro). _____

_____

_____

14. ¿Cuál tribu va delante del ejército de Dios? (2:3) _____

15. ¿Qué tema de la teología bíblica es observado en cómo acampa Israel alrededor de su rey? _____

16. ¿Cuál tribu tiene la promesa del cetro? (Gn 49:10) _____

El gran número de soldados muestra la increíble prosperidad de la simiente; Dios ha cumplido su promesa a Jacob.[273] El pueblo ciertamente se ha fructificado y multiplicado. Sin embargo, los levitas están excluidos de esta cuenta porque su tarea es promover la vida espiritual de la nación (1:47–50). El santuario donde ministran es tan santo que la sentencia de muerte se pronuncia contra cualquiera que se acerca (1:51). El privilegio de ser el agente de Dios también es intrínsecamente peligroso.

En el capítulo 2, se asignan lugares a los soldados y sus familias alrededor del tabernáculo. Los reyes en la antigüedad ponían sus tiendas reales en el centro de sus ejércitos, rodeándose de soldados por todos lados. Israel también tiene una tienda real central, pero dentro no hay ningún rey terrenal. Dios mismo, el verdadero rey de Israel, mora en la tienda real. Moisés, Aarón y los levitas forman una barrera entre el pueblo (los soldados) y Dios, pero Jehová es el verdadero rey de Israel. Judá, la tribu que tiene la promesa del cetro, va delante.

273 En Génesis 46:3 Dios le dice a Jacob: "No temas de descender a Egipto, porque allí yo haré de ti una gran nación".

LA ORGANIZACIÓN DEL CULTO EN EL TABERNÁCULO TERMINA 3–10

Números 3

Contexto: Ahora que los soldados están contados (1) y organizados (2), ¿qué esperarías que hicieran? (Respuestas variadas)
Marchar, luchar, atacar (cualquier cosa similar).

1. ¿En qué tribu se enfoca el capítulo 3? _____

2. ¿Cuál es la tarea de Aarón y de los sacerdotes? (3:7) _____
    _____

3. ¿Quién es contado de la tribu de Leví? (3:15, 22, 28, 34, 39, 40, 43) _____
    _____

4. ¿En qué se diferencia este censo del censo del capítulo 1? _____
    _____

5. ¿Pueden ir a la guerra cada hombre, niño y bebé levita que fue contado? _____

6. ¿Qué dice el autor sobre la familia de Gersón? (3:21–26) _____
    _____

7. ¿Qué dice el autor sobre la familia de Coat? (3:27–32) _____
    _____

8. ¿Qué dice el autor sobre la familia de Merari? (3:33–37) _____
    _____

9. ¿Estos detalles parecen normales o inusuales para un ejército? _____

10. ¿Cuántos levitas hay en total? (3:39) _____

11. ¿Quiénes son contados de las otras tribus (no soldados esta vez)? (3:40–43) _____
    _____

12. ¿Cuántos hay? (3:43) _____

13. ¿Qué dice Dios que hará con la tribu de Leví? (3:44–45) _____
    _____

14. Según Éxodo 13:1, 11–16, ¿por qué pertenecen a Dios todos los primogénitos de Israel? _____
    _____

15. ¿Cuál es la diferencia entre la cantidad de primogénitos (22,273) y la cantidad de levitas (22,000)?
    _____

16. ¿Qué tienen que hacer las otras tribus para compensar la deficiencia de los levitas? (3:46–51)
    _____
    _____

17. ¿A quién le pagan el rescate? (3:46–51) _____

18. ¿Te parece justo? _____

19. ¿Qué está comunicando Dios al hacer que las tribus les paguen a los levitas? _____

_____

20. ¿Qué nación, al igual que los levitas, es escogida especialmente por Dios y tiene privilegios especiales?

_____

¡Compara el tamaño de la tribu de Leví (recordando que contaron bebés y niños) a los hombres contados en el capítulo 1. ¿Qué característica tiene la tribu de Leví? _____

_____

21. Dios escoge la tribu más _____ para ser la tribu sacerdotal especial. Opciones: grande, pequeña.

22. ¿Qué tema de la teología bíblica hace referencia al uso de Dios de cosas pequeñas? _____

_____

Números 4

1. ¿Qué dice el autor en 4:2–20? _____

_____

2. ¿Qué dice el autor en 4:21–28? _____

_____

3. ¿Qué dice el autor en 4:29–33? _____

_____

4. ¿Cuántos años tienen los hombres que fueron contados en 4:3, 23, 30, 35, 39, 43 y 47? _____

_____

5. ¿Cómo describe 4:35 a estos levitas? "_____

_____

6. ¿En qué se diferencia de la cuenta de los soldados? _____

_____

El capítulo 3 no empieza con batallas y acción militar como se esperaría. En vez de eso, se hace un censo de los levitas (3:1–39). Puesto que estos hombres no son guerreros, contarlos y clasificarlos parece superfluo. El motivo se ve cuando Moisés continúa y hace otro censo de los que no son levitas, en esta ocasión de los varones primogénitos "de un mes arriba" (3:40). Dios dice que los primogénitos le pertenecen (3:45), pero que tomará a los levitas como sus sustitutos. Ya que hay 22,273 primogénitos no levitas y solo 22,000 levitas, se compensa la diferencia por el pago de un impuesto que da como resultado una "ofrenda" para los levitas de 1,365 siclos.[274] Dios tiene una demanda especial por los primogénitos que se basa en su compasión hacia ellos en Egipto (Éx 13:1, 11–16). Tomar a los levitas para que sean su tribu especial satisface su demanda.[275] La posición privilegiada de los levitas le demuestra al ejército de Dios que la vida espiritual es más importante que su fuerza militar. Números 4 continúa dando detalles sobre varias tareas de los levitas y subgrupos. En el ejército de Dios es importante

---

274 La deficiencia numérica se ve fácilmente, pero que las tribus tengan que pagar a los Levitas por su propia escasez parece contrario. En el contexto de las preparaciones para la batalla y la exención levítica al servicio, el privilegio de ser escogido especialmente por Dios parece estar a la vista.

275 Anne K. Davis identifica cuatro beneficios de los primogénitos en las culturas antiguas, de los que el segundo es ser "sumo sacerdote de su clan o tribu". Esto encaja exactamente con las sustituciones de Levítico, los primogénitos de las 11 otras tribus ya no serán sacerdotes familiares, sino un levita será su sustituto como sacerdtoe nacional. Ver "Israel's Inheritance: Birthright of the Firstborn Son," *Chafer Theological Seminary Journal* 13:1 (Spring 2008): 83.

qué familia lleva las cortinas (4:25) y qué grupo lleva "las tablas del tabernáculo, sus barras, sus columnas y sus basas" (4:31). Estas preparaciones militares son extremadamente inusuales. Los primeros cuatro capítulos del libro se enfocan más en los levitas que en los soldados, ya que su papel en la vida espiritual de Israel es de mayor importancia para el éxito de su misión que la acción militar de sus soldados. El tema de la teología bíblica de debilidad se ve en el énfasis espiritual en las preparaciones para la guerra de Israel. La victoria no va a depender de su propia fuerza. Dios es el verdadero guerrero y su presencia es la clave para este ejército.

Números 5

1. ¿Los capítulos 5 y 6 hablan más de la vida militar o la espiritual de Israel? _____

2. ¿Qué debe hacerse con cualquier persona impura? (5:1–4)

3. ¿Qué clase de leyes se da en 5:5–10? _____

4. ¿En 5:11–31 se menciona una prueba de qué clase de pecado? _____

Números 6

1. ¿Qué clase de voto se describe en 6:1–21? _____

2. ¿Quién puede ser nazareo? (6:2) _____

3. ¿Cómo se convierte alguien en nazareo? (6:2) _____

4. ¿Cuál es el propósito de convertirse en nazareo? (6:2) _____

5. ¿Cómo muestra el nazareo su separación para Jehová? (6:3–4) _____

6. ¿De qué otra manera muestra el nazareo su distinción? (6:5) _____

7. ¿Durante cuánto tiempo debe el nazareo observar estas restricciones? (6:5–6) _____

8. ¿Qué otra restricción tiene un nazareo? (6:6–8) _____

9. ¿Quién más tiene la misma restricción de no tocar el cuerpo de un familiar muerto (Levítico 22:4)? (6:7–8)

10. ¿Qué parte específica de su cuerpo es sagrada? _____

11. ¿Es esta ley del voto de nazareato inclusiva o exclusiva? _____

12. ¿Es esta ley flexible o rígida? _____

13. ¿A qué persona, o grupo de personas, casi se parece un nazareo durante su voto? _____

_____

14. ¿Sería difícil para un soldado mantener el voto de no tocar un cuerpo muerto? _____

15. ¿Le da a un soldado alguna ventaja militar la abstención de las cosas del capítulo 6? _____

_____

16. ¿Puedes pensar en algún nazareo en la Biblia? _____

_____

17. Si has identificado más de uno, ¿qué tienen en común (además de ser nazareos)? _____

_____

_____

18. Según la bendición sacerdotal, ¿de dónde viene la bendición? (6:22–27) _____

_____

19. ¿Por qué puede esperar bendición Israel? (6:27) _____

_____

20. ¿Qué resulta de la presencia de Dios con su pueblo? (6:26) _____

_____

Los capítulos 5–6 vuelven a tener un enfoque en la vida espiritual de Israel. Cualquiera que esté inmundo es expulsado del campamento militar (5:1–4). Debe preservarse la pureza sexual (5:11–31). En las instrucciones del voto Nazareo, se hace provisión para tiempos especiales de devoción a Jehová (6:1–21).[276] Bajo el voto los no levitas, hombre y mujer, voluntariamente se dedican a sí mismos a Dios por un periodo de tiempo predeterminado, cumpliendo ciertas restricciones que los aparta del resto de la sociedad.[277] Sin embargo, desde un punto de vista militar la ley de voto Nazareo no parece ofrecer ninguna ventaja.[278] Finalmente, la bendición de Aarón para el pueblo (6:22–27) les recuerda que el éxito que ellos, la simiente, desean solo es posible porque tienen el nombre de Jehová. La bendición proviene de la presencia divina con su pueblo. El libro empieza con un tono militar, pero los capítulos 3–6 elevan la importancia espiritual de Israel, preparando al lector para enfocarse en la fidelidad de Israel al pacto más que en su destreza militar. Israel no conquistará por superioridad militar; Dios, el verdadero guerrero, luchará por ellos y tendrán victoria a pesar de su debilidad si permanecen fieles al pacto.

Números 7 y 8

1. ¿Qué tribus traen una ofrenda al tabernáculo? (7:1–88) _____

_____

2. ¿En qué se diferencian las ofrendas? (7:1–88) _____

_____

---

276 La flexibilidad e inclusión, excepto en el sistema levítico, son notables en los votos nazareos.

277 "Tener un estatus santo especial estaba disponible sin reservas para todos los israelitas. Aunque a los no levitas se les prohibía servir en el tabernáculo, no se les excluía de adoptar un grado especial de santidad". T.D. Alexander, *Paradise to the Promised Land*, 239.

278 Para Sansón, el primer nazareo, la presencia divina es la ventaja militar, no el cabello largo. La desobediencia de Sansón resulta en su destrucción, pero el secreto de su fuerza no está en sí mismo sino en su separación (lo que comunicaba su cabello). Su ejemplo resalta el tema de la teología bíblica de debilidad, porque su fuerza no es inherente. Los tres nazareos que encontramos en la Biblia, Sansón, Samuel y Juan son nacidos de mujeres estériles. Samuel, el profeta–juez nazareo, salva a Israel y unge a su rey. Juan, el profeta nazareo que prepara el camino del verdadero rey de Israel, es martirizado, y aun así "entre los que nacen de mujer no se ha levantado otro mayor que Juan el Bautista" (Mt 11:11).

3. ¿Qué indica que Dios acepta las ofrendas? (7:89) _____

_____

4. ¿Qué ceremonia especial es necesaria para los levitas (6)? (8:1–21) _____

_____

5. ¿Qué se le encarga hacer a los levitas (última frase)? (8:11) _____

_____

6. ¿Cuándo se pueden retirar los levitas? (8:23–26) _____

_____

Números 9

1. ¿Qué fiesta celebra Israel (día 14 del mes 1)? (9:1–5) _____

2. ¿Por qué no pueden algunos hombres observar la Pascua ese día? (9:6–8) _____

_____

3. ¿Qué solución da Dios? (9:9–13) _____

_____

4. ¿Qué indica tener dos días para observar la Pascua sobre su importancia? (9:14) _____

_____

_____

5. ¿Quién más puede observar la Pascua? (9:14) _____

6. ¿Qué día menciona 9:15? _____

_____

7. ¿Cuándo fue levantado el tabernáculo (Éxodo 40:2, 17)? _____

_____

8. ¿En qué se enfoca Moisés en Números cuando habla sobre la nube cubriendo el tabernáculo? (9:15–23)

_____

_____

9. ¿Tiene sentido este énfasis a la luz de lo ocurrido en el capítulo 10? _____

_____

Números 10

1. ¿Cuáles son las dos últimas cosas que Israel fabrica antes de irse de Sinaí? (10:1–10) _____

_____

2. ¿Para qué son las trompetas? (10:1–10) _____

_____

3. ¿Qué similitudes hay entre Números 10:10 (la última cosa que se dice en Sinaí) y Génesis 9:16–17?

_____

_____

4. ¿Qué ocurre en el capítulo 10:11–33? _____

_____

5. ¿Qué afirmación triunfante hace Moisés al levantar el campamento? (10:35) "_____

_____

_____"

6. ¿Qué afirmación triunfante hace Moisés al levantar el campamento? (10:36) "_____

_____"

El capítulo 7 describe las ofrendas que cada tribu debe traer para la dedicación del tabernáculo y da el día en que debe ser hecha cada ofrenda. Un detalle cronológico importante es que la ofrenda inicial ocurre en el primer día del segundo año (un año después del éxodo), el día que se levanta el tabernáculo. Cada tribu prepara exactamente la misma ofrenda, pero Moisés cuenta cada una de ellas con detalle. La repetición exacta de la ofrenda de cada tribu enfatiza la generosidad del pueblo y la aceptación de Dios de todo el pueblo en conjunto.[279] El capítulo 8 continúa con el énfasis en la adoración con el ritual de purificación de los levitas y las instrucciones de su jubilación. A diferencia de los soldados, que están en servicio activo por cuarenta años o más, desde los veinte años hasta sesenta por lo menos,[280] los levitas solo sirven desde los veinticinco a los cincuenta años (8:24–25).[281]

El capítulo 9 continúa con el mismo énfasis en la vida espiritual de Israel y da otro punto de referencia cronológico clave. El capítulo describe la primera celebración de la Pascua fuera de Egipto, la cual tiene lugar, como prescribe Éxodo 12:10, "el mes primero, a los catorce días del mes" (9:5). Además de relatar la Pascua, Números 9 relata un problema legal que subraya la importancia de observar la Pascua y, en el contexto de los capítulos 3–10, la importancia de la vida espiritual de Israel. Las nuevas leyes del Sinaí sobre rituales de impureza prohíben que ciertos hombres (9:6) coman la Pascua por manipulación de cadáveres (5:2). Por ley no pueden observar la fiesta anual, la cual se les exige observar (Éx 12:3–11). Dios responde su pregunta sobre qué hacer indicando una segunda fecha (un mes después: el día catorce del segundo mes) para observar la Pascua. Dios incluso extiende la provisión para incluir a cualquiera que no puede conmemorar la Pascua por estar "de viaje lejos" (9:10). La pena de muerte por no observar la Pascua se repite (9:13) y el permiso para participar en la fiesta se extiende a los extranjeros (9:14). La flexibilidad y la inclusión de la Pascua marca su importancia; observar la Pascua es una cuestión de vida o muerte. Esta segunda Pascua también ayuda a explicar el tiempo de la salida de Sinaí como se menciona a continuación.

Números 9:15 menciona otra vez "el día que el tabernáculo fue erigido", repitiendo la narración de Éxodo 40 de la llegada de la presencia divina en forma de fuego y nube. Sin embargo, esta vez el énfasis está en el papel de la presencia divina dirigiendo el camino de Israel a través del desierto. Jehová, el verdadero rey de Israel, da el mandato de marchar o descansar (9:23).

En Números 10 Israel concluye las preparaciones finales antes de salir de Sinaí haciendo dos trompetas de plata para reunir a la nación (10:4, 7), para iniciar la marcha (10:6), o dirigir la batalla (10:9). En días santos mensuales y anuales, las trompetas también sirven para recordarle a Israel la relación especial que tiene con Jehová (10:10); igual que el arcoíris en las nubes (Noé), las trompetas le recuerdan a Dios su pacto con Israel. El relato de Sinaí concluye con la simiente disfrutando la presencia de Dios en el santuario. Tienen una relación de pacto con Dios, el encargo de bendecir a las naciones, la palabra divina para supervisar sus vidas y la promesa de una tierra en la cual morar seguros (descanso). La última frase termina enfáticamente: "Yo Jehová vuestro Dios" (10:10). Los acuerdos hechos en Sinaí han restaurado un eco del Edén; Dios una vez más mora con el hombre e Israel es su nuevo agente.

---

279 Sailhamer, *Pentateuch as Narrative*, 379.

280 Los soldados más viejos del ejército de Josué tendrían sesenta años. Muchos, como Caleb, continuarán luchando mientras puedan "salir a la guerra" (Nm 1:3).

281 Parece que el servicio levítico durante el tiempo de Moisés empezaba a los veinticinco años aunque el censo solo contó a los hombres entre treinta y cincuenta años. Después el servicio empezó a los treinta años.

En la segunda mitad de Números 10 Israel finalmente se va de Sinaí en formación ceremonial. Aunque Israel solo está en Sinaí por un año, su estadía ocupa un porcentaje desproporcionado del Pentateuco. Desde Génesis 1 hasta Números 10, la mitad del texto habla del año en Sinaí. Antes de continuar con la historia de la conquista, uno debe reflexionar en las ventajas de Israel en este punto. En la promesa a Abraham se le garantiza a Israel que volverá a la tierra y la poseerá. Ya ha experimentado el cumplimiento de algunas de las promesas en su liberación de Egipto y la destrucción de sus opresores. Ha visto los milagros de la vara de Moisés volviéndose serpiente, las diez plagas, cómo se ahogó el ejército de Faraón en el Mar Rojo y la provisión de maná y agua en el desierto. Israel ha ganado una victoria militar principal contra Amalec, que era "cabeza de naciones" (Nm 24:20). Ha visto la presencia de Dios estremecer el Monte de Sinaí y ha escuchado la voz de Dios. Ahora tiene la ley de Dios y sacerdotes para preservar su vida espiritual. Tiene el tabernáculo de Dios y su presencia misma para guiarle en su camino. Sabe que su Dios está con él. Esta generación tiene muchas razones para confiar en el Señor.

EL ORDEN DIVINO PROBADO
NÚMEROS 11–25

Los capítulos 11–25 pueden ser divididos de acuerdo a los cambios de marco, usando a Cades como punto de referencia. En Números 11–12 Israel está viajando de Sinaí a Cades. Los capítulos 13–14 narran el fracaso de fe del pueblo en Cades, los capítulos 15–16 relatan su vagar por el desierto, el capítulo 20 cuenta los eventos desastrosos que ocurren cuando está en Cades otra vez, y los capítulos 21–25 concluyen con el viaje de Cades a Moab.

DESDE SINAÍ HASTA CADES 11–12

Rebelión en el Desierto

1. ¿Qué hace Israel en su primera parada? (11:1) _____

2. ¿Qué hace Israel en su segunda parada? (11:4) _____

3. ¿De qué se queja el pueblo en su primera parada? (11:1) _____
   _____

4. ¿De qué se queja el pueblo en su segunda parada? (11:4-6) _____
   _____

5. ¿Cómo juzga Dios la primera queja? (11:2-3) _____

6. ¿Cómo juzga Dios la segunda queja? (11:33) _____

7. ¿Qué nombre se le da a la primera parada? (11:3) _____

8. ¿Qué nombre se le da a la segunda parada? (11:34) _____

   Nota: Tabera significa incendios o fuegos. Kibrot-hataava significa tumbas de los codiciosos.

9. Después de las dos primeras paradas (ardiente fuego y tumbas de codiciosos), ¿cómo parece que está yendo el viaje a la tierra prometida? _____

10. ¿Quién se queja contra Moisés en el capítulo 12? _____

11. ¿Qué recuerdas de María? _____
    _____
    _____
    _____

12. ¿Qué recuerdas sobre Aarón? _____

_____

_____

_____

13. ¿Se defiende Moisés del ataque de Aarón y María? (12:2–4) _____

14. ¿Quién defiende la elección de Moisés como líder? (12:4) _____

15. ¿Cómo juzga Dios a María? (12:10–15) _____

16. ¿Cuánto tiempo está María exiliada del campamento? (12:12–15) _____

_____

El capítulo 11 narra las dos primeras paradas en el corto viaje entre Sinaí y la tierra prometida.[282] La primera parada, Tabera (incendio), su nombre deriva del ardiente juicio que Dios derrama sobre el pueblo quejumbroso. La presencia divina en la columna de fuego, que provee luz y calor por la noche, se convierte en la fuente de un juicio consumidor, y algunos experimentan el ardiente castigo experimentado por primera vez por Nadab y Abiú (Lv 10). En la segunda parada de Israel, Kibrot-hataava (tumbas de los codiciosos), el pueblo es influenciado por una "gente extranjera que se mezcló con ellos" (11:4),[283] quejándose del milagroso maná.[284] Hasta ahora el viaje ha sido desastroso. Después de ver la rebelión del pueblo, Moisés reconoce su incapacidad de dirigir la nación. El líder de Israel cuestiona a Dios (11:11–13) y dice: "No puedo yo solo soportar a todo este pueblo;…si así lo haces tú conmigo, yo te ruego que me des muerte" (11:14–15). El éxito del viaje parece dudoso hasta este punto.

El capítulo 12 relata otra rebelión durante el viaje, esta vez por el nivel más alto de liderazgo, el hermano y la hermana de Moisés. La queja se centra en que la esposa de Moisés no es israelita (12:1). Dios personalmente interviene, hablando directamente con los tres y castigando a María con lepra. Moisés intercede por su hermana rebelde que, aunque se sanó, es echada del campamento por siete días (12:15). En el marco de la teología bíblica, el exilio de María del campamento confirma que el exilio de Israel de Canaán por desobedecer (Lv 26:27–35) no es una amenaza vacía. La rebelión de Aarón y María tiene como resultado otra semana más de retraso en su viaje hacia el norte.

Moisés solo narra tres eventos del viaje de Sinaí a Canaán. El denominador común es rebelión. Israel, el agente de Dios para bendecir a las naciones, ha tenido problemas con la obediencia en su viaje, poniendo en riesgo su misión.[285]

EN CADES 13–14

Rebelión

1. ¿Cuál es el nombre del lugar donde Israel está acampado en el capítulo 13? *(13:26)* _____

_____

_____

---

282 La cronología de esta sección es difícil de reconstruir. Deuteronomio 1:2 dice que es un viaje de "once jornadas" desde Sinaí hasta Cades. La plaga en Números aparentemente duró "un mes entero" (11:20), y el exilio de María duró una semana (12:15). Quizás la figura de "once jornadas" en Deuteronomio 1:2 hace referencia al tiempo que tardaría el viaje bajo circunstancias normales y así resalta el retraso de cuarenta años.

283 En 11:4 la versión King James (KJV, por sus siglas en inglés) dice *multitud mixta.* La continuación del versículo, "los hijos de Israel también", parece apoyar la idea que hace referencia a los nacidos de un solo padre judío, como en el caso del joven blasfemo en Levítico 24:10–12. Las quejas sobre la mujer de Moisés en 12:1 en su contexto corroboran esta posibilidad.

284 *Incendios* y *Tumbas de Codiciosos* son mis traducciones. Stephen Dempster prefiere *Llamarada Ardiente* y *Cementerio* (*Dominion and Dynasty, 111*).

285 Huckaby describe Números como "las dificultades entre Dios e Israel cuando ellos prueban la paciencia de Dios repetidamente mientras Él intenta eliminar la incredulidad entre ellos" en "Spiritual Warefare,"47.

2. ¿Qué hace Israel en Cades? (13:1–25) _____

_____

3. ¿Cuánto tiempo estuvieron reconociendo la tierra? (13:25) _____

_____

4. ¿Cómo describen la tierra los espías? (13:26-27) _____

_____

5. ¿De dónde sacan la frase "fluye leche y miel" (Éxodo 3, 13)? _____

_____

6. El reporte de los espías, ¿confirma o niega la descripción de Dios de la tierra? (13:27) _____

_____

   ¿Cómo desaniman los 10 espías al pueblo para no atacar Canaán? (13:28–33) _____

_____

_____

7. ¿Quién argumenta que si Dios ayuda a Israel, pueden conquistar la tierra? (13:30) _____

8. ¿Creen los israelitas que pueden conquistar la tierra? (14:1–4) _____

9. ¿Por qué quieren escoger un nuevo líder? (14:4) _____

_____

10. ¿Con qué amenaza Dios a Israel? (14:12) _____

_____

11. ¿Qué dos argumentos usa Moisés en su intercesión? (14:13–19) _____

_____

_____

12. ¿Cómo se puede catalogar la frase "ciertamente como yo vivo..."? (14:21) _____

_____

13. ¿Cómo castiga Dios a Israel? (14:20–38) _____

_____

_____

14. ¿Qué le ocurre a los diez espías incrédulos? (14:36–37) _____

_____

   ¿Se somete Israel al castigo? (14:39–45) _____

15. ¿Qué ocurre cuando Israel trata de pelear sin la presencia de Dios (42–45)? *(14:39–45)* _____

_____

16. ¿Dice Dios que nadie entrará a la tierra? (14:31) _____

_____

_____

A pesar de las dificultades en el camino, Israel finalmente llega a Cades, un pueblo pequeño en la frontera sur de Canaán. Por primera vez en más de cuatro siglos la descendencia de Abraham acampa donde él mismo montó su tienda hace tiempo (Gn 20:1). La primera cosa que dicen los espías después de reconocer la tierra (13:27) confirma la descripción que Dios le dio a Moisés (3:8, 17; 13:5; 33:3; Lv 20:24) de una tierra extremadamente próspera. Dios no exageró. Los espías, aunque incrédulos, no niegan la verdad de la palabra de Dios sobre la tierra, pero dudan de la promesa de dársela. A pesar de las palabras de fe de Caleb ("más podremos nosotros que ellos" [13:30]), los espías incrédulos convencen al pueblo sin fe que no pueden poseer la tierra prometida. En la propia frontera de Canaán, la congregación rechaza a su líder y señala a otro que los lleve de regreso a Egipto (14:4). Mientras que Moisés y Aarón oran (14:5), Josué y Caleb razonan con el pueblo (14:6-9). El pueblo planea apedrearlos, igualándose a la simiente de la serpiente en su intento de matar a la simiente que cree. Una vez más la intercesión de Moisés evita que Dios extermine a la nación por su incredulidad, pero Dios jura que nadie de la generación incrédula "entrará en [su] reposo" (Sal 95:11; He 3:7-4:8). Por su desobediencia, pierden la oportunidad de entrar en la tierra que iba a ser su santuario (Éx 15:17), gobernado por Dios mismo (Éx 15:18). Son apartados del nuevo Edén de Dios antes de entrar; fracasan en su misión de gobernar y bendecir a las naciones.

Los diez espías incrédulos mueren inmediatamente por una plaga; el resto de la generación incrédula es sentenciada a morir en el desierto. Israel, al igual que Caín antes que él, se rebela contra el castigo (14:39-45). Una vez más, su desobediencia (al atacar cuando se les dijo que no atacaran [14:42]) tiene como resultado más muertes (14:45). Al llegar a Números 14 las declaraciones triunfales del capítulo 10, "Yo Jehová vuestro Dios" (10:10), "Levántate, oh Jehová, y sean dispersados tus enemigos" (10:35), y "Vuelve, oh Jehová, a los millares de millares de Israel" (10:36) se han convertido en: "El Señor no estará contigo".[286] El incrédulo pueblo de Israel da media vuelta en Cades, las puertas de Canaán. Después de escapar de las plagas de Egipto, provocan su propio juicio por desobedecer (11:33; 14:37; 16:46-50; 25:8-9, 18; 26:1; 31:16).

ENTRE CADES Y CADES 15-19
(LA REBELIÓN NO CONDUCE A NINGUNA PARTE)

Números 15

1. ¿Qué evento menciona Dios en estos dos versículos? (15:2, 28) _____

   _____

2. ¿Por qué parecen inesperadas las leyes sobre "cuando hayáis entrado en la tierra" después de los capítulo

   13 y 14? _____

   _____

   _____

3. ¿Qué dice esto sobre el plan de Dios para Israel y la tierra? _____

   _____

4. ¿Cuál es el castigo para la rebelión intencional? (15:35) _____

   _____

---

286 "La segunda mitad de Números 10 expresa un sentido de confianza en que el Señor llevará a los israelitas a la tierra prometida de Canaán con éxito. Contra esta breve introducción optimista, los eventos de Números 11–25 contrastan notablemente". T. D. Alexander, *From Paradise to the Promised Land*, 242–3.

Dar más leyes en el capítulo 15 parece romper el flujo de la historia. Sin embargo, Dios habla del día cuando Israel haya "entrado en la tierra [que será su] habitación" (15:2). Dempster sugiere que esta "legislación sobre la tierra sugiere optimismo y esperanza después de la ruina de la primera generación".[287] Como en Éxodo 32 y Levítico 17:7, se da más ley después de una rebelión. La diferencia entre infringir la ley voluntaria e involuntariamente se aclara por primera vez. Se ofrece gracia para los que pecan involuntariamente, pero rebelión voluntaria y descarada, llamada pecar con "soberbia" (15:30), será castigada con la muerte como describe la historia subsiguiente (15:32-36).

Números 16

1. ¿Qué hace un grupo de israelitas en este capítulo? (16) _____

2. ¿Quién es el líder de esta rebelión? (16:1, 8, 16) _____

3. ¿Cuántas personas apoyan a Coré en esta rebelión? (16:1-2) _____

4. ¿Qué descripción dan los rebeldes de Egipto? (16:13) _____
_____

5. ¿Quién viene con Coré contra Moisés y Aarón? (16:19) _____
_____

6. ¿Para qué aparece Dios? (16:19-21) _____
_____

7. ¿Cómo juzga Dios a Coré y al grupo rebelde? (16:31-33) _____
_____
_____

8. ¿De qué acusa Israel a Moisés el día siguiente? (16:41) _____
_____

9. ¿Cómo describe Israel a los rebeldes que murieron? (16:41) _____
_____

10. ¿Con qué amenaza Dios? (16:45) _____
_____
_____

11. ¿Cuántas personas mueren? (16:49) _____

12. Resume con tus propias palabras lo que ocurre en los dos días descritos en el capítulo 16.

Números 17-18

1. ¿Cuál es el propósito, según Dios, de hacer que la vara de Aarón florezca? (17:10) _____
_____
_____

2. ¿Qué tiene que ver el capítulo 17 con el capítulo 16? _____
_____
_____

---

287 *Dominion and Dynasty*, 111.

3. ¿Sobre qué les habla el capítulo 18 a los levitas? _____
_____

4. ¿Qué dice el capítulo 18 que tiene que hacer el pueblo? _____
_____

5. ¿Cómo llama Dios a los levitas? (18:6) _____
_____

6. ¿Por qué siguen las leyes del capítulo 18 un orden lógico después de las historias de los capítulos 16 y 17?
_____
_____
_____

7. ¿A quién diezman los levitas? (18:25–30) _____
_____

Números 19

1. ¿De qué habla el capítulo 19? _____
_____

2. ¿Qué provee Dios para su pueblo (rebelde)? _____
_____

En el capítulo 16 tres levitas, Coré, Datán y Abiram y On de la tribu de Rubén (16:1) se juntaron con 250 "príncipes de la congregación" que eran "varones de renombre" (16:2) para oponerse al liderazgo de Moisés. Además Coré junta a "toda la congregación" contra Moisés y Aarón. Al igual que en Cades, Dios aparece en el tabernáculo para juzgar. Moisés intercede (16:2), pero Dios juzga a los rebeldes dramáticamente, llevándolos "con todo lo que tenían…vivos al Seol" (16:33). Increíblemente, al día siguiente la congregación otra vez se une contra Moisés y Aarón diciendo: "Vosotros habéis matado al pueblo de Jehová" (16:42). A pesar de ver a Dios confirmar la autoridad de Moisés y milagrosamente juzgar a los rebeldes, Israel llama a los líderes rebeldes "el pueblo de Dios" y a Moisés asesino. Dios juzga a Israel con otra plaga en la que mueren 14.700 personas. Por tercera vez (14:12; 16:21, 45) en tres capítulos (14–16), Israel evita que la mano de Dios los extermine por la intervención de Moisés (14:13–19; 16:22, 46). La sobrevivencia de la simiente de la mujer está en peligro repetidamente debido a la terca rebelión de Israel.

Los siguientes tres capítulos tienen relación con el oficio sacerdotal y purificación. El milagro de la vara floreciente de Aarón (17) sirve para confirmar la elección de los levitas, callando las incesantes quejas del pueblo.[288] El capítulo 18 describe cómo el pueblo debe mostrar aceptación a la elección divina de los levitas proveyendo para ellos a través de las ofrendas. Estos dos capítulos responden claramente al rechazo del pueblo hacia Moisés y Aarón en Números 16. Números 19 prescribe el ritual de purificación, llamando a la nación, después de su repetida rebelión, a volver a Jehová a través de los mediadores levitas. El Dios que juzga anhela salvar; en las leyes de purificación implícitamente le ofrece a Israel la oportunidad de empezar otra vez.

---

288 Jehová le dice a Moisés que guarde la vara "por señal para los rebeldes, y harás cesar sus quejas de delante de mí, para que no mueran" (17:10).

DE REGRESO A CADES 20:1-13
(LA REBELIÓN NO CONDUJO A NINGUNA PARTE)

Números 20

1. ¿Dónde lleva Dios a Israel en el capítulo 20? (20:1) _____
_____

2. ¿Dónde esta Cades? _____
_____

3. ¿Quién muere en Cades? (20:1) _____

4. ¿Por qué se queja el pueblo en Cades? (20:2-9) _____

5. ¿Obedece Moisés a Dios? (20:10-12) _____

6. Según Dios, ¿qué hace que Moisés desobedezca? (20:12) _____
_____

7. ¿Qué castigo le da Dios a Moisés y a Aarón? (20:12) _____
_____

8. ¿Dónde provocaron Moisés y Aarón este castigo? (20:10-14) _____

9. El capítulo 20:22-29 registra la muerte de Aarón. El capítulo 33:28 da la fecha exacta de su muerte. ¿Cuándo muere Aarón? _____
_____
_____

10. ¿Cuándo pecan Moisés y Aarón en Cades? (Pista: Es poco antes de la muerte de Aarón.) _____
_____
_____

El marco y cronología del capítulo 20 es significativo. El capítulo relata tres historias básicas: la muerte de María (20:1), Moisés y Aarón son sentenciados a morir fuera de Canaán (20:2-13) y la muerte de Aarón en el Monte de Hor (20:14-29).[289] La nación ha regresado a Cades, donde fracasó la generación del éxodo. Quizás la visita es para mostrarles a los miembros de la nueva generación el lugar donde fracasaron sus padres y recordarles la importancia de creer y obedecer. Aquí, a las puertas de Canaán, muere María, la hermana de Moisés.[290] Aquí también, Moisés y Aarón fracasan. Cuando Moisés golpea la roca en vez de hablarle como Dios dijo, la afirmación de Dios hacia Moisés es: "No creísteis en mí". Igual que la nación casi cuarenta años antes, Moisés y Aarón fallan en creer en Cades y son sentenciados a morir fuera de la tierra.

La estadía de Israel en Cades es solo de cuatro meses. Llegan a Cades "en el mes primero" (20:1), y después se van al monte Hor, donde muere Aarón. El capítulo 33 dice que Aarón muere "a los cuarenta años después de la salida de los hijos de Israel de Egipto, en el mes quinto, el primero del mes" (33:38). Por lo tanto, la segunda

---

289 La sección sobre la negativa de Edom de no dejar pasar a Israel explica por qué Aarón muere al norte de Edom, en el monte Hor. También le recuerda al lector las dificultades de Jacob con Esaú, el padre de los edomitas, y anticipa futuros conflictos entre Israel y Edom una vez que estén en Canaán.
290 Ver los comentarios de Alan D. Ingalls sobre María (Miriam) en "Women and the Work of God in the Pentateuch," *Journal of Ministry and Theology* 12:1 (Spring 2008): 50-55.

visita a Cades con la historia del fracaso de Moisés y Aarón y su subsiguiente sentencia de muerte, ocurre durante el último año de los cuarenta que vagaron en el desierto. Es deplorablemente trágico que Moisés, Aarón y María llegan tan cerca de la tierra prometida solo para fallar en Cades como había hecho el pueblo cuarenta años antes. Israel como nación y Moisés como su líder se añaden a la lista de agentes divinos que, al igual que Adán y Noé, al final fallan.

DESPUÉS DE CADES 20:14-15
(ENTRE CADES Y MOAB)

Números 20:14-29

1. ¿Dónde intenta ir Israel después de Cades? (20:14) _____

2. ¿Quién es el padre de los edomitas? _____

3. ¿Te sorprende que los hijos de Esaú se opongan a los hijos de Jacob? (Nota 20:1 "tu hermano") ¿Por qué?
   _____
   _____

4. ¿Cómo se relaciona esta oposición con Génesis 3:15? _____
   _____
   _____

5. ¿La muerte de quién se registra en este pasaje? (20:22-29) _____

6. Localiza el Monte Hor en un mapa. ¿Dónde muere Aarón? (20:22-29) _____
   _____

Números 21

1. ¿Quién sale contra Israel? (21:1) _____

2. ¿Quién gana el conflicto? (21:1-3) _____

3. ¿Cuándo es la última vez que se ha dicho algo positivo sobre Israel en la historia? (Sé general). _____
   _____
   _____

4. ¿Por qué se queja Israel esta vez? (21:4) _____
   _____

5. ¿Cómo juzga Dios a Israel esta vez? (21:4-9) _____
   _____

6. ¿Qué le dice Dios a Moisés que haga para salvar de la muerte a los que son mordidos? (21:8-9)
   _____
   _____
   _____

7. En Juan 3:14-15, ¿cómo dice Jesús que se relaciona con Él la salvación de la serpiente de bronce?
   _____
   _____

8. ¿Cómo ilustra salvar vidas a través de una serpiente en un palo el tema de la teología bíblica de debilidad?

_____

_____

9. ¿Qué género encuentras en el capítulo 21:14–15, 17–18? _____

10. ¿Cuándo fue la última vez que Israel cantó? _____

_____

11. Localiza los amorreos y Basán en un mapa. ¿Dónde está Israel? _____

_____

12. ¿Qué ocurre cuando Sehón, rey de los amorreos, ataca a Israel? (21:21–26) _____

_____

13. ¿Qué hace Israel después de ganar? (21:27–30) _____

14. ¿A quién más derrota Israel? (21:31–35) _____

15. ¿Qué está haciendo Israel por primera vez desde que Jacob fue a Egipto? (21:25, 31, 35) _____

_____

16. Resume: ¿Qué cambios importantes ocurren en el capítulo 21? ¿Cuándo llegan las victorias durante los 40 años de vagar en el desierto? (Ver Capítulo 33:38 y Deuteronomio 2:12–37 si es necesario).

El capítulo 21 marca un punto crucial en la historia. A estas alturas, la mayoría de la generación incrédula ha dejado la escena, y los versículos 1–3 dan el primer reporte positivo de algo que toda la nación hace desde Sinaí. El rey Arad, probablemente sintiéndose amenazado por la aproximación de los israelitas al monte Hor (20:22; 21:4), ataca y captura algunos israelitas.[291] Cuando la nación responde prometiendo destruir las ciudades de Arad, Dios le da la victoria. Igual que con Faraón y Amalec (Éx 17), la oposición de reyes extranjeros no es un obstáculo para el éxito de Israel. El único obstáculo es el propio pecado de Israel, como vemos en la siguiente historia (21:4–9). Dios envía serpientes ardientes para castigar a los que se están quejando, pero en medio del juicio, misericordiosamente provee salvación a todo el que mire con fe a la serpiente de bronce.

Después de su victoria sobre Arad, Israel tiene más éxito militar contra Sehón, rey de los amorreos (21:21–30), y Og, rey de Basán (21:31–35). Números 21 confirma que Israel es parte de la eterna lucha entre las dos simientes. Arad, Sehón y Og se oponen a Israel porque es el agente de Dios para gobernar y bendecir a las naciones; Dios los destruye por su oposición.

La presencia de poesía en el capítulo 21 también es evidencia de un cambio positivo en la historia. Israel canta cuando encuentra agua en el camino (21:14–15; 17–18) y después de su victoria militar (21:27–30). Sus canciones son los primeros poemas desde la bendición aarónica en Sinaí (Nm 6:24–26). Después de cuarenta años de aflicción, Israel canta una vez más (Nm 21).[292]

Números 22–24

1. ¿Quién se opone a Israel en esta historia? (22:2) _____

2. ¿Por qué se siente amenazado Balac por Israel? (22:2–3) _____

_____

---

291 Compáralo con la historia del ataque de Amalec a Israel después que Dios hace salir agua de una roca en Éxodo 17.
292 Israel cantó después de la victoria sobre el ejército de Faraón (Éx 15) y durante la fiesta pagana del becerro de oro (Éx 32:18).

3. ¿Qué hace Balac para oponerse a Israel? (22:4–6) _____

_____

Al leer esta historia, intenta determinar si Balaam es un profeta verdadero o falso.

4. ¿Cuántos capítulos hablan sobre esta nueva amenaza? _____

5. Compara la extensión de esta historia con la extensión de las historias sobre Arad, Sehón y Og. ¿Qué significa que esta historia es mucho más larga? _____

_____

6. ¿Debería el lector sorprenderse de que alguien quiera maldecir a Israel? _____

_____

7. ¿A quién busca Balac para que vaya a maldecir a Israel? (22:5) _____

8. Nota geográfica: Encuentra Moab y Petor en un mapa. ¿Qué distancia tienen que viajar los mensajeros?

_____

_____

9. ¿Qué dice esta distancia sobre lo conocido que era Balaam? _____

_____

10. Cuando los mensajeros de Balac le piden a Balaam que vaya y maldiga a Israel, ¿qué le dice Dios a Balaam que haga (o que no haga)? (22:12) _____

_____

_____

11. En el camino a Moab, ¿quién ve mejor las realidades espirituales, Balaam o su asna? (22:22–35)

_____

_____

12. ¿Qué hace Balaam cuando su burro le hace una pregunta? (22:28–29) _____

Nota: Aquí el autor se está burlando de Balaam al registrar cómo habla con un burro.

13. ¿Qué ve Balaam desde el punto ventajoso donde le lleva Balac? (22:41) _____

_____

14. En su primer poema, ¿con qué compara Balaam a Israel? (23:10) _____

_____

15. ¿Cómo describe Balaam el final de Israel? (23:10) _____

_____

16. ¿Cómo describe Balaam la bendición de Dios sobre Israel? (23:20) _____

_____

17. En su segundo poema, ¿con qué compara Balaam a Israel? (23:22, 24) _____

_____

18. ¿Qué dice Balaam que está sobre Israel? (23:21) _____

_____

19. Según Balaam, ¿es posible derrotar al pueblo de Israel a través de brujería? (23:23) _____

20. En su tercer poema, ¿con qué compara Balaam a Israel? (24:6-7, 8-9) _____

_____

¿Qué comparación hay entre el rey de Israel y el gran rey Agag (de Amalec)? (24:7) _____

_____

_____

21. ¿Dónde has escuchado antes las últimas dos líneas del poema? (24:9) _____

_____

22. ¿Qué hace Balaam cuando Balac le dice que pare? (24:10-14) _____

_____

23. ¿Qué saldrá de Jacob? (24:17) _____

_____

24. ¿Qué le hará el rey de Israel a Moab? (24:17) _____

25. ¿Te parece familiar "herir sus sienes"? _____

_____

26. ¿Quién ejercerá el dominio al final? (24:19) _____

27. ¿Sobre quién se extenderá el dominio de Israel al final? (24:17, 18, 20, 22, 24) _____

_____

_____

28. ¿Qué confirman las profecías de Balaam? _____

_____

Los capítulos 22-24 relatan otro intento de frustrar el plan de redención. Balac, rey de Moab, la nueva encarnación de la simiente de la serpiente, se da cuenta de que los intentos militares de derrotar a Israel son inútiles e intenta derrotar a Israel alquilando un profeta que maldiga al agente de Dios. Esta amenaza va dirigida directamente a la esencia del pacto abrahámico. Dios prometió bendecir a la descendencia de Abraham (Gn 12:2) y hacerla una fuente de bendición para las naciones (Gn 12:3), pero los enemigos de Dios quieren que las naciones sean malditas. Moisés dedica tres capítulos para relatar este evento importante.[293] Balac no es solo otro nombre que se añade a la lista de reyes enemigos de los capítulos anteriores; su oposición es el intento final de Satanás de eliminar la simiente en el desierto.

Las historias de Faraón y Balac funcionan como paréntesis en los extremos de una sección principal del Pentateuco. De la misma manera que Faraón, Balac ve la multiplicación de la simiente (Éx 1:7; Nm 22:5) como una amenza y teme que Israel sea una amenaza militar (Éx 1:10; Nm 22:3). Ambos reyes buscan consejo entre sus líderes (Éx 1:9; Nm 22:4 e intentan reprimir la amenaza que supone Israel (Éx 1:11; Nm 22:5).[294] A pesar de sus intentos frustrados iniciales, ambos gobernadores persisten; sin embargo, al final fracasan y terminan trayendo más bendición para la simiente escogida.

---

293 Alto interés narrativo marca la importancia del evento en la mente del autor.
294 Sailhamer, *The Pentateuch*, 41-44. En esta sección Sailhamer identifica otras conexiones, como el "nacimiento del libertador escogido por Dios" (43) y el "endurecimiento" del corazón de Faraón comparado con la "honra" de Balaam (44).

Moab, el reino de Balac, está al este del Jordán cerca del Mar Muerto. Petor, donde vive Balaam, está "junto al río" (22:5), casi sin duda una referencia al Éufrates. Si Petor es la aldea conocida por los hititias como Pitru, como sugieren muchos eruditos,[295] el viaje desde Moab hasta Petor es de cuatrocientas millas. [296] Esta distancia notable resalta el gran esfuerzo que hace Balac para maldecir a Israel. Los mensajeros tienen que hacer este largo viaje no solo una vez, sino dos veces.

Inicialmente puede no estar claro si Balaam es un profeta verdadero o falso. Por un lado, parece ser como Moisés porque habla directamente con Dios, y Dios le responde. También parece que teme a Dios, diciendo que solo puede hacer lo que Dios le permita hacer (22:8, 18). Balaam tiene "el Espíritu de Dios…sobre él" (24:2), y termina haciendo profecías gloriosas sobre el éxito de Israel (23-24). Por otro lado, Balac sabe que Balaam querrá dinero por sus servicios, así que envía a sus mensajeros reales "con las dádivas de adivinación en su mano" (22:7). Como ilustra la historia posterior de Eliseo y Giezi (2 Ry 5), los verdaderos profetas de Israel no se alquilan. Balaam es llamado para maldecir a Israel y está contento de hacerlo por la recompensa prometida. Cuando los mensajeros vienen la segunda vez, Balaam espera para escuchar a Dios aunque Dios ya le ha revelado su voluntad. Ya que Balaam está resuelto a ir, Dios es condescendiente. Sin embargo, Balaam no va con permiso de cumplir la petición de Balac sino con una advertencia de hablar con cuidado. La historia del burro que habla en el camino a Moab (22:31-35) es extremadamente irónica. Balac manda a buscar a Balaam porque es un profeta conocido internacionalmente.[297] Supuestamente puede interactuar con los dioses, ver el futuro y conocer lo que no se puede conocer. Pero en el viaje, su asna no solo le salva la vida, sino que también demuestra ser más experta en ver lo invisible que un famoso profeta. Dios deja claro que Balaam solo debe decir lo que Él le diga; la propia vida de Balaam depende de su obediencia.

Balaam hace siete profecías. Las cuatro primeras (23:6-10; 18-24; 24:3-9; 15-19) son largas en comparación, mientras que las tres últimas son bastante cortas (24:20-24). Las siete profecías son poéticas; cada una intesifica la bendición sobre Israel. Al principio, Israel es ubicuo como "el polvo", y su fin será glorioso (23:10). En el segundo poema profético Israel, "tiene fuerzas como de búfalo" (23:22) e Israel es como un león (23:24) porque "Jehová su Dios está con él" (23:21).[298] La tercera compara a Israel (que acaba de pasar cuarenta años en el desierto) con un frondoso jardín (24:5-7), como el Edén. Repite la comparación con el búfalo y el león concluyendo con una cita directa del pacto abrahámico: "Benditos los que te bendijeren, y malditos los que te maldijeren" (24:9). Cuando Balac le ordena furioso que se vaya, Balaam en lugar de irse da su profecía final, anunciando que "en los postreros días" (24:14) Israel dominará ("se levantará cetro de Israel") no solo sobre Moab (24:17), el reino de Balac, sino también sobre Edom (24:18) y Amalec (24:20). Con una claridad inequívoca, la profecía final de Balaam conecta a Israel directamente con la simiente victoriosa prometida en Génesis 3:15. Más significativamente, el "cetro de Israel, herirá las sienes de Moab" (24:17). Por lo tanto Balaam confirma que a pesar de su trayectoria de desobediencia y falta de fe, Israel todavía es el agente divino para gobernar a las naciones, y que la bendición de Dios sobre él es irrevocable. Sus gloriosas profecías enfatizan la protección de Dios sobre Israel del intento final de Satanás de derrocar el plan de Dios en el desierto.[299]

Más revelación resuelve cualquier duda sobre el carácter de Balaam. Números 31:8 relata cómo Israel mata a Balaam junto con cinco reyes enemigos que son de Madián. El versículo 16 informa al lector que Balaam es el que les advierte a los moabitas que Israel puede ser seducido a la idolatría en Peor, la historia que sigue a continuación después del intento de Balac de maldecir a Israel. Aparentemente, puesto que no puede conseguir más dinero maldiciendo a Israel, descubre una manera de traer maldición sobre la nación a través de su propio

---

295 Walter C. Kaiser, Jr., "Is it the Case that Christ is the Same Object of Faith in the Old Testament," *JETS* 55:2 (Jun 2012): 296.

296 Ibíd., 297. Según Kaiser, "la reputación de Balaam de ser un profeta de Dios era muy conocida en aquellos días, es por eso que el rey de Moab manda a buscarlo a muchas millas de distancia".

297 Ver Charles H. Savelle, "Canonical and Extracanonical Portraits of Balaam," *BSac* 166:664 (Oct 2009): 387-404.

298 El tema de la presencia divina es claro. El tema del reino se ve en la frase: "Jehová su Dios está con él, y júbilo de rey en él" (23:21). Israel no tiene un rey terrenal, pero es un reino gobernado por Dios. Otra frase interesante del mismo versículo es: "No ha notado iniquidad en Jacob, ni ha visto perversidad en Israel". Dios no está tomando en cuenta la perversidad de Israel en su plan de bendecirlos.

299 La historia de Balaam (22-25) ilustra las dos maneras en que Satanás intenta destruir a Israel a lo largo de su historia, por exterminación (un eco de Caín en Gn 4) o por infiltración (o mezcla, un eco de Gn 6:1-5).

pecado. Además, todas las referencias a Balaam en el Nuevo Testamento son negativas. Pedro le condena por amar "el premio de la maldad" (2 P 2:15)[300] y Judas hace referencia a su codicia, clasificándolo con Caín el asesino y Coré el rebelde. Apocalipsis 2:14 condena su doctrina y el tropiezo que causó a Israel. Balaam es un falso profeta avaricioso que busca la ruina de Israel.

Números 25

Nota: Esta es la última historia de la primera generación. ¿Cómo esperas que termine esta historia?

1. ¿Cuál es el nombre del lugar donde Israel acampa en el capítulo 25? _____

2. ¿Qué pecado comete Israel en Peor? (25:1) _____

3. Según 31:16, ¿quién aconseja a los moabitas que tienten a Israel de esta manera? _____

4. ¿Cómo resume Moisés la fornicación (v.1) y la adoración a Baal (v.2)? (25:3) _____

5. ¿Qué castigo diferente, severo y público manda Dios para los príncipes del pueblo? (25:4) _____

6. Los nombres de los autores del incidente en 25:6–8 aparecen en 25:14–15. ¿Quiénes son el hombre y la mujer que pecan en 25:6–8? _____

7. ¿Qué detalle resalta el descaro de su pecado? (25:6–8) _____

8. ¿Quién mata a la pareja? (25:7–9) _____

9. ¿Cómo termina la última historia de la primera generación? (25:9) _____

La historia final de la generación del éxodo repite un tema trágico, pero esperado: rebelión. La obediencia (aunque reacia) del falso profeta Balaam contrasta con la desobediencia de Israel en el capítulo 25. Donde el ataque externo de Satanás sobre Israel falla (Nm 22–24), su ataque interno (Nm 25) sí tiene éxito. La desobediencia de Israel trae maldición sobre ellos, poniendo en peligro su propia supervivencia.

El pecado real en Números 25, fornicación con las moabitas y adoración a sus dioses, se describe de la forma más br eve posible(25:1–2), aunque la implicación de su pecado es que "acudió el pueblo a Baal-peor" (25:3). El crimen es tan atroz que los jefes de Israel son ahorcados públicamente (25:4), pero la rebelión descarada continúa con el pecado flagrante de Zimri con la princesa de los madianitas (25:15, 18). La plaga que Dios envía como castigo solo se detiene cuando Finees, el hijo del nuevo sumo sacerdote, enfurecido mata a Zimri y la madianita. Por este fervor, Finees recibe la promesa de perpetuidad en el sacerdocio para su familia (25:7–13). La rebelión le cuesta a Israel veinticuatro mil personas (25:9).

---

300 En algunas traducciones (KJV, NVI) Pedro de modo ofensivo lo llama "hijo de Bosor" (hijo de carnalidad) en vez de "hijo de Beor".

En las últimas historias de la generación del éxodo, se repite un patrón importante. El problema no es la oposición externa al plan de Dios (22–24); Dios no tiene problemas para vencer a los enemigos de Israel. El problema interno de los israelitas es mucho más peligroso (25). Nada de lo que han experimentado los israelitas – el éxodo, la presencia divina en Sinaí, recibir la ley, el sistema levítico, la provisión milagrosa de Dios en el desierto – ha cambiado la esencia del corazón del pueblo. Justo antes de contar los soldados en preparación para tomar la tierra (26), los israelitas han contado cadáveres por la plaga (25). Adán y sus hijos fracasan; Noé y sus hijos fracasan; los hijos de Israel también fracasan, como se demuestra en Números 11–25.

ESPERANZA PARA LA SEGUNDA GENERACIÓN
EL ORDEN DIVINO REESTABLECIDO
CAPÍTULOS 26–36

Al leer el resto del libro de Números, observa el tono general. ¿Es positivo o negativo? ¿Está Israel ganando o perdiendo? ¿Cómo se compara esta generación con la anterior?

UN NUEVO COMIENZO

Números 26

1. ¿Cómo se comparan los números de los censos del capítulo 26 a los del capítulo 1? _____

    _____

    ¿Qué resumen se hace de la primera generación? (26:64–65) _____

    _____

El censo de Números 26 implica que hay un nuevo comienzo. Como está próxima la tarea de conquistar Canaán, una vez más los soldados son contados. En la segunda generación se encuentra esperanza para el éxito del plan divino. Pero de la misma manera que el nuevo comienzo de Noé después del diluvio estaba muy lejos de ser ideal, las circunstancias que se registran cuando Israel empieza otra vez muestran duda de su éxito. Primero, se les recuerda la muerte de sus padres rebeldes (26:10). Después, el censo final revela que hay menos personas ahora de las que había en Sinaí (1:46). Durante cuatrocientos años en Egipto la simiente de la mujer se "multiplicó" para que Israel "llenara la tierra". El aumento de la natalidad era tan extraordinario durante la adversidad en Egipto que los escépticos niegan la posibilidad de un crecimiento tan rápido.[301] Ahora la población se está reduciendo. Israel ya no puede "fructificar y multiplicarse" como antes. La tribu de Simeón, en particular, disminuye de 59,300 (1:23) a 22,200 (26:14), una pérdida de 37,100 soldados. Incluso los levitas aumentan solo mil hombres en un periodo de cuarenta años (26:56–62). Finalmente, el versículo 65 recuerda al lector que solo entrarán en la tierra dos hombres de la primera generación.[302]

---

301 Sobre el censo de Números 1, Carl Armerding ("The Atonement Money," *BSac* 115:460 [Oct 1958]: 337), toma los 600,000 como los cien talentos de las ofrendas de Éxodo 28 y los 3.550 como los hombres reales, que también se representan en Éxodo 28 por 1,775 siclos. Por lo tanto, el total de hombres es 3,550, no 603,550 como se indica en 1:46.
302 Dos de los 603,550 soldados originales y 22,000 levitas solo representan un 0.000319 por ciento.

HEROÍNAS QUIEREN TIERRA
NÚMEROS 27

1. ¿Quién quiere asegurar que su padre no pierda su herencia? (27:1–5) _____

_____

2. ¿Aprueba Dios su deseo? (27:7) _____

3. ¿Qué nuevo derecho legal se da a las mujeres de Israel? (27:5–11) _____

_____

_____

4. Cuando Dios le dice a Moisés que va a morir pronto, ¿qué pide Moisés? (27:12–17) _____

_____

_____

5. ¿Qué clase de líder pide Moisés? (27:17) _____

_____

En contraste con el transfondo de estas estadísticas reveladoras, surge un pequeño grupo de heroínas. Cinco jóvenes solteras (Nm 36), todas hijas de Zelofehad, les presentan a Moisés y Eleazar un caso legal inusual.[303] Su difunto padre no tiene un heredero varón (27:3). Estas mujeres, preocupadas que cuando al final se reparta el territorio se pierda la heredad de su padre, piden algo que era imposible en la antigüedad – el derecho legal de heredar la tierra de la misma forma que los hombres. Dios confirma: "Bien dicen las hijas de Zolefehad" (27:7). Es correcto que quieran una parte de la herencia, de la misma manera que es correcto que los israelitas quieran la tierra que Dios les ha prometido. Se dan leyes nuevas para atender las circunstancias (27:8–10).

Cuando Dios le dice a Moisés que se prepare para su muerte (27:12–14), Moisés hace una petición importante. Le pide a Dios que nombre a un líder para Israel para que la congregación de Jehová "no sea como ovejas sin pastor" (27:17). La oración de Moisés es como la de Jesús en Mateo cuando Jesús expresa el mismo deseo para su pueblo "que no tiene pastor" (Mt 9:36). Dios responde la petición de Moisés nombrando a Josué (cuyo nombre es la forma hebrea de Jesús) como pastor de Israel. La tarea inmediata es una larga campaña militar para conquistar una extensa área geográfica, pero Moisés entiende que la verdadera necesidad de Israel es un pastor, no un genio militar.[304] Ha aprendido que la conquista de Canaán es un tema espiritual, no uno militar.

REPASO DEL CALENDARIO Y VOTOS
NÚMEROS 28–30

Números 28–29

1. ¿Qué leyes repasa Dios para la segunda generación de israelitas? _____

_____

2. ¿Con qué frecuencia tiene que ofrecer el pueblo sacrificios a Dios? _____

_____

---

303 Dean R. Ulrich, "The Framing Function of the Narratives about Zelophehad's Daughters," *JETS* 41:4 (Dec 1998): 529–38.
304 El tema de teología bíblica de debilidad es evidente.

3. De las seis fiestas anuales mencionadas, ¿cuál piensas que es la más importante? ¿Por qué? *Tabernáculos*

_____

_____

_____

Números 30

1. ¿Qué leyes se repasan en el capítulo 30? _____

_____

2. ¿En qué se parece esto al final de Levítico? _____

_____

Los capítulos 28–29 repiten las instrucciones del calendario religioso dado en Levítico 23. Aparentemente el sistema anual ha estado suspendido durante los cuarenta años de vagar por el desierto. Ahora que Israel está a punto de entrar en la tierra, necesita un repaso del horario de adoración diario (28:1–8), semanal (28:9–10), mensual (28:11–15) y anual (28:16–29:40). También se repasan las instrucciones de los votos (Nm 30), el tema con el que concluye Levítico (Lv 27).

BOTÍN Y POSESIONES
NÚMEROS 31–32

Números 31

1. ¿Qué nación ataca Israel? _____

2. ¿Cuántos soldados atacan a los madianitas? (31:4–5) _____

3. ¿Quién muere en la batalla? (31:7–8) _____

_____

4. ¿Qué hacen con el botín? (31:9–10) _____

_____

5. ¿Cuántos israelitas mueren en la batalla? (31:49) _____

_____

6. ¿Cómo se divide el botín? (31:25–54) _____

_____

7. ¿Cómo se compara la porción que reciben los soldados a la porción que reciben las otras personas?

_____

_____

¿Qué deseo producirá esto en cada soldado para la próxima batalla? _____

_____

Números 32

1. ¿Dónde quieren establecerse Rubén y Gad? (32:1–5) _____

_____

2. ¿Qué les dice Moisés con insistencia que tienen que hacer? (32:6–15) _____

_____

3. ¿Están dispuesta a ayudar a las otras tribus? (32:16–19) _____

4. ¿Qué hacen antes de cruzar el Jordán? (32:16, 34–42) _____

_____

_____

El capítulo 31 narra un pequeño golpe militar contra Madián. A pesar de atacar con un grupo de hombres relativamente pequeño, solo doce mil (31:4-6), la victoria sobre los cinco reyes (31:8) es absoluta (31:7).[305] A diferencia de la victoria sobre Arad donde todo se destruye (21:1-3), Dios permite quedarse con el botín de los madianitas (31:9). Los madianitas, una amenaza para la supervivencia de la vida espiritual de Israel, son destruidos (31:13-17), pero sus bienes son saqueados y contados (31:21-16). La forma en la que se divide el botín sirve para motivar a Israel para la batalla. El botín se reparte en partes iguales entre los doce mil hombres que lucharon, de los cuales todos sobrevivieron la batalla (31:49), y los hombres de Israel que no lucharon (589,760).[306] Los guerreros reciben una parte desproporcionalmente más grande. Además, el tributo impuesto en la mitad de los soldados es solo uno cada quinientos (31:28), mientras que el tributo impuesto en la mitad de las otras personas es uno cada cincuenta (31:30). Por ejemplo, de las 675,000 ovejas que tomaron, 337,500 van para los soldados y 337,500 para los no-soldados (31:32). Los segundos tienen que dar un tributo de un animal cada cincuenta, o 6,750 ovejas; mientras que los soldados dan uno de cada quinientos, o solo 675 ovejas (31:27). Después de pagar su tributo, los que no son soldados quedan con 330.750 ovejas para repartirse entre ellos.[307] A cada uno le toca como media oveja.[308] Los 12,000 soldados, después de pagar su tributo, quedan con 336,8252 ovejas, o como 28 ovejas por soldado. El impacto que tiene sobre la nación esta forma de dividir el botín es claro. La próxima vez que haya una oportunidad de luchar, todos querrán formar parte del ataque, especialmente si "ninguno [de los soldados] ha faltado" (31:49), como se mencionó arriba. Justo antes de la muerte de Moisés Dios le da a Israel una probadita de la victoria, esta vez despertando su apetito de más acción.

Los capítulos siguientes reportan cómo dos tribus, Rubén y Gad, junto con media tribu de Manasés (32:33), piden y reciben las tierras que se tomaron de Sehón y Og. Sin embargo, se les exige a los soldados de estas tribus que crucen el Jordán y ayuden al resto de la nación en su campaña militar a cambio de la ayuda que ellos han recibido para tener su posesión. En duro contraste con el fracaso de la generación del éxodo, la segunda generación no solo está ganando enfrentamientos militares fácilmente y tomando el botín (31), sino que ya está morando y construyendo ciudades en las áreas conquistadas (32).

---

305 Como se mencionó arriba, se confirma la identidad de Balaam como enemigo de Dios por su presencia con los reyes madianitas, así como por su muerte a manos de Israel (31:8).

306 601,730 (26:51) soldados menos los 12,000 soldados es igual a 589,730 hombres.

307 Aparentemente, los levitas se quedan con las 7,425 ovejas diezmadas (6,750 del pueblo + 675 de los soldados).

308 No se explica cómo se dividieron las 330,750 ovejas entre las 601,730 personas. Dividir la cantidades menores de ganado, burros y personas después de pagar el tributo sería mucho más difícil.

REPASO DEL VIAJE

Números 33

1. ¿De qué hace el recuento Moisés en el capítulo 33? _____

    _____

2. ¿Con qué amenaza Dios a Israel si no echa a los cananitas? (33:56) _____

    _____

    _____

Antes de su muerte, Moisés recapitula brevemente la localización de los campamentos de Israel en el desierto (33). La mayoría de los lugares son imposibles de identificar actualmente.[309] La conclusión de esta sección repite las instrucciones del capítulo 26 para asignar la posesión territorial por sorteo. Exige la destrucción absoluta de todos los objetos de adoración cananitas (33:52) y advierte que fallar en quitar completamente a los cananitas de la tierra resultará en la caída espiritual de Israel (33:55) y la subsiguiente expulsión de la tierra (33:56).

HEREDAD DE LA TIERRA
NÚMEROS 34–36

HEREDAD DE LA TIERRA PARA LAS TRIBUS 34

1. ¿Qué le dice Moisés al pueblo en el capítulo 34? _____

    _____

2. ¿Qué tema de la teología bíblica está bajo discusión? (34:1–15) _____

3. ¿Quiénes están en la lista de esta sección? (34:16–29) _____

    _____

4. ¿Qué tema de la teología bíblica está bajo discusión? (34:16–29) _____

    _____

5. ¿Qué tienen en común el capítulo 34 y el capítulo 35? _____

    _____

HEREDAD DE LA TIERRA PARA LOS LEVITAS 35

1. ¿Cuántas ciudades van a obtener los levitas? (35:6) _____

    _____

2. ¿Cómo se decide cuántas ciudades debe dar cada tribu a los levitas? (35:8) _____

    _____

3. ¿Para qué son las ciudades de refugio? (35:9–33) _____

    _____

---

309 G. I. Davies analiza los "itinerarios en el desierto" con ejemplos de fuentes extra bíblicas en "The Wilderness Itineraries: A Comparative Study," *TynBul* 25:1 (1974): 46–81.

4. ¿Cuál es la pena por el asesinato intencional? (35:30, 33) _____

_____

5. ¿Por qué debe Israel juzgar con la muerte en el caso de asesinato? (35:33–34) _____

_____

_____

6. ¿Por qué no debe ser contaminada la tierra? (35:34) _____

_____

HEREDAD DE LA TIERRA PARA LAS HEROÍNAS 36

1. ¿Con el caso de quiénes termina el libro? (36:1–4) _____

_____

2. ¿Cuál es la preocupación del tío de las damas? (36:1–4) _____

_____

3. ¿Cuál es la solución al problema? (36:5–9) _____

_____

4. ¿Qué hacen las hijas de Zelofehad? (36:10–11) _____

_____

5. ¿Cómo termina el libro de Números? (36:10–11) _____

_____

Los temas de tierra y descendencia, que han dominado todo el libro, son especialmente prominentes en esta conclusión. La primera mitad de Números 34 describe las fronteras de la tierra, y la segunda mitad da una lista de los líderes (el tema de descendencia). Se asigna la tierra para los levitas (35:1–8), con ciudades de refugio especiales como santuarios, o refugios, para cualquiera que mate involuntariamente a otra persona (35:9–34). Una vez más se menciona explícitamente la razón subyacente para la distinción de Israel (35:34). Debe ser un pueblo santo porque la presencia divina mora en medio de ellos. Ahora Dios morará con Israel en Canaán, el nuevo santuario.

El tema de debilidad en la historia final de Números es una conclusión inesperada pero hermosa del libro. Números concluye como termina con frecuencia una buena historia: con una boda. Las hijas de Zelofehad, habiendo ganado el derecho de heredar la tierra, plantean un nuevo problema. Sus tíos, los hermanos de Zelofehad, se dan cuenta de que si las damas se casan con hombres de otras tribus, la tierra que se les asignó al final se perderá de su tribu. La solución es simple; se les exige a las cinco señoritas que se casen con personas de su tribu para evitar que la herencia asignada pase a otra tribu. Números, el libro que empieza con un tono militar, termina con cinco bodas (36:10–12). Las cinco mujeres creyentes de Números 27 son cinco mujeres obedientes en Números 36. Solteras y sin padre, le dan al lector más esperanza para el éxito de la misión de Israel que cualquier otra cosa del libro. En su debilidad, las mujeres reciben su herencia sin luchar. Para conquistar la tierra prometida, Israel no necesita fuerza militar, sino un corazón obediente que cree: un corazón con fe obediente.

RESUMEN DE NÚMEROS

El libro de Números relata las preparaciones militares (1–2) y eclesiásticas (3–10) finales que hace la primera generación de israelitas en Sinaí antes de empezar la marcha hacia Canaán. La historia de su marcha (11–12), su fracaso de no entrar en la tierra (13–14), sus repetidas rebeliones y su muerte final en el desierto (15–19) se culmina con el ejemplo de Moisés mismo, que es condenado a morir fuera de la tierra prometida (20). Sin embargo, a pesar del fracaso de la primera generación, Dios es fiel con su pueblo y preserva la simiente. La primera historia positiva aparece en el último año de la primera generación (21). Cuando Balac, la simiente de la serpiente, busca maldecir a Israel, Dios aumenta su bendición (22–24). En contraste, las historias sobre la segunda generación (26–36) son completamente positivas. Ganan batallas, toman botines (31–32), poseen tierra y empiezan a morar en su herencia (34–36). Las hijas de Zelofehad en particular se distinguen por su deseo de poseer tierra y sirven como respresentantes ejemplares de su generación (27, 36).

BOSQUEJO DE NÚMEROS

I. La Generación incrédula fracasa en tomar la tierra. **1–25**

  A. El orden divino establecido. **1–10**

    1. La organización del campamento militar termina. **1–2**

    2. La organización del culto en el tabernáculo termina. **3–10**

  B. El orden divino probado. **11–25**

    1. Desde Sinaí hasta Cades. **11–12**

    2. En Cades. **13–14**

    3. Entre Cades y Cades. **15–19**

    4. De regreso a Cades. **20:1–13**

    5. Después de Cades. **20:14–15**

II. La 2ª Generación: El orden divino reestablecido. **26–36**

  A. Un nuevo comienzo. **26**

  B. Heroínas quieren tierra. **27**

  C. Repaso del calendario (28–29) y votos (30). **28–30**

  D. Botín y posesiones. **31–32**

  E. Repaso del viaje. **33**

  F. Heredad de la tierra. **34–36**

    1. Heredad de la tierra para las tribus. **34**

    2. Heredad de la tierra para los levitas. **35**

    3. Heredad de la tierra para las heroínas. **36**

6

DEVOCION TOTAL A JEHOVÁ
UN ESTUDIO DE LA TEOLOGÍA BÍBLICA DE DEUTERONOMIO

UNA GUÍA PARA LEER MATERIAL PROFÉTICO

La introducción de Deuteronomio puede parecer un lugar inusual para encontrar una guía para leer profecía, pero esta percepción oculta una cantidad de malentendidos fundamentales sobre la naturaleza de la profecía y el libro mismo de Deuteronomio. Además de ser reconocido ampliamente como un tratado de soberanía, un contrato entre un rey y sus súbditos y una constitución para la nación de Israel, Deuteronomio en realidad es profecía.[310]

Deuteronomio como Género Profético

Moisés era un profeta que "recibió un mensaje de Dios y se lo comunicó a los hombres".[311] En ninguna otra parte se ve su papel profético tan claramente como en Deuteronomio. Casi todo el libro es el registro escrito de los tres sermones finales de Moisés. Una idea errónea común es que la tarea principal de un profeta es anunciar el futuro. Realmente, menos del cinco por ciento de los libros proféticos habla de la era futura del Nuevo Pacto, menos del dos por ciento habla sobre el Mesías venidero y menos del uno por ciento contiene predicciones que todavía deben cumplirse.[312] Estas estadísticas no solo hacen referencia a Moisés, sino también a los profetas posteriores que hacen predicciones gloriosas sobre eventos futuros. La gran mayoría del género profético es predicación, no predicción. Aunque los profetas se dedican a "predicar y predecir",[313] primero son predicadores.

Aunque la mayoría de Deuteronomio[314] es en realidad sermón, el clímax del último sermón de Moisés es una predicción clara sobre el resto de la historia de Israel.[315] En un sentido muy real, toda su predicación (1–29) prepara para su predicción. La predicción que hace de la restauración de Israel (30:2–10) contiene el marco crucial de la teología bíblica para el ministerio de los profetas posteriores. Estos mensajeros subsiguientes se extienden

---

310 Joshua N. Moon explica que "Deuteronomio es en líneas generales un libro de predicación. Esto es cierto si alguien concibe Deuteronomio como una clase de constitución, o una variante de una forma de pacto (o los dos, o ninguna)". "Preaching Deuteronomy as Christian Scripture," *Southeastern Theological Review* 2:1 (Summer 2011): 40. Abajo se puede encontrar una explicación de que es un tratado de soberanía.

311 Esta es la definición de Eugene H. Merrill de נָבִיא en, "Name Terms of the Old Testament Prophet of God." *JETS* 14:4 (Fall 1971): 248.

312 Stuart and Fee, *Lectura Eficaz,* 182.

313 Merrill, "Names and Terms," 244.

314 Todas las referencias bíblicas en este capítulo son de Deuteronomio a menos que se indique lo contrario.

315 Deuteronomio 30:1 resume el tiempo desde Josué a la conquista de Jeremías y la cautividad. Deuteronomio 30:2–10 predice eventos que aunque se presagian en el segundo éxodo (Zorobabel, Esdras y Nehemías), todavía son futuros.

más en el Mesías, el Nuevo Pacto, la exaltación de Israel, la concesión del Espíritu Santo, el día del Señor y el reino milenial.[316] Pero todos estos elementos están presentes de forma trascendental en las predicciones concluyentes de Moisés.[317] Por lo tanto, una interpretación correcta del contenido de la profecía posterior depende de "un profundo entendimiento del pacto moisáico".[318]

Estudio de los Subgéneros Proféticos

Entender los diferentes subgéneros proféticos es el primer paso fundamental para leer profecía correctamente.[319] Los profetas varían sus formas de comunicación según su contexto, personalidad, propósito, limitaciones y la naturaleza de la revelación que Dios les da. Isaías incluye historia (Is 36–39) y salmos (42:1–9; 49:1–6; 50:4–9; 52:13–53:12).[320] Jeremías representa las señales con objetos físicos (Jr 13:1–14; 19; 32). Ezequiel hace dramatizaciones (Ez 4–5, 12), relata visiones (Ez 1, 8–11, 40–48) y habla en parábolas (Ez 17). La vida de la familia de Oseas es una señal (Os 1–3). Habacuc escribe oraciones (Hab 1) y poesía (Hab 1–3). Amós empieza con profecías (Amós 1–2), continúa con sermones (Am 3–6), relata visiones (Am 7–9:11) y termina con promesas (Am 9:11–15). En Deuteronomio Moisés usa los géneros de historia (1–4), ley (5–26) y poesía (32–33). Reconocer qué subgénero usa el profeta para comunicarse con su audiencia es fundamental para entender su mensaje.

Cómo Leer el Género Profético

Identificando la Unidad Literaria

El primer paso para leer profecía es identificar cada unidad literaria.[321] La designación *unidad literaria* hace refencia a un sermón, canción, visión o señal completo (el subgénero). En Deuteronomio, el primer paso es determinar dónde empiezan y terminan los sermones y canciones (géneros de Moisés). Tres pasajes indican claramente el principio del sermón de Moisés (1:3; 4:45; 27:1) y un cuarto (31:1) marca el final del tercer sermón y del sermón final. Estos cuatro pasajes dividen Deuteronomio (1–30) en tres sermones o unidades literarias: capítulos 1–4, 5–26 y 27–30. La sección concluyente (31–34) relata el encargo de Josué (31), dos canciones de Moisés (32–33) y finalmente su muerte (34).

Examinando el Contexto

Una vez que se han identificado correctamente las unidades literarias, debe determinarse el contexto de la profecía. Los elementos del contexto incluyen la audiencia de la revelación, el profeta mismo, el propósito de la revelación y el papel de la unidad literaria específica en su contexto literario.

La Audiencia

La historia, marco geográfico, amenazas políticas actuales y luchas espirituales de la audiencia pueden influenciar en el material profético. La audiencia puede ser una persona específica, como el rey Acaz en Isaías 7:1–11, o un grupo, como en el caso de Deuteronomio. Los sermones finales del Pentateuco son para los israelitas

316 Es difícil decir si Moisés hace alusión o no a la nueva creación.
317 Ver el útil resumen de William D. Barrick en "The Kingdom of God in the Old Testament," *MSJ* 23:2 (Fall 2012): 173–92.
318 J. Carl Laney "The Role of the Prophets in God's Case against Israel," *BSac* 138:552 (Oct 1981): 313. Ver también John A. McLean, "The Prophets as Covenant Enforcers: Illustrated in Zephaniah," *Michigan Theological Journal* 5:1 (Spring 1994): 5–25.
319 La intención de este breve resumen de los subgéneros proféticos es doble: contrastar la franqueza relativa de la predicación de Moisés con la diversidad de los géneros proféticos prosteriores y ayudar a los estudiantes de la Biblia en su lectura más allá del Pentateuco.
320 James R. Edwards, "The Servant of the Lord and the Gospel of Mark," *SBJT* 8:3 (Fall 2004): 43.
321 Stuart y Fee usan el término *oráculo* en lugar de *unidad literaria* en *Lectura Eficaz, 192.*

que han sobrevivido a los cuarenta años en el desierto y que recientemente han experimentado victorias militares sobre naciones poderosas al este del Jordán. Su marco es "la frontera [de Canaán], como si sus pies estuvieran mojados en la orilla del Jordán".[322] Van a cruzar próximamente el Río Jordán, enfrentar más batallas y conquistar sin el hombre que ha sido su líder toda su vida. Los sermones de Moisés deben ser leídos con esa seria realidad en mente.

El Profeta

Al leer profecía, la identidad y papel del profeta deben ser identificadas. En Deuteronomio Moisés ha guiado al pueblo durante cuarenta años. Su liderazgo ha sido cuestionado desde sus primeros días en Egipto (Éx 5:20–21); incluso su hermano y su hermana lo rechazaron una vez (Nm 12). Ha visto fallar al pueblo muchas veces: su idolatría del becerro de oro (Éx 32), sus murmuraciones constantes (Éx 11:24; 6:1–12; Nm 14, 16 y 17) y su arraigada incredulidad (Nm 13–14). Moisés sabe que en su interior, el corazón de Israel es "rebelde y de dura cerviz" (Dt 31:27), y con esto en mente les ruega.

Moisés también es consciente de su muerte inminente y predica sus sermones finales como "un hombre moribundo a hombres moribundos".[323] Moisés menciona su muerte dos veces en su primer sermón (1:37; 3:23–29) y después otra vez al final del libro (31:4). Con pasión pastoral instruye a los que quedarán después de su muerte a ser fieles a su Dios fiel.

El Propósito

Después que se han identificado el profeta y su audiencia, debe ser determinado el propósito de la profecía. Un ejercicio útil para el estudiante de la Biblia es resumir el mensaje de cada unidad literaria. Dependiendo de la extensión de la sección, más de un propósito puede ser evidente. Deuteronomio 1:5 indica que el propósito del sermón de Moisés es "declarar", o exponer, la ley.[324] Pero Deuteronomio es mucho más que una repetición para la segunda generación de los altos estándares de la ley; es una súplica a que Israel responda "al misericordioso llamado y redención de Jehová con total devoción".[325] Sabiendo que la devoción completa será necesaria para el éxito de Israel en su misión, Moisés escribe para "exhortar a la obediencia a la ley de Dios a través de la cual al pueblo se le permitirá permanecer en la tierra prometida".[326]

El Contexto Literario

Con frecuencia una vision, oráculo, sermón o predicción es parte de una sección más grande de subgéneros proféticos similares. Cada mensaje profético específico debe ser examinado a la luz de los mensajes que lo rodean, los cuales el autor está entremezclando.[327] El llevar los tres sermones climáticos de Moisés a su contexto literario revela su función legal. Además de ser pastorales, los sermones en realidad son parte de un documento legal. Son secciones de un pacto, diseñados según los tratados de soberanía comunes de aquellos tiempos, en el cual una vez más Jehová le extiende a Israel el privilegio de ser su pueblo del pacto.[328] La estructura de Deuteronomio corresponde en grandes rasgos a los elementos de los tratados de los antiguos hititas. Empieza con un preámbulo (1:1–5) que identifica a Moisés como el portavoz de Jehová. Continúa con un prólogo histórico (1–4) y después

322 Joshua N. Moon, "Preaching Deuteronomy," *Southeastern Theological Review* 2:1 (Summer 2011): 41.
323 Joshua N. Moon aplica esta famosa frase de Richard Baxter a Moisés en "Preaching Deuteronomy," 40–42.
324 Sailhamer traduce el verbo *exponer*. Continúa: "Deuteronomio es una explicación de la Ley, no simplemente una repetición de ella". *Pentateuch as Narrative*, 423.
325 Ibíd., 45.
326 Andrew M. Davis, "Fathers and Sons in Deuteronomy 6: An Essential Link in Redemptive History," *JBMW* 12:1 (Spring 2007): 26.
327 Este paso toma el análisis de una unidad profética a la sección al nivel del contexto del libro entero.
328 "Deuteronomio es mucho más que el texto formal de un pacto. Por un lado, es mucho más largo que cualquier documento existente de esa clase. Por otro lado, todavía se presenta a sí mismo con una despedida de Moisés, el mediador del pacto, llena de pasajes no legales como itinerarios, parénesis e himnos y otro material poético. En otras palabras, Deuteronomio es de géneros mixtos y variados. Pero todo esto no invalida el entendimiento de que el corazón principal de la composición sea de un pacto en estilo y propósito. Está expresado como un pacto en narrativa y exhortación, y todo constituye una despedida". Eugene H. Merrill, *Deuteronomy* (Nashville: Broadman, 1994), 29.

se definen las estipulaciones del pacto (5–26). Se pronuncia bendición por la obediencia y maldición por la desobediencia (27–28), se citan los testigos (31:16–22) y se hace una provisión para que las generaciones futuras tengan una copia del código del pacto (31:9–13, 24–26).[329]

Examinando el Uso

Al examinar el contexto del mensaje, el estudiante debe observar el uso que el profeta hace de la escritura, sus referencias a la historia de la redención, los problemas que aborda y la respuesta que exige de los oyentes.

El uso de los Profetas de las Escrituras

Ya que los profetas son principalmente predicadores, sus sermones surgen de textos disponibles en su día. Además del cumplimiento de cada predicción (18:22), la prueba fundamental para identificar a un profeta verdadero es si su mensaje se conforma a las revelaciones previas (13:1–3; Is 8:20). Moisés no solo da este estándar; lo demuestra.[330] Igual que los profetas posteriores que en gran parte basan sus sermones en Deuteronomio, Moisés basa sus sermones en revelaciones previas. Por ejemplo, las promesas patriarcales que cita en cada sermón (1:8; 6:10; 29:13; 30:20) forman "la base para la circuncisión del corazón, como se sugiere por alusión a los padres (30:5, 9), el rito mismo de la circuncisión, la promesa de la tierra y engrandecimiento, así como el contexto de la referencia a la circuncisión en 10:15–16".[331] Su segundo sermón, una exposición de la ley, está basado directamente en las escrituras escritas (Éx–Lv). Las bendiciones y maldiciones de su sermón final (28) tienen su fuente en Levítico 26–27.[332]

Además de proclamar revelación previa, los profetas también añaden nuevo contenido a la revelación sobre eventos futuros. La exposición de la ley de Moisés (5–26) añade a la revelación de Dios sobre el futuro de Israel. En la conclusión de su sermón, Moisés predice el exilio y regreso de Israel, anticipando el día en que Dios obrará en el corazón de Israel haciendo que le amen verdaderamente. Los tres discursos, especialmente las estipulaciones que contienen, deben ser leídos en términos de la conclusión a la cual se dirige a través de los sermones.

El Uso de los Profetas de la Historia de la Redención

En sus argumentos sermónicos, los profetas con frecuencia hacen referencia a las promesas hechas a los patriarcas y la salvación del éxodo. Moisés empieza sus primeros sermones describiendo la desobediencia y falta de fe de la primera generación (1) y las victorias iniciales de la segunda generación (2:16–3:22). Le recuerda a Israel su propio fracaso al no entrar en la tierra (3:23–29) y les exhorta a responder con fe obediente y a adorar solo a Jehová (4). Moisés, igual que los profetas después de él, confronta a Israel con sus fracasos mientras enfatiza la fidelidad de Jehová. Le recuerda a Israel que su experiencia confirma la verdad de que la desobediencia tiene como resultado el juicio, y la obediencia trae bendición. El descanso de Israel y el éxito como agente de Dios para bendecir a las naciones depende de que crean su palabra y vivan bajo sus normas. Un Israel infiel será juzgado, pero el fiel Jehová preservará un remanente para poder cumplir el propósito para el cual escogió a la nación. Casi cada profeta subsiguiente sigue el ejemplo de Moisés de argumentar desde la historia de la redención.[333]

---

329 Herbert Wolf observa que los tratados hititas tienen el orden contrario de las bendiciones y maldiciones en *An Introduction to the Old Testament Pentateuch*, 251–5.

330 Paul A. Barker, "Faithless Israel, Faithful Yahweh in Deuteronomy," *TynBul* 47:1 (1996): 174.

331 John C. Peckham observa la aplicabilidad de esta regla en el tema de la canonicidad en "The Canon and Biblical Authority: A Critical Comparison of Two Models of Canonicity," *TJ* 28:2 (Fall 2007): 243.

332 En Levítico, Dios mismo habla de bendiciones y maldiciones. En Deuteronomio 28 Moisés toma la palabra de Dios e insiste en su verdad y relevancia. Las palabras de Moisés en Deuteronomio están basadas en las palabras de Dios en Levítico.

333 Laney, "Role of the Prophets," 319.

El Profeta Aborda Problemas

La mayoría de los sermones abordan uno o más problemas de la vida de Israel. El profeta condena pecados específicos, apelando normalmente a la historia (como arriba) para demostrar la persistencia del problema. El tema principal que aborda Moisés es la repetida desobediencia incrédula a pesar de la fidelidad de Dios. Para expresar su argumento cuenta la historia de los fracasos de la primera generación (1–3). La fidelidad de Dios (1–3) debe ser la motivación de Israel para responder con obediencia que demuestra fe (30:2–10). Sin embargo, la esperanza del éxito de Israel en la tierra "está moderado por un conocimiento de la tendencia de Israel a fallar".[334]

Los Profetas Dan Advertencias y Hacen Promesas

Los profetas normalmente amenazan con ciertos castigos si Israel persiste en su pecado, y ofrecen promesas si se arrepienten. A veces, como en el caso de Jeremías y Ezequiel, la amenaza es inmediata (Jr 21:7) y la sentencia del castigo divino es irrevocable (Ez 14:13–14). Pero casi siempre el anuncio del juicio implica una oportunidad de arrepentirse y recibir el perdón.[335] Las advertencias y promesas de los profetas posteriores son un eco y se basan en las palabras de Moisés en Deuteronomio 28; solo son "ejecutores del pacto".[336]

El Profeta Exige una Respuesta

Los profetas llaman a Israel a dar una respuesta específica. Al analizar material profético, el estudiante de la Biblia debe identificar lo que el profeta está exigiendo del pueblo. En el caso de Moisés, la respuesta que desea es clara: exhorta a Israel, "para que entres en el pacto de Jehová tu Dios, y en su juramento, que Jehová tu Dios concierta hoy contigo" (29:12). Moisés quiere que Israel responda renovando el pacto. Conociendo su tendencia a desobedecer, mira al futuro más allá de la cautividad de Israel al día cuando Jehová "hará volver…, tendrá misericordia…, volverá a recoger" a Israel para sí mismo (30:3). Moisés le promete a la nación que en el futuro, "circuncidará Jehová tu Dios tu corazón…para que ames a Jehová tu Dios con todo tu corazón y con toda tu alma, a fin de que vivas" (30:6). Israel debe vivir bajo las estipulaciones del pacto sabiendo que, a pesar de su infidelidad, Jehová será fiel a las promesas hechas a los patriarcas. Su esperanza de sobrevivir y su motivación a obedecer están fundadas en la fidelidad de Dios.

Aplicación

Los principios de aplicación explicados en la introducción a Éxodo y Levítico no se repiten aquí. Para hacer una aplicación personal de los sermones de Moisés, la regla básica es identificar puntos de similitud entre la audiencia original y el lector moderno y después aplicar las verdades inmutables expresadas según las circunstancias actuales. Por ejemplo, las exhortación de Moisés a Israel de entrar en un pacto con Dios (29:12) le enseña al lector que Jehová desea una relación con el hombre pecador. Éxodo muestra que Dios se regocija en salvar, pero el hombre, a causa de su rebelión (Nm), necesita un sacrificio inocente y un mediador santo (Lv) para disfrutar de una relación con Él. En lugar de intentar vivir bajo el pacto mosaico (5–26), el creyente debe entender la importancia de la circuncisión del corazón a la que hace referencia Moisés (30:6; Jr 4:4), sabiendo que ahora existe un Nuevo Pacto (Jr 31:33; 2 Cor 3). Debe entrar en un pacto con Dios a través del sacrificio y mediación de Cristo. La obediencia que exige el Pacto Antiguo es paralela a la obediencia motivada por la gracia que demandan Cristo y los Apóstoles.

334 Barker, "Faithless Israel, Faithful Yahweh," 172.
335 Jonás afirma específicamente su entendimiento de este principio (Jon 4:2), y su mensaje de destrucción por el pecado implica misericordia por parte del Dios que envía el mensaje.
336 John A. McLean, "The Prophets as Covenant Enforcers," 5–25.

INTRODUCCIÓN

No olvides orientarte al empezar un libro nuevo. Hojear el libro de Deuteronomio y responder las siguientes preguntas te ayudará a hacerlo.

1. ¿Cuál es el género principal del libro de Deuteronomio? _____

_____

El marco de Deuteronomio:

1. ¿Dónde está Israel cuando empieza el libro? (1:1) _____

2. ¿Dónde está Israel cuando el libro termina? (34:8) _____

3. ¿Ha cruzado Israel el Río Jordán hasta este momento? _____

4. ¿Deuteronomio 1:3; 4:45 y 27:1 indican el principio de qué? _____

_____

5. Observa Deuteronomio 31:7–29. ¿Está predicando Moisés en este momento? _____

6. ¿Que género usa Moisés en Deuteronomio 32 y 33? _____

7. ¿Qué registra Deuteronomio 34? _____

_____

Conclusión: En Deuteronomio, Israel está (dónde) _____ (cuándo)

justo antes de _____.

Bosquejo de Deuteronomio

1. Intenta bosquejar el libro de Deuteronomio tomando en cuenta el contenido y género. Observa los tres sermones de Moisés y los cuatro capítulos conclusivos.

	Contenido	Género
1–4		
5–26		
27–30		
31		
32		
33		
34		

PRIMER SERMÓN:
HISTORIA DE LA FIDELIDAD DE DIOS HACIA UN ISRAEL INFIEL
CAPÍTULOS 1–4,

Deuteronomio 1

1. ¿Qué punto de inicio y parada da Moisés en este versículo? (1:2) _____

2. ¿En la frontera de qué lugar está Cades? _____

3. ¿Cuánto tiempo debería tardar ese viaje? (1:2) _____

4. ¿Cuánto tiempo tarda el viaje? (1:3) _____

5. ¿De qué fracaso le recuerda Moisés al lector en la introducción del primer sermón? (1:2–3) _____

6. ¿Qué va a explicar (o exponer) Moisés? (1:5) _____

7. ¿Qué temas de la teología bíblica predominan? (1:6–8) _____

8. ¿Qué temas de la teología bíblica se encuentran en 1:11? _____

9. ¿Qué evento recuerda Moisés? (1:19–33) _____

10. ¿Qué palabra usa Moisés para describir la acción de Israel en el Sinaí? (1:26) _____

11. Según Moisés, ¿por qué se rebela Israel en Cades? (1:32) _____

12. ¿Qué tema de la teología bíblica se encuentra en este versículo? (1:33) _____

13. ¿Por qué es Israel derrotado en la batalla? (1:42) _____

Deuteronomio 2–3

1. ¿Por qué no debe Israel atacar a Edom? (2:5) _____

2. ¿Qué tema de la teología bíblica se refleja? _____

3. ¿Qué ha hecho Dios por Israel en el desierto? (2:7) _____

4.   ¿Por qué no debe Israel atacar a Moab? (2:9) _____

_____

5.   ¿Cuánto tiempo ha pasado hasta este momento en la recapitulación de la historia de Israel? (2:14)

_____

6.   ¿Por qué no debe Israel atacar a Amón? (2:19) _____

_____

7.   ¿Qué empieza con la batalla contra Sehón? (2:31, 33–34) _____

_____

8.   ¿Qué no ataca Israel? (2:37b) _____

9.   ¿Qué ocurre cuando Israel ataca Basán? (3:4–5, 8) _____

10. ¿Qué tribus ya habitan la tierra que se ha tomado de los amonitas? (3:12–16) _____

_____

_____

11. ¿Quién le da a Israel la tierra? (3:18) *J*_____

12. ¿A quién se le prohibe entrar en la tierra? (3:23–28) _____

13. ¿Qué tema de la teología bíblica domina los capítulos 1–3? _____

14. ¿Qué usa Moisés (capítulos 1–3) como base para la exhortación al pueblo? _____

_____

Deuteronomio 4

1.   ¿Qué debe hacer Israel según Moisés? (4:1) _____

2.   ¿Por qué hace Moisés este llamamiento? (4:1) _____

_____

3.   ¿Quiénes se maravillarán de la sabiduría de Israel si guarda la ley? (4:6–8) _____

_____

4.   ¿De qué advierte Moisés a Israel? (4:15–19) _____

_____

5.   ¿Qué frase usa Moisés para describir la nación de Israel? (4:20) _____

_____

6.   ¿El ejemplo de quién muestra la importancia de la fe obediente? (4:22) ___

_____

7.   ¿Qué amenaza cuelga sobre Israel si desobedece? (4:27) _____

8.   ¿En qué se parece esto al castigo de Adán? _____

_____

9. ¿Cuándo anticipa Moisés que Israel va a volverse a Dios? (4:30) _____

    _____

10. ¿Cuál es la base de la esperanza de Israel? (4:31) _____

    _____

11. ¿Qué enfatiza Moisés sobre Dios? (4:32–39) _____

    _____

12. ¿Cuáles dos (o más) temas de la teología bíblica se encuentran en el último versículo del primer sermón de

    Moisés? (4:40) _____

    _____

13. ¿En qué género está este párrafo? (4:41–43) _____

14. ¿Qué está introduciendo este párrafo? (4:44–49) _____

    _____

El primer párrafo del libro establece el marco y la cronología del primer sermón de Moisés (1:1–5). El lector es confrontado por el hecho de que aunque solo es un viaje de once días desde Sinaí (llamado Monte Horeb) a Cades, Israel tarda cuarenta años en llegar a la frontera de Canaán (1:2–3). Los fallos de Israel en el desierto es un tema principal en el primer sermón de Moisés.

Numerosos temas de la teología bíblica surgen al principio del sermón de Moisés. Él menciona la palabra divina (1:6), la tierra (1:6–8) y las conexiones de la descendencia (1:8) con la tierra prometida. Cita la multiplicación de la descendencia como una prueba clara de que la buena palabra de Dios se cumple (1:10). El tema de la bendición de la descendencia está explícito (1:11). La descripción de Moisés de los líderes adicionales recuerda lo numerosa que se ha vuelto la descendencia (1:9–18).

El recuento de Moisés del fracaso anterior en Cades también enfatiza el tema de la tierra; cuarenta años después Israel está otra vez a punto de entrar y tomar posesión de la tierra. Moisés traza su rebelión (1:26) hasta el tema central de la incredulidad (1:32) y le recuerda a la segunda generación las mortales consecuencias de la falta de fe (1:34–46). Recapitula la estadía de Israel en Cades (1:46) y resume en pocas palabras los 40 años en el desierto con la frase "muchos días" (2:1). Aparentemente reacio a hablar de esos años otra vez, en lugar de eso le dice a Israel el mandamiento de Dios de no tomar posesión de Edom (2:4–8), de Moab (2:9–15) y de Amón (2:16–23). Sin embargo, se le dan a Israel los territorios de Hesbón (2:24–25), Sehón (2:26–37) y Og (3:1–22) para que los posea. Estos detalles del plan de Dios sobre los diferentes territorios afirman el derecho de Jehová sobre las naciones, no solo sobre Israel. Toda la tierra está bajo su dominio; tiene el derecho de dar posesión a quien Él quiera. El tema del reino domina Deuteronomio 2–3. La sección concluye climáticamente con la promesa de que Jehová estará con Israel, no solo como su rey, sino también como su soldado victorioso (3:22).

Antes de llamar al pueblo de Israel a responder con obediencia que demuestra fe (4:5), Moisés les recuerda otra vez su propio ejemplo de fracaso y castigo (3:23–29). Nadie es la excepción a la regla; desobediencia incurre en muerte y expulsión de la tierra (4:3–4).

El tema de la debilidad está explícito en el capítulo 4. Moisés insiste en que el éxito de Israel no vendrá a través de la fuerza militar sino a través de su obediencia al Señor. Esto será su "sabiduría y [su] inteligencia ante los ojos de los pueblos" (4:6). Ninguna otra nación tiene "dioses tan cercanos a ellos como lo está Jehová nuestro Dios" (4:7), y la relación de Israel con ellos es la clave de su éxito. Mantener esta relación crucial exige diligencia personal y la comunicación de las leyes de Dios a las siguientes generaciones (4:9–14). De hecho, el propósito del siguiente sermón de Moisés es comunicar las leyes de Dios a la siguiente generación. Moisés les da otra razón para que Israel obedezca la ley de Dios: la singularidad de Jehová. Él es "Dios arriba en el cielo y abajo en la tierra, no hay otro". Él ha salvado a Israel de una manera que ningún otro dios lo ha hecho (4:32–39) e Israel debe responder a su bondad con obediencia que demuestra fe (4:40).

Al igual que los antiguos tratados hititas, el primer sermón del libro recapitula la historia de los vasallos (Israel) y del rey con quien entran en pacto (Jehová). El prólogo histórico (1–4) demuestra por qué los vasallos están obligados a aceptar las estipulaciones del pacto.

Deuteronomio 4:41–49: Inserción Narrativa

Entre el primer y el segundo sermón, Moisés vuelve a contar la designación de las ciudades de refugio (4:41–43). Las instrucciones originales para las ciudades de refugio están dadas al final de Números donde Dios dice que son necesarias para que Israel "no contamine, pues, la tierra" donde Él mora "en medio de los hijos de Israel" (Nm 35:34). Aparentemente, las ciudades son escogidas a continuación del primer sermón, mostrando una aplicación de su mensaje que la presencia de Dios es esencial para el éxito de la nación.

SEGUNDO SERMÓN
LAS ESTIPULACIONES DEL PACTO
CAPÍTULOS 5–28

LA ESENCIA DEL PACTO
DEUTERONOMIO 5–11

En la primera mitad (5–11) de este segundo sermón, busca la idea principal. En la segunda mitad del sermón, Moisés especifica los detalles de la ley, pero no al principio. Hay un tema central que domina esta primera mitad. A ver si puedes decir cuál es. *Respuesta: Amor a Dios.*

Deuteronomio 5–6

1. Cuando Moisés predica este sermón, ¿cuántos años (al menos) tienen las personas que recuerdan Sinaí?

   _____

   _____

2. ¿Cómo se llama esta sección? (5:6–21) _____

3. ¿Qué está explicando Moisés? (5:1) _____

4. ¿Es esta sección ley? (5:22–30) _____

5. ¿En qué género está esta sección? (5:22–30) _____

6. ¿Qué hace Moisés en este párrafo? (5:31–33) _____

   _____

7. Moisés da una información al lector que no dio en Éxodo 20. ¿Qué información nueva ves? (5:29)

   _____

   _____

8. ¿Qué dice eso sobre lo que Dios quiere hacer por Israel? (5:29) _____

_____

9. ¿Qué implica esto sobre lo que Dios sabe que Israel hará? (5:29) _____

_____

10. ¿Para qué preparan al lector las siguientes frases? (5:31–6:4a) _____

_____

_____

_____

_____

_____

_____

11. ¿Cuál es el mandamiento? (6:5) _____

12. ¿Cómo puedes resumir los mandamientos brevemente? (6:5) _____

13. ¿Hasta qué punto debe amar Israel a Dios? (6:5) _____

_____

14. ¿Qué factor probablemente hará que Israel deje de amar, temer y servir a Dios? (6:10–12) _____

_____

15. ¿Qué ocurrirá si Israel se va tras otros dioses? (6:15) _____

_____

16. ¿Qué ocurrirá si Israel sirve solo a Dios? (6:18) _____

_____

17. ¿Qué temas de la teología bíblica se reflejan en estas dos opciones? _____

_____

Deuteronomio 7–8

1. ¿Por qué se le manda a Israel que no se mezcle con los cananitas? (7:4) _____

_____

2. ¿Qué es Israel? (7:6) _____

_____

3. ¿Cuál no es la razón por la que Dios escogió a Israel? (7:7) _____

_____

4. ¿Cuál es la razón por la que Dios escogió a Israel? (7:8) _____

_____

5. ¿Qué le ocurrirá a Israel si viola el pacto? (7:10) _____

_____

6. ¿Qué hará Dios por Israel si guarda el pacto? (7:12–16) _____

_____

7. ¿Qué tema de la teología bíblica se encuentra en 7:24? _____

_____

8. ¿Qué dos temas de la teología bíblica se encuentran en 8:1? _____

_____

9. ¿Por qué hizo Dios que Israel pasara hambre? (8:3) _____

_____

_____

10. ¿Qué comparación usa Dios para describir el trato de disciplina hacia Israel? (8:5) ____

_____

11. ¿A qué suena la descripción de la tierra? (8:7–10) _____

_____

12. ¿Qué palabra se repite tres veces en este versículo? (8:13) _____

_____

13. ¿Cuáles dos cosas dice Dios que hará por Israel en la tierra? (8:13) _____

_____

Deuteronomio 9–10

1. ¿Quién debe llevarse el crédito por el éxito militar de Israel? (9:1–3) _____

2. ¿Qué estará tentado a pensar Israel después que Dios expulse a los cananitas? (9:4–5) ___

_____

3. ¿Qué dos razones da Dios para expulsar a los cananitas? (9:5) _____

_____

4. ¿Cómo es Israel (no moralmente superior a los cananitas, v.4)? (9:7–27) _____

_____

5. ¿Por qué no destruye Dios a Israel (como hace con los cananitas)? (9:28–29) _____

_____

6. ¿Qué le da Dios a su pueblo? (10:1–5) _____

7. ¿Qué exige Dios de su pueblo? (10:12–13) _____

_____

8. ¿Cuál es otra manera de expresar la idea de "amar a Dios completamente"? (10:16) _____

_____

9. ¿A quién ama Dios aparte de a Israel? (10:18) _____

_____

10. ¿A quién debe amar Israel? (10:19) _____

11. ¿Qué tema principal de la teología bíblica se encuentra en 10:22? _____

Deuteronomio 11

1. Resume la respuesta que Dios quiere en una palabra. (11:1) _____

2. ¿Qué confirma la propia historia de Israel? (11:2-7) _____

_____

3. ¿Qué temas principales de la teología bíblica enfatiza Moisés? (11:8-12) _____

_____

4. ¿Qué debe hacer Israel por mandato de Moisés? (11:13) _____

5. ¿Qué hará Dios si Israel lo ama? (11:14-15, 18-25) _____

6. ¿Qué hará Dios si Israel sirve a otros dioses? (11:16-17) _____

_____

_____

7. ¿Qué tema principal de la teología bíblica está ante Israel como una opción? (11:26-28) _____

_____

8. ¿A qué ceremonia hace referencia Moisés? (11:29-30) _____

_____

9. Hasta este momento (5-11), Moisés se ha enfocado básicamente en una idea central. ¿Qué debe hacer Israel?

_____

_____

10. A partir de los capítulos 12-26 Moisés repasará más leyes específicas, pero ¿qué enfatiza en la primera mitad

de su sermón (antes de detallar las leyes)? _____

_____

El marco del segundo sermón es idéntico al primero (4:44-48). El objetivo de la teología bíblica de ver cómo los pasajes individuales encajan a veces requiere leer secciones completas. Este es el caso de Deuteronomio 5-26. Mientras el estudiante de la Biblia lee la primera mitad de este largo sermón (5-11), debe indentificar el tono general y énfasis del mensaje de Moisés sobre la ley.

Moisés empieza relatando cómo Jehová le dio a Israel el Decálogo en Horeb (Sinaí), repitiendo completamente los mandamientos de Éxodo 20 (5:1-21).[337] Toda la audiencia excepto Josué y Caleb tiene menos de sesenta años.

---

337 Justin M. Fuhman hace una comparación útil de los Diez Mandamientos con las leyes de los capítulos 6–8 en "Deuteronomy 6–8 and the History of Interpretation: An Exposition on the first two commandments," *JETS* 53:1 (Mar 2010): 54–62.

Dos tercios de su audiencia, los que tienen menos de cuarenta, nacieron después de Sinaí y no recuerdan la primera vez que recibieron la ley en Sinaí. Por lo tanto Moisés ve la necesidad de repasar los preceptos básicos del pacto.

En el segundo sermón, Moisés empieza a exponer la ley (1–5). Primero hace un llamado apasionado al corazón de Israel. Resume lo que ocurrió en Sinaí y cómo el pueblo le pidió que fuera su intermediario (5:23–27). Dios aprueba su petición, añadiendo: "Quién diera que tuviesen tal corazón, que me temiesen y guardasen todos los días todos mis mandamientos, para que a ellos y a sus hijos les fuese bien para siempre" (5:29). El detalle sobre el deseo de Dios para Israel es algo nuevo para el lector del Pentateuco ya que Moisés no registró esto en Éxodo 20. En Deuteronomio 5–6 Moisés enfatiza el asunto del corazón. Insta a Israel ("estos, pues, son los mandamientos… oye, pues, oh Israel…cuida de ponerlos por obra…yo te mando hoy" [6:1, 3, 4, 6]). Todas las leyes de Éxodo 20 a Deuteronomio 5 se resumen en una palabra: amor. Israel debe amar a su Dios salvador y transmitir ese amor a sus descendientes (6:4–9).[338] Cuando Israel finalmente entre en la bendición y prosperidad (descanso) que Dios quiere para él (6:10–19), no debe olvidarse de Él, sino amarle y temerle. Los israelitas deben enseñar a sus familias (6:20) que amar a Jehová es la respuesta apropiada a la gloriosa salvación que Dios les ha dado (6:21–25). Moisés afirma la elección de Israel como el pueblo especial de Dios (7:6), un privilegio que no está basado en ningún mérito propio sino en una fidelidad a sus promesas (7:7–9). Ser el pueblo especial de Jehová requiere devoción solo a Él. Israel debe ser proactivo en evitar la idolatría (7:1–5) ya que las consecuencias de traicionar a Jehová son desastrosas (7:10–11). Las opciones ante ellos son simples: romper el pacto y ser destruidos (7:10) o guardarlo y recibir la bendición, descanso y éxito militar (7:12–26). Dios luchará las batallas de Israel si es obediente. El capítulo 8 repite las dos alternativas, recordándole al pueblo cómo Dios le ha protegido y dirigido fielmente (8:1–10).[339] Moisés le advierte a Israel una vez más que no se olvide de Jehová cuando esté disfrutando del descanso en la tierra (8:11–20). Continúa la exhortación enfatizando que Israel no es digno de la bendición. Moisés sabe que estarán tentados a olvidar su pasado rebelde (9:7–10:11), creyéndose moralmente superiores a los cananitas (9:1–4). La realidad es que no recibe la tierra por su bondad (9:4, 6), sino por la excesiva maldad de los cananitas y las promesas que Dios le hizo a Abraham. Para enfatizar su idea, Moisés hace un recuento de la conducta rebelde de Israel en el desierto (9:7–10:11).

La respuesta que Moisés exige de su audiencia regresa al asunto del corazón de los capítulos 5–7: llama a Israel otra vez a temer "a Jehová tu Dios, que andes en todos sus caminos, y que lo ames, y sirvas a Jehová tu Dios con todo tu corazón y con toda tu alma" (10:12). Dios exige devoción total. Como rey del universo (Gn 1; Dt 10:14) ha amado a Israel de una forma única (Gn 12; Dt 10:15). Israel debe "circuncidar… [su] corazón" (10:16). Una relación de amor con Dios transformará la manera en que tratan el mal entre ellos y hacia los huérfanos y viudas (10:17). Si aman a Dios que "ama también al extranjero" (10:18), ellos también "amarán…a los extranjeros" (10:19) que hay entre ellos. Israel debe ser su agente para mostrar su amor a las naciones. Su bondad hacia ellos (10:22) demanda esta respuesta. En Deuteronomio 11 Moisés identifica otra vez la esencia de la ley: amar a Dios. Se repiten los temas de descanso (11:8) en la tierra (11:9) y bendición (11:9) de la descendencia (9). En la profecía de Balaam se compara a Israel con un huerto (Nm 24:6-7); Moisés dice que su tierra es "como huerto" (11:10) lleno de agua (11:11) el cual Dios mismo cuida (11:12) dándole lluvia (11:14). La descripción es reminiscente del Edén. Pero como lo que ocurrió con Adán, la desobediencia resultará en una maldición (11:16-17). La exhortación a obedecer y recibir la bendición se repite en los versículos 18–32. Dios le da a Israel la tierra (11:31), pero debe mostrar su devoción a Él a través de una fe obediente (11:32).

El énfasis de Deuteronomio 5–11 es claro. La clave del éxito en la tierra es amar a Dios. El amor de su rey hacia ellos debe motivar a Israel a someterse a su dominio. Si no aman a Dios, el pacto es inútil.

---

338 Furhman explica: "La ley en Deuteronomio 6, esto es, el Decálogo y la *shema*, funcionan de la misma manera que la Pascua – ambos están basados en las acciones de Jehová de librar al pueblo de Egipto. Además, más que consagrar al primogénito, Deuteronomio 6 enfatiza la consagración del corazón, alma y fuerzas a través de su énfasis en la lealtad a Jehová mediante de la fidelidad al pacto" ("Deuteronomio 6–8", 59).

339 Moisés compara las pruebas en el desierto con un padre entrenando a sus hijos (8:2–5). Igual que Adán y Eva en el Edén, Dios ha tratado con Israel en el desierto como un padre. Hubo lecciones espirituales que tenía que aprender. Siempre le ha provisto salvación en medio del juicio, otro tema de la teología bíblica.

LA EXPOSICIÓN DE LAS ESTIPULACIONES DEL PACTO
DEUTERONOMIO 12-26

Deuteronomio 12-13

1. ¿Cuál es el primer mandamiento en la segunda parte del sermón? (12:2-4) _____

_____

2. ¿Cuál es la contraparte del mandamiento de 12:2-4? (12:5-6) _____

_____

3. ¿Qué temas principales de la teología bíblica se encuentran en este versículo? (12:7) _____

_____

4. ¿De dónde viene la tierra? (12:10) _____

5. ¿Qué dice Dios que le dará a Israel en la tierra? (12:10) _____

6. ¿Dónde debe adorar Israel? (12:11) _____

_____

7. Identifica por lo menos tres temas de la teología bíblica en Deuteronomio 12:10-12. _____

_____

8. ¿Qué similitud hay entre Deuteronomio 12:20-22 y Génesis 2:16? (12:20-22) _____

_____

9. ¿Qué tema de la teología bíblica se encuentra en 12:32? _____

10. ¿Qué harán los falsos profetas para confirmar sus falsos mensajes? (13:1) _____

11. ¿Cómo reconocerá Israel un falso profeta? (13:2-4) _____

12. ¿Por qué deberá Israel matar a los falsos profetas? (13:5) _____

_____

13. ¿Quién puede ser una amenaza para la vida espiritual de alguien? (13:6-11) _____

_____

14. ¿Qué significa "tu hermano, hijo de tu madre"? (13:6) (Recuerda que la poligamia era común.) _____

_____

15. ¿Qué debe hacer Israel si escucha rumores de un falso profeta en una ciudad? (13:12-18) _____

_____

Deuteronomio 14-15

1. ¿Qué ley repasa Moisés? (14:1-21) _____ _____

_____

2. ¿A quién se le paga el diezmo de los primeros frutos (27)? (14:22-27) _____

3. ¿Quién debe comer de las ofrendas de las primicias a parte de los levitas? (14:29) _____

_____

4. ¿Qué traerá obediencia a la ley? (14:29) _____

5. ¿Qué se le instruye a Israel que debe hacer cada siete años? (15:1–6) _____

_____

6. ¿Qué no tendrá Israel entre ellos si obedece esta ley? (15:4) _____

7. ¿Qué temas de la teología bíblica se encuentran en 15:6? _____

_____

8. ¿Qué le va a permitir a Israel "dominar sobre muchas naciones"? _____

_____

9. ¿Cómo se le garantiza a los israelitas el éxito económico? (15:1–6, 10)_____

_____

10. ¿Es así como el mundo planea adelantarse? _____

_____

11. ¿Qué temas de la teología bíblica se reflejan en este versículo? (15:10) _____

_____

12. ¿Qué debe hacer un hebreo a otro hebreo que ha sido su esclavo? (15:12–14) _____

_____

_____

13. ¿Por qué debe tratar a su hermano de esta manera? (15:15) _____

_____

Deuteronomio 16

1. ¿Cuántos peregrinajes deben realizarse al año al santuario central? (16:16) _____

2. ¿Qué tres fiestas se describen en Deuteronomio 16? (16:1, 10, 13) _____

_____

_____

3. ¿En qué se diferencian estas fiestas anuales a las otras? _____

_____

_____

4. ¿Cómo hace eco este énfasis al énfasis de Deuteronomio 12:5–6? _____

_____

5. ¿Cuánto tiempo duran la Pascua (1) y los Panes sin Levadura (3–8)? (16:1–8) _____

_____

6. ¿Dónde debe celebrar Israel la Fiesta de las Semanas (Pentecostés)? (16:9–12) _____

_____

7. ¿Cuánto tiempo dura la fiesta de las primicias (tabernáculos)? (16:13–15) _____

8. ¿Qué es necesario (20) para que Israel "herede la tierra"? (16:18–20) _____

9. ¿Cuál es el castigo por la idolatría? (16:21–17:7) _____

Deuteronomio 17–18

1. ¿Qué grupos de líderes se describen? (17:8–13) _____

_____

2. ¿Dónde debe estar la "corte suprema"? (17:10) _____

_____

3. ¿Qué líder se describe en esta sección? (17:14–20) _____

4. ¿Quién debe escoger el rey de Israel? (17:15) _____

5. ¿Cuál es el requisito étnico para el rey de Israel? (17:15) _____

6. ¿Qué tres cosas no debe hacer el rey? (17:16–17) _____

_____

7. ¿Por qué motivo querría él caballos? _____

8. ¿Por qué motivo querría él muchas mujeres? _____

_____

9. ¿Por qué motivo querría él oro y plata? _____

_____

10. ¿Qué debe hacer el rey al empezar su reinado? (17:18–20) _____

_____

11. ¿Cómo es un rey ideal? (17:18–20) _____

12. ¿Qué actitud no debe tener un rey? (17:20) _____

13. ¿A quién legisla esta sección? (18:1–20) _____

14. ¿Qué derechos especiales tienen todos los levitas? (18:6–8) _T_____

_____

15. ¿Qué grupo no debe permitir Israel en ninguna manera? (18:9–14) _____

_____

16. ¿Qué hacen otras naciones con estas personas? (18:14) _____

17. ¿Qué va a levantar Dios para Israel? (18:15) _____

18. ¿Qué debe hacer Israel cuando venga ese profeta? (18:15) _____

19. ¿Cuál es la conexión entre 9–14 y 15–22? _____

    _____

20. ¿Cuál es la señal de un profeta verdadero? (18:18) _____

    _____

21. ¿Cuál es la señal de un falso profeta? (18:20) _____

    _____

22. ¿Qué evidencia la palabra incumplida de un profeta? (18:22) _____

    _____

23. ¿Sobre qué grupo de personas hablan los capítulos 17 y 18? _____

    _____

24. ¿Qué tienen en común estas personas? _____

    _____

25. ¿Qué tipo de líderes necesita Israel? _____

    _____

Deuteronomio 19–20

1. ¿Cuántas ciudades de refugio más debía asignar Israel? (19:1–3) _____

2. ¿Bajo qué condiciones puede alguien evitar la pena de muerte? (19:4–12) ____

    _____

3. ¿Es el sistema judicial de Dios justo? (19:15–21) _____

4. ¿Por qué no debe temer Israel en la batalla? (20:1) _____

    _____

5. ¿Qué soldados están exentos del servicio militar? (20:5–8) _____

    _____

6. ¿A qué ciudades puede ofrecerles Israel la paz y qué ciudades debe destruir? (20:10–17) _____

    _____

7. ¿Por qué deben ser destruidas las ciudades de Canaán? (20:18) _____

    _____

8. ¿Qué árboles deben ser perdonados al sitiar? (20:19) _____

9. ¿Cuándo fue la última vez que Dios dijo: "podrás comer" de los árboles? (20:19) _____

    _____

Deuteronomio 21–22

1. ¿Qué debe hacer Israel en el caso de un asesinato sin resolver? (21:1–9) _____

    _____

2. ¿Puede Israel casarse con mujeres extranjeras que hayan sido capturadas? (21:10–14) _____

3. ¿Qué no está permitido hacer si un hombre prefiere al hijo de una esposa al hijo de otra? (21:15–17)

    _____

    _____

4. ¿Significa esta ley que Moisés recomienda poligamia? (21:15–17) _____

5. ¿Qué se debe hacer con un hijo rebelde? (21:18–21) _____

6. ¿Por qué se debe bajar a un hombre que ha sido colgado antes de que llegue la noche? (21:22–23)

    _____

    _____

7. ¿Qué responsabilidad tiene alguien sobre las posesiones de su hermano? (22:1–4) _____

    _____

8. ¿Qué área de la vida regula esta sección? (22:13–30) _____

    _____

Deuteronomio 23–34

1. ¿Qué grupos se excluyen de la "congregación de Israel"? (23:3–4) _____

    _____

2. ¿Qué desea Dios de su ejército? (23:9–14) _____

3. ¿Alguna de estas leyes parece dura o irracional? (23:15–25) _____

4. ¿Qué permite la ley? (24:1–4) _____

5. ¿Por qué dice Jesús (Mateo 19:8) que Moisés dio esta ley? _____

    _____

6. ¿Para qué grupo (en general) da Dios una provisión especial? (24:6–15, 19–22) _____

    _____

7. ¿Qué clase de justicia demanda Dios? (24:16–18) _____

Deuteronomio 25–26

1. ¿Qué clase de castigo está prohibido? (25:1–3) _____

    _____

2. ¿Cómo provee esta ley para una viuda? (25:5–10) _____

    _____

3. ¿Cuándo debe vengarse Israel de los amalecitas? (25:19) _____

_____

4. ¿Dónde debe llevar Israel sus ofrendas? (26:2) _____

_____

5. ¿Qué debe recordar Israel? (26:5-10) _____

_____

6. ¿Quiénes deben ser incluidos en las fiestas de Israel? (26:11) _____

_____

7. ¿Qué categorías de personas Dios protege específicamente? (26:12) _____

_____

8. ¿Qué disfrutará Israel por su obediencia? (26:19) _____

_____

9. Revisa: ¿Cuáles son las dos partes del segundo sermón? _____

_____

Ya que el amor hacia Dios (5-11) se ve en una fe obediente (12-26), Moisés regresa a la exposición de las estipulaciones específicas del pacto. Su tema principal en esta sección, el santuario central, es uno de los más importantes en la teología bíblica y domina todo el libro de Deuteronomio. En la tierra que Dios le está dando a su pueblo, habrá un lugar específico en el cual el hombre puede tener comunión con Dios, igual que en el Edén. Será un santuario construido en el "lugar que Jehová vuestro Dios escogiere de entre todas vuestras tribus [de Israel], para poner allí su nombre para su habitación" (12:5).[340] La meta de la historia de la redención está anunciada en este arreglo. Dios una vez más morará con su pueblo. Como dijo Moisés en Sinaí antes de la idolatría del becerro de oro (Éx 24:11), así le dice otra vez a Israel: "Comeréis allí delante de Jehová vuestro Dios, y os alegraréis, vosotros y vuestras familias, en toda obra de vuestras manos en la cual Jehová tu Dios te hubiere bendecido" (12:7). Israel tendrá "reposo y la heredad que…Jehová" quiere para él (12:9). En Edén Dios dijo: "De todo árbol del huerto podrás comer" (Gn 2:16); en la tierra nueva Israel dirá: "Comeré carne", dice Dios, "conforme a lo que deseaste podrás comer" (12:20).[341] La comparación entre Israel y Adán, Canaán y Edén, y el santuario central y el huerto del Edén es inequívoca. Para que Dios more con Israel, los santuarios rivales deben ser destruidos (12:1-4). Israel no puede hacer "lo que bien le parece" (12:8) en la adoración.[342] La idolatría de cualquier clase es impensable (12:29-32).

Otro tema de la teología bíblica, la palabra de Dios, es el enfoque del capítulo 13. Moisés, el verdadero profeta de Dios, advierte a Israel sobre los adivinadores y falsos profetas. La serpiente en el Edén no es la única que contradice y cuestiona la palabra de Dios; la serpiente tendrá su simiente en Israel enmascarada como profetas de Dios. Ya que un engañador puede corroborar su falso mensaje como hicieron los magos de Faraón (13:1-2), Moisés da una prueba sencilla para detectar el engaño. Las palabras de un profeta (13:2) deben ser probadas; si cualquier cosa de lo que dice contradice la revelación previa, especialmente si persuade a Israel a servir a dioses falsos (13:2), es un profeta falso que merece la muerte (13:3-5). Vigilancia extrema es necesaria ya que

340 John H. Fish señala Deuteronomio 12:11, 21, 26; 14:23, 24; 16:2, 6, 11; 17:8, 10; 26:2 como textos de este sermón donde se encuentra un énfasis explícito en el lugar (tema de la tierra) en "God the Son," *EMJ* 12:1 (Summer 2003): 14.
341 Esta instrucción se da para aclarar que el mandamiento de comer solo en el santuario central solo hace referencia a los sacrificios levíticos. Israel puede comer con normalidad en cualquier lugar.
342 Esta frase es mejor conocida en el libro de Jueces (17:6; 18:1; 19:1; 21:25), pero el autor de Jueces la toma de Deuteronomio 12:8, donde hacer "cada uno lo que bien le parece" es una amenaza al santuario, como se ilustra en Jueces claramente.

incluso el hermano,[343] hijo, hija, esposa o amigo cercano de alguien puede ser una amenaza. Cualquiera que guíe a un israelita a la apostasía merece la muerte (13:6–11). Rumores de falsa adoración en otras ciudades deben ser investigados y juzgados (13:12–18) por el riesgo de perder el santuario (12). Cualquier intento seductor por parte de la simiente de la serpiente de tentar a Israel a pecar debe ser detectado y frustrado.

Mantener la pureza con respecto a la palabra de Dios es una lucha entre la vida y la muerte para Israel. Es una tarea diaria para ellos, como ilustran las leyes de alimentación. Al igual que en el Edén, Israel "conforme a lo que deseó…[podrá] comer" (12:20), pero también hay una prohibición (algunas clases de carne [14:1–21]).[344] Debe llevarse al santuario central un diezmo anual de las cosechas (14:22–27) donde Israel comerá ante Dios. Incluso las leyes de alimentación (14:1–21) enfatizan las celebraciones y disfrutar con la familia y Dios (14:26). Cada tres años, Israel debe invitar al "extranjero, el huérfano y la viuda" a celebrar con ellos para que Dios los "bendiga en toda obra…[de sus] manos" (14:28). La propia bendición de Israel depende de su disposición a compartirla con el resto de las naciones.

El capítulo 15 contiene protección adicional para los pobres, exigiendo el perdón de todas sus deudas y la liberación de todos los esclavos cada cincuenta años. Dios promete que si Israel obedece (15:5) estas dos reglas estrictamente los bendecirá y les dará preeminencia sobre las naciones rivales (15:6).[345] La clave del éxito económico es la amnistía generosa de deudas. Este plan económico contradictorio ilustra que la bendición de Israel depende de Dios, no de su propia astucia económica.[346]

Tres fiestas del calendario religioso, Pascua, Pentecostés (llamado Semanas) y Tabernáculos (llamado Primicias), le recuerdan a Israel su responsabilidad de adorar a Dios. A la luz del contexto y el tema de la tierra (santuario), el énfasis de este capítulo está en el lugar donde se observan estas fiestas. Cada una se observa "en el lugar que Jehová tu Dios escogiere" (16:5, 11, 16) en la tierra prometida.

Después de repasar las instrucciones para la adoración (16:21–17:7), el siguiente enfoque de Moisés son los líderes que son cruciales para la preservación espiritual de Israel (17:8–18:22). Sus líderes futuros, sacerdotes y jueces (17:8–13; 18:18), reyes (17:14–20) y profetas (18:9–22), deben promover la vida espiritual de Israel (17:12–13). Esta secuencia de líderes anticipa el resto de la historia de Israel (sacerdotes y jueces: Jos–1 Sam; reyes: 2 Sam–2 Cro; y profetas: 1 Sam–Mal). La lista de líderes también espera la venida de Cristo, el futuro sacerdote-juez-rey-profeta.[347]

El tema de la teología bíblica del reino es prominente en el capítulo 17:14–20. Primero, el rey de Israel, igual que el santuario central (12) será escogido por Dios (17:14). Tiene que ser descendiente de Israel (17:15), evitar deliberadamente el contacto con Egipto (17:16), y no acumular las cosas que normalmente le dan a los reyes seguridad militar, financiera y política (17:16–17).[348] Tiene que copiar la ley a mano, y someter su copia a los sacerdotes para que la aprueben (17:18), para que pueda "[leerla]…todos los días de su vida" y así aprender a "temer a Jehová su Dios" (17:19). La lectura humilde (17:20) y amor por la ley de Dios (17:18–19) garantizan su éxito (17:20) y son más importantes que su destreza política y militar.

Además de un rey piadoso, Israel necesita un profeta de Dios (18:15–22). De la misma manera que el rey anticipado, Él es aquel a quien "levantará Jehová tu Dios" (18:15, 18) de la descendencia de Israel (18:15, 18). Dios promete: "pondré mis palabras en su boca, y él les hablará todo lo que yo le mandare" (18:18). Las palabras

---

343 La frase "tu hermano, el hijo de tu madre" no es redundante; es específica y enfática. En las culturas polígamas alguien puede tener hermanos que eran hijos de una madre diferente, pero los hermanos de la misma madre tendrán una relación más cercana.

344 La prueba de comer en el Edén se repite con Israel en el desierto y en el sistema levítico. En cada caso se falla la prueba. Cristo pasa la misma prueba en el desierto, prefiriendo morir antes que desobedecer.

345 La promesa "que Jehová tu Dios te habrá bendecido…, tendrás dominio sobre muchas naciones, pero sobre ti no tendrán dominio" menciona explícitamente bendición y dominio.

346 Observa el tema de la teología bíblica de debilidad.

347 Cristo cumple perfectamente todas estas funciones, mientras que todos los que vienen antes que Él fracasan.

348 Los reyes adquirían esposas por tratados políticos para garantizar su éxito político y seguridad militar. Salomón (1 R 3:1) y Acab (1 R 16:31) son dos ejemplos. Dios les dará a estos reyes descanso (paz) si obedecen su palabra.

de este profeta, al igual que con Moisés, vendrán directamente de Dios; prestarle atención a Él es una cuestión de vida o muerte (18:19). Los capítulos 17–18 ponen los estándares para los líderes de Israel tan altos que incluso David y Salomón fallarán en alcanzar los estándares. Ninguno de los sacerdotes, jueces, reyes o profetas cumplirá lo que Moisés exige en este sermón: circuncisión del corazón (10:16). La búsqueda de un profeta como Moisés continuará hasta los días de Jesús (Jn 1:21, 25; 7:40).

El tema de la tierra continúa en Deuteronomio 19. Moisés asigna tres ciudades (Nm 35) al este del Jordán como ciudades de refugio e instruye a Israel a establecer por lo menos tres más al oeste después de conquistar la tierra (19:2). Las leyes básicas para vivir en la tierra, como la honestidad, el derecho a los procedimientos debidos y justicia, se repiten (19:15–21). La garantía de que Israel conquistará es porque "Jehová vuestro Dios va con vosotros, para pelear por vosotros contra vuestros enemigos, para salvaros" (20:4). Los temas de la teología bíblica de la presencia y la tierra están unidos.

No solo son inusuales para el mundo antiguo la comida (14), calendario (15–16), liderazgo (17–18) y sistema de justicia de Israel, sino también las leyes sobre la conquista militar.[349] Una de las leyes inusuales es la exención del servicio militar para cualquier soldado que por varias razones todavía no haya disfrutado en cierta medida descanso en la tierra (20:5–9). El Dios de Israel le ordena a su pueblo que disfrute un periodo de descanso en la tierra antes de arriesgar su vida en el conflicto militar.[350] Otra ley inusual es la regulación sobre los árboles que se pueden cortar o dejar en un asedio. A Israel se le prohíbe destruir los árboles frutales alrededor de una ciudad sitiada.[351] Dios les dice: "de ellos podrás comer". Ha pasado mucho tiempo desde que Dios dijo: "De todo árbol [frutal] del huerto podrás comer" (Gn 2:16).[352] Ahora, en las instrucciones sobre conquistar (dominar) otras naciones, a Israel se le da permiso para comer fruto de los árboles, aunque debe distinguir entre los árboles permitidos y prohibidos (20:20).

Las leyes restantes rigen a la sociedad en general y gobiernan la vida de Israel en la tierra. Enfatizan los temas de teología bíblica de descendencia (21:10–17; 24:1–4; 25:5–10), descanso (22:8; 24:5) y dominio (25:17–19). La preocupación especial y provisión de Dios para los débiles (24:10–22) también es evidente en estas leyes, y es claro el impacto moral de la presencia divina en Israel (21:1–9, 18–23; 22:1–30; 23:1–25; 24:6–9; 25:1–4). El carácter santo, justo, amoroso y generoso de Dios debe ser modelado por Israel para las naciones.

Finalmente, Moisés termina su sermón prescribiendo una ceremonia anual en la cual Israel debe reconocer que Dios le ha dado la tierra a través de escoger y presentar los primeros frutos de su cosecha (26). Se les instruye a reconocer verbalmente que Dios lo ha librado de Egipto y que todo lo que tiene le fue dado por Dios. Alegremente debe honrar a Dios compartiendo las primicias con los levitas y extranjeros (26:12). Moisés enfatiza otra vez la bondad de Dios hacia su pueblo y exige en respuesta gratitud sincera. Los israelitas deben pedir bendición para la descendencia y la tierra diciendo siempre: "Bendice a tu pueblo Israel, y a la tierra que nos has dado, como juraste a nuestros padres, tierra que fluye leche y miel" (26:15). El sermón concluye con los temas de teología bíblica de bendición, descendencia y tierra.

---

349 Charlie Trimm ofrece una útil evaluación caso por caso de los conflictos de Israel con las naciones vecinas en "Did YHWH Condemn the Nations when he Elected Israel? YHWH's Disposition toward Non-Israelites in the Torah," *JETS* 55:3 (Sep 2012): 521–36.
350 Esta ley es principalmente una provisión para el tiempo después de la conquista inicial como muestra el mandato de Moisés a las tribus del este del Jordán de dejar sus hogares y familias. Se les exige dejar sus nuevos hogares inmediatamente para terminar la conquista inicial.
351 El ofrecimiento de paz solo es para ciudades lejanas. Los de Canaán no tienen esta oferta. Por lo tanto, Josué y los ancianos probablemente consideraron que el caso de los Gabaonitas (Jos 9) estaba cubierto por esta ley ya que parecía que venían "de tierra muy lejana" como dijeron (Jos 9:9). Josué es consciente de la prohibición de hacer alianzas con las ciudades cercanas (Jos 9:7).
352 Las únicas afirmaciones similares son el permiso de comer carne (12:15, 20) y las uvas y granos de tu vecino (23:24–25) al caminar por su propiedad. Pero el permiso de comer de los árboles frutales no se da explícitamente desde el huerto del Edén. En las leyes alimenticias estrictas, no hay frutos prohibidos (Lv 25:19).

BENDICIONES POR LA OBEDIENCIA
Y MALDICIONES POR LA DESOBEDIENCIA
DEUTERONOMIO 27–28

Deuteronomio 27

1. ¿Qué debe hacer Israel en el monte Ebal? (27:1–8) _____

2. ¿Qué deben comunicar las dos divisiones de Israel? (27:12–13) _____

3. ¿Qué tribu debe pararse en el valle entre las dos montañas? (27:14) _____

4. ¿Qué debe decir el pueblo mientras los levitas maldicen varios pecados? (27:15–16) _____

5. ¿Qué está aceptando el pueblo en esta ceremonia? _____

Deuteronomio 28

1. ¿Dónde bendecirá Dios la descendencia si obedecen? (28:3) _____

2. ¿Cómo bendecirá Dios la descendencia si obedecen? (28:4) _____

3. ¿Qué significa "benditas serán tu canasta y tu artesa de amasar"? (28:5)_____

4. ¿Qué tema de la teología bíblica se describe en este versículo? (28:7) _____

5. ¿Qué propósito "evangelístico" hay en la bendición de Israel? (28:10) _____

6. ¿Qué tema de la teología bíblica se describe en este versículo? (28:13) _____

7. ¿Cómo se comparan estos versículos a 28:1–6? (28:15–19) _____

8. ¿Qué condición se describe en este versículo? (28:25) _____

9. ¿Cuál es la causa de todas las maldiciones que se describen en esta sección? (28:45–47) ____

10. ¿Dónde enviará Dios a Israel si desobedece? (28:64–65) _____

_____

11. ¿Qué sección es más larga: bendición o maldición? _____

_____

12. ¿Qué sección tiene una descripción más detallada? _____

_____

Igual que en las bendiciones y maldiciones en Levítico 26, Deuteronomio 28 les da a las maldiciones una cantidad de espacio desproporcionada.[353] Esta preponderancia de maldiciones, junto con la omisión de cualquier bendición en el capítulo anterior, sugiere que Moisés entiende la trayectoria que Israel tomará inevitablemente. Es más probable que la nación que debe bendecir a las naciones, suscite maldición en vez de bendición. Parece que la historia de la redención está en peligro.

TERCER SERMÓN:
DIOS SERÁ FIEL CON SU PUEBLO INFIEL
CAPÍTULOS 29–30,

Deuteronomio 29

1. ¿Cuál dice Moisés que es el problema de Israel? (29:4) _____

_____

2. ¿Qué quiere hacer Dios con Israel? (29:10–13) _____

_____

3. ¿Qué le ocurrirá a alguien que se aleje de Dios? (29:18–21) _____

_____

4. ¿Qué afectará el pecado de las naciones? (29:23) _____

_____

5. ¿Cuál será el último paso en el juicio de Dios contra Israel? (29:28) _____

_____

Deuteronomio 30

1. ¿Dónde anticipa Moisés que estará Israel cuando se vuelva a Jehová? (30:1–2) _____

_____

2. ¿Qué evento anticipa Moisés en este versículo? (30:3–5) _____

_____

3. ¿Quiénes son las personas que Dios traerá de regreso a la tierra? (30:2) _____

_____

353 Catorce versículos prometen bendición; cincuenta y cuatro versículos amenazan con maldiciones. En Levítico 26 la proporción es catorce a treinta y dos. El porcentaje de versículos que se enfoca en las maldiciones es más alto en Deuteronomio 28 (la segunda generación) que en Levítico 26 (Sinaí).

4. ¿Cómo será Israel después del exilio? (30:5) _____

_____

5. ¿Qué hará Dios por Israel? (30:6) _____

_____

6. ¿Qué podrá hacer Israel para Dios? (30:6) _____

7. ¿Cómo será el estado final de Israel comparado con el primero? (30:5, 9–10) _____

_____

8. ¿Qué decisión tiene que tomar Israel? (30:11–15) _____

_____

9. ¿Qué temas de la teología bíblica se encuentran en estos versículos? (30:16) _____

_____

10. ¿Qué temas de la teología bíblica se encuentran en estos versículos? (30:18) _____

_____

11. ¿Cuál es la clave de la obediencia? (30:20) _____

Reconociendo el riesgo que Israel corre de fallar en su misón de traer la salvación al mundo, Moisés llama a Israel, a la luz de la evidencia innegable de la bondad de Dios (29:1–9), a "[entrar] en el pacto de Jehová [su] Dios, y en su juramento" (29:12). Igual que en Sinaí décadas antes, Jehová invita a Israel a ser el pueblo del pacto (29:12). Él desea establecer a Israel "como su pueblo" y ser su Dios (29:13). Pero el peligro de pensar que es posible violar el pacto (29:17–18) con impunidad (29:19–28) siempre está presente. Moisés describe con detalle las consecuencias de violar el pacto. La desobediencia individual resultará en la pérdida eterna del alma de la persona (29:20). La desobediencia nacional (29:25) tendrá como resultado un juicio ardiente en la tierra tan severo que se convertirá en un peladero como Sodoma y Gomorra (29:23). La descendencia y la tierra están unidas para siempre; experimentarán la bendición o la maldición de Dios juntas. Como el primer agente de Dios, Adán, la descendencia sufrirá la expulsión de la tierra (29:28).[354] Sin embargo, Moisés anticipa que incluso en tal caso (30:1), Dios será fiel con Israel por sus promesas a los patriarcas (30:5, 9). Moisés describe la apostasía de Israel como inevitable; tarde o temprano, fracasarán. Perderán la bendición y sufrirán la maldición. La tierra será maldita e Israel será expulsado del santuario. Perderá su dominio sobre las naciones; otros gobernarán sobre ellos. Ningún agente previo ha tenido éxito en su encargo, e Israel tampoco lo tendrá.

Sorprendentemente, no se ha perdido toda esperanza. Moisés espera que Dios escuche el clamor de Israel en su cautividad (30:2) y le restaure en la tierra (30:3) aunque sea esparcido a los lugares más lejanos de la tierra (30:3). Su plan de usar a Israel no será frustrado. Su prosperidad final en la tierra eclipsará a cualquier gloria previa que haya disfrutado la nación (30:5). Algún día Dios hará lo que es imposible para el hombre; circuncidará el corazón de Israel (30:6). Israel fallará porque todavía no tiene un corazón que ame a Dios con una devoción total (29:4),[355] pero algún día Dios sobrenaturalmente hará una obra interna completa en él que garantizará su bendición eterna (30:6). Cuando lo haga, la maldición estará sobre los enemigos de Israel (30:7) y la bendición será de él irrevocablemente (30:8–10).

---

354 El texto en 29:29 no tiene la intención de consolar a un creyente cuando encuentra algo en la Biblia que no puede entender; es una advertencia de que no hay secretos para Dios.   Dios les revela a Israel y a sus hijos su voluntad (29:29b), pero que no deben pensar que alguien puede alejarse secretamente de Dios ("[bendecirse] en su corazón" 29:29) y escapar de las maldiciones de los dos capítulos anteriores.
355 La falta de Israel de un corazón entendido (29:4) y su futuro corazón circunciso (30:6) son atribuidos a la obra de Dios.

Con esta conclusión gloriosa de los tres sermones, Moisés anticipa lo que los profetas posteriores llaman el Nuevo Pacto. A través de Ezequiel Dios promete: "Y les daré un corazón, y un espíritu nuevo pondré dentro de ellos; y quitaré el corazón de piedra de en medio de su carne, y les daré un corazón de carne, para que anden en mis ordenanzas, y guarden mis decretos y los cumplan, y me sean por pueblo, y yo sea a ellos por Dios" (Ez 11:19-20).[356] Moisés concluye su ministerio instruyendo a Israel a esperar el día cuando Dios hará su obra entre ellos.

El llamado final de Moisés de escoger la vida debe ser entendido en el contexto del fracaso seguro (29:22-28) y restauración (30:1-10) de Israel. Israel como nación está destinada a fallar, pero cualquier israelita puede responder a las advertencias (maldiciones) y promesas (bendiciones) con fe. Además, cualquier generación, como la de la conquista de Josué, puede obedecer los mandamientos del pacto y disfrutar de la bendición de Dios, aunque la trayectoria general de Israel será hacia la apostasía. La elección de obedecer o desobedecer, junto con la bendición y la maldición, se le ofrece a cada israelita y a cada generación futura de israelitas.[357]

Al concluir su sermón, Moisés claramente presenta ante Israel la elección entre vida (bendición) y muerte (maldición) (30:15). Va al tema del corazón (30:16), sabiendo que la obediencia a la ley que ha expuesto (12-26) viene solo por amar a Jehová su Dios (5-11). Amor a Dios, motivado por su amor y fidelidad, es el punto crucial de la cuestión. La salvación amorosa de Dios hacia Israel (1-4) demanda amor (5-11) y obediencia (12-26) por parte de ellos. Su vida depende de eso;[358] vivir en la tierra depende de eso (30:20a); y su éxito como agente de Dios para bendecir a las naciones (30:20b) depende de eso.

CONCLUSIÓN
CAPÍTULOS 31-34

1. ¿Qué género es Deuteronomio 31? _____

2. ¿Qué género es Deuteronomio 32? _____

3. ¿Qué género es Deuteronomio 33? _____

4. ¿Qué género es Deuteronomio 34? _____

Deuteronomio 31

1. ¿Quién es el sucesor de Moisés? (31:1-8) _____

2. ¿Por qué puede Josué esforzarse y cobrar ánimo? (31:6, 8) _____

_____

3. ¿Cuándo debe Israel leer la ley en conjunto? (31:9-13) _____

_____

4. ¿Qué dice Dios que hará Israel? (31:16-21) _____

5. ¿Por qué puede Josué esforzarse y animarse otra vez? (31:23) _____

_____

6. ¿Suena Moisés optimista sobre la obediencia de Israel? (31:27-29) _____

---

356 Ezequiel 11 sigue exactamente la misma progresión de exilio, reunión y Nuevo Pacto.
357 Una exposición muy útil de las opciones hermenéuticas de esta sección ha sido desarrollada por Michael A. Grisanti, "Was Israel Unable to Respond to God? A Study of Deuteronomy 29:2-4," *BSac* 163:650 (Apr 2006): 176-96.
358 Deuteronomio 30:20 repite la secuencia de "amar...obedecer".

Deuteronomio 32–33

1. ¿Cómo se describe el carácter de Dios? (32:4) _____

2. ¿Qué describe la canción de Moisés en este versículo? (32:5) _____
   _____

3. ¿Ha pasado ya? _____

4. ¿Por qué habla Moisés como si ya hubiera sucedido? _____
   _____

5. ¿Qué quiere Moisés que Israel recuerde? (32:9–14) _____
   _____

6. ¿Qué identifica Moisés como el pecado de Israel? (32:15–18) _____
   _____

7. ¿Qué describe Moisés con detalle en estos versículos? (32:19–35) _____
   _____

8. ¿Cuándo rescatará Dios a su pueblo? (32:36) _____
   _____

9. ¿Cómo se glorificará Dios a sí mismo entre las naciones? (32:37–43) _____
   _____

10. ¿Por qué muere Moisés a las afueras de Canaán? (32:51) _____
    _____

11. ¿Anticipa Deuteronomio 32:1–43 bendiciones o maldiciones para Israel? ___
    _____

12. ¿Qué anticipa Deuteronomio 33 para Israel? _____

13. ¿Qué tensión (capítulo 32 vs. 33) _____

14. ¿De qué género es Deuteronomio 32? _____
    _____

15. ¿Qué tema principal de la teología bíblica se menciona en este versículo? (33:5) _____

16. ¿Qué tribu es especialmente bendecida? (33:8) _____

17. ¿Por qué puede Israel tener esperanza de bendición? (33:27) _____
    _____

18. ¿Cómo vivirá Israel? (Observa un tema de la teología bíblica). (33:28) _____
    _____

19. ¿Qué tema de la teología bíblica se menciona en este versículo? (33:29) _____

_____

20. ¿De qué género es Deuteronomio 33? _____

Deuteronomio 34

1. ¿Qué ve Moisés antes de morir? (34:1–4) _____

2. ¿Dónde está Moisés con relación a la tierra prometida cuando muere? (34:1–6) _____

_____

3. ¿Qué descripción de Josué da esperanza al lector? (34:9) _____

_____

4. ¿Por qué cosas será recordado Moisés? (34:9–12) _____

_____

Preguntas de Repaso

1. ¿Cuántos sermones predica Moisés en Deuteronomio? _____

2. ¿Dónde empiezan y dónde terminan? _____

_____

3. ¿Cuál es la esencia de la ley? _____

4. ¿Qué dos opciones tiene Israel? _____

_____

5. ¿Cuál será el resultado de cada opción? _____

6. ¿De qué manera es la muerte de Moisés una advertencia para obedecer? _____

_____

Los temas de teología bíblica de tierra, la presencia divina, la palabra de Dios y el reino dominan la ceremonia de transición. La tarea de Israel de juzgar a las naciones (31:5) está basada en su propia experiencia de Dios trayendo salvación a través de juicio (31:4). La presencia divina es la garantía del éxito de Israel en tomar la tierra (31:3–8). La palabra divina es tan crucial para la vida y éxito de Israel que Moisés les encarga a los sacerdotes que guarden una copia oficial del pacto y que la lean al pueblo cada siete años (31:9–11).[359] Esta ceremonia unirá a la descendencia en el santuario central (31:12–13) para escuchar la repetición de las normas del rey divino. Moisés entiende que una vez que Israel esté en paz en la tierra (31:20–21), se rebelará contra el dominio de Dios y por lo tanto perderán su presencia (31:16–18). Sus afirmaciones son claras: "Yo sé que después de mi muerte, ciertamente os corromperéis y os apartaréis del camino que os he mandado...por haber hecho mal" (31:29). Para contrarrestar la caída de Israel hacia la apostasía, Moisés compone una canción.

---

359 Moisés deja una copia con Israel. Laney identifica la quinta parte de un tratado de soberanía hitita como "provisión para depósitos y lectura. Una copia del pacto debe ser depositada por los vasallos y el estado protector" en "Role of the Prophets," 317.

En esta canción profética, Moisés habla de la recaída de Israel como un hecho histórico. Incluso antes de entrar en la tierra, Moisés se lamenta por su exilio. Fácilmente se observan temas principales de la teología bíblica en la canción de Moisés, y las alusiones a la creación identifican a Israel como la nueva creación de Dios. Anticipando el pecado progresivo de Israel (32:5), el pueblo es descrito como machado, torcido y perverso (32:5). Israel pierde la relación íntima que tuvo una vez con Dios el padre (32:6), como Adán antes que ellos. Moisés le recuerda a Israel que Dios le ha dado un lugar especial entre las naciones; Israel es el punto de referencia para la posición de las demás naciones (32:8-9). Moisés compara el cuidado que Jehová tiene de Israel con el cuidado que tiene un pájaro de sus pajarillos (32:11), la misma imagen que se usa en la explicación de la creación en Génesis 1:2.[360] Las bendiciones que Jehová da generosamente a Israel se describen (32:13-14). Igual que Adán, Israel desprecia las bendiciones de su santuario y abandona a Dios (32:25-18). Viendo su rebelión (32:19-22), Él juzga a Israel (32:23-27) con las maldiciones del pacto (32:28-42).[361] El juicio final de la descendencia es sacarlos de la tierra (32:43). De la misma manera que Adán fue exiliado del santuario, e igual que se limpió la tierra de pecadores en los días de Noé, Israel será llevado de su tierra con una inundación (Am 8:8).[362] Moisés entiende que aunque la desobediencia futura de Israel es inevitable (Dt 32), Dios le desea lo mejor (Dt 33). El rey de Israel es un rey bueno que anhela bendecirlos (33:5). La actitud benevolente de Dios hacia su pueblo es incuestionable. En la segunda canción, Moisés bendice a Israel (33:6-25), diciendo que Dios, el refugio de Israel (33:27), desea darles descanso en la tierra (33:27-29). Ellos tienen todas las ventajas posibles, igual que Adán antes que ellos.

Los dos poemas climáticos de Moisés, al igual que los anteriores (Éx 15), revelan la esencia de la historia de la Biblia. Previamente enfatizó la salvación de Dios hacia Israel a través del juicio de Egipto. Ahora describe las maldiciones (32) y bendiciones (33) que le esperan a Israel y que dependen de su obediencia o desobediencia a la palabra divina (la ley). La posibilidad de gozar de la presencia divina y su seguridad en el santuario dependen de la obediencia amorosa y fiel a la voz de su rey.

El libro de Deuteronomio, y con eso todo el Pentateuco, termina con la muerte de Moisés. Dios le da a Moisés la oportunidad de ver el paraíso (Dt 34:1-3). Después, igual que María y Aarón antes que él, Moisés muere a las puertas de Canaán y no logra entrar. Su muerte testifica de la verdad de todo lo que le ha enseñado a Israel sobre el peligro de desobedecer la palabra de Dios. Su desconocida tumba a las afueras de Canaán contrasta con la cueva de Macpela, donde descansan los restos de Abraham, Isaac y Jacob. Incluso José, que muere en Egipto, será enterrado ahí (Éx 13:19), pero Moisés no. Este fracaso es notable, especialmente si, como afirma el último párrafo del libro, ningún profeta posterior se comparará con Moisés. El fracaso del profeta más grande de Israel, un hombre "a quien haya conocido Jehová cara a cara", que hizo "señales y prodigios" y que tenía "gran poder" más allá de cualquier profeta posterior (34:10-12), confirma la imposibilidad de que cualquier simple hombre sea el campeón prometido de Génesis 3:15.

---

360 Génesis 1:2 y Deuteronomio 32:11 son los únicos lugares en todo el Pentateuco donde se usa el verbo que se traduce como *movía* (1:2) y *revolotea* (32:11). En las dos ocasiones, la comparación es con Dios mismo. Como confirma el contexto, Moisés recuerda la escena inicial de la creación.

361 La idea de esconderse de la presencia es un paralelo a Génesis 3, aunque esta vez es Dios quien se esconde de Israel (32:20).

362 La palabra *río* en Amós 8:8 es traducida *Nilo* en la versión en inglés ESV y NASB. Ya que el Nilo se desborda todos los años, la palabra hebrea puede tener los dos significados.

RESUMEN DE DEUTERONOMIO

Deuteronomio registra los tres sermones finales que Moisés le predicó a Israel en los llanos de Moab justo antes de que la nación entrara en Canaán con Josué. El libro pone esos sermones en el marco de un pacto hitita entre Dios, el rey por derecho, e Israel, los vasallos que le deben servicio. Israel es un virrey del verdadero rey. Moisés recuerda cómo Dios ha sido fiel con su pueblo infiel (1-4) que debe responderle de todo corazón con completa devoción (5-11). Su amor a Dios debe motivarlos a cumplir sus mandamientos (12-26) para que pueda disfrutar de la bendición que Dios quiere para él. Después de llamar a la nación a responder (29), Moisés anticipa un día futuro cuando Dios finalmente hará la obra espiritual necesaria para que Israel sea de verdad su pueblo del pacto (30). El libro añade una canción de maldiciones (32) y otra de bendiciones (33) antes de concluir con el relato de la muerte de Moisés (34). Llama a la segunda generación de israelitas a comprometerse a servir a Jehová con devoción total. Aunque el libro sirve para guiar la vida de Israel en la tierra y así poder disfrutar de las bendiciones que Dios quiere para ellos, se anticipa la dificultad que tendrán. Durante los próximos milenios, su historia mostrará la lucha interminable de ser fieles. Finalmente, las maldiciones predichas por Moisés vendrán sobre Israel, pero el plan de Dios de bendecir a las naciones a través de ellos no será impedido. El futuro líder que anticipa Deuteronomio (17-18) vendrá, quitará la maldición y ofrecerá el Nuevo Pacto que Moisés predice.

BOSQUEJO DE DEUTERONOMIO

I. Sermón 1: Historia de la fidelidad de Dios hacia un Israel infiel. **1-4**

II. Sermón 2: Las estipulaciones del pacto. **5-28**

    A. La esencia del pacto. **5-11**

    B. La exposición de las estipulaciones del pacto. **12-26**

    C. Bendiciones y maldiciones. **27-28**

III. Sermón 3: Dios será fiel con su pueblo infiel. **29-30**

IV. Conclusión. **31-34**

    A. Historia: Josué, sucesor de Moisés. **31**

    B. Poema de Moisés: Las maldiciones venideras. **32**

    C. Poema de Moisés: Las bendiciones venideras. **33**

    D. Historia: Josué, sucesor de Moisés. **34**

APÉNDICE I

MÁS ALLÁ DEL PENTATEUCO

El resto del Antiguo Testamento relata las luchas de Israel en la tierra. Bajo el liderazgo de Josué la nación subyuga a los cananitas y reclama su herencia (Jos 1-12). Después Josué instruye a cada tribu a terminar la tarea de expulsar a los cananitas de la tierra, eliminando la amenaza espiritual que representan los cananitas. Sin embargo, aunque Israel es capaz de expulsar a los cananitas, no obedecen a Dios (Jos 11-13). El libro de Jueces describe cómo el incumplimiento de sacar a los cananitas de la tierra tiene como resultado una caída espiritual, justo como dijo Moisés. La nación atraviesa muchos ciclos de bendición, apostasía, juicio, opresión, arrepentimiento y salvación, pero la trayectoria de la vida espiritual de Israel es una espiral descendente. Al final de los cuatro siglos que hay entre Josué y el tiempo de los reyes de Israel (registrado en Jueces), los líderes de Israel son más parte del problema que de la solución.

El libro de Samuel muestra el declive de los sacerdotes. La familia de Elí está completamente corrompida y el santuario central es un lugar de extorsión y fornicación. El mismo sumo sacerdote no puede discernir entre una mujer devota (Ana) y borracha. Dios le habla a un niño, Samuel, en vez de a un sacerdote anciano. Elí y sus hijos mueren, y el arca es llevada en una batalla. Una mujer moribunda por dar a luz interpreta correctamente los eventos, llamando a su hijo Icabod (Sin gloria). Dios ya no mora con su pueblo. Silo, el lugar del santuario por más de cuatrocientos años, es abandonado. Samuel es el último de los jueces, el primero de los profetas, y el que hunge a los reyes de Israel. El primer rey Saúl, no escucha la palabra de Dios, así que Dios escoje a David, el más joven de la familia, para que sea rey de Israel. A un humilde pastor se le da el cetro de Judá. El tema de TB de debilidad es especialmente prominente en 1 y 2 de Samuel.

David es un rey que ama la ley de Dios e intenta construir el templo por el nombre de Dios. Dios le promete a David un hijo cuyo trono se establecerá para siempre; el salvador prometido de Génesis 3:15 vendrá a través de su línea. En el Pacto Davídico se unen todas las promesas previas. La "simiente de la mujer" se identifica como "el hijo de David" (2 Sam 7:12-13). La familia de David es el nuevo agente divino. Igual que los agentes divinos anteriores, David no sólo es un rey, sino también un profeta que intercede (una función sacerdotal) por la nación.

El rey Salomón, hijo de David, construye el templo que David anhelaba construir, restaurando el santuario para Israel. Cuando dedica el templo, la presencia divina regresa en forma de una nube, como en Sinaí. Dios confirma la elección de Jerusalén como el lugar donde su nombre morará eternamente, el lugar que le dijo a Moisés que escogería en la tierra prometida. Bajo el hijo de David la prosperidad y bendición anhelada para Israel alcanzan su punto máximo. Reyes y reinas extranjeros bendicen el nombre de Jehová como resultado de la bendición sobre el hijo de David.

La obediencia a Dios de Salomón no dura mucho después de la dedicación del templo. El libro de 2 de Reyes describe la caída espiritual en espiral que continúa con los hijos de Salomón. Al igual que los jueces, los hijos de David gobiernan por siglos, en su mayoría fracasando en amar y obedecer a Dios. Para retrasar el declive espiritual de Israel, Dios levanta un profeta que condena el pecado de los reyes. El profeta confirma la amenaza de las maldiciones del pacto y finalmente anuncia que Israel será expulsado de la tierra. Ellos urgen a Israel a arrepentirse y creer en el futuro redentor de Dios que vendrá un día para establecer el nuevo pacto que Moisés anticipó. En el nuevo pacto Israel disfrutará la bendición antigua descrita en el Viejo Pacto y también la circuncisión del corazón de la que habla Moisés. Ezequiel, que ve la presencia de Dios abandonando a Israel, anuncia que un día la presencia divina regresará.

Cuando finalmente Jerusalén es conquistada, el trono de David es desolado y el templo destruido. El plan divino parece frustrado, incluso en el exilio Dios levanta a siervos fieles como Daniel, Mardoqueo y Nehemías que gobiernan y bendicen naciones. Fiel a su palabra, restaura a Israel en su tierra. El regreso de Zorobabel, llamado con frecuencia el segundo éxodo, es un débil eco del éxodo de Moisés. El templo es reconstruido, pero la gloria de Jehová no regresa, y no hay hijo de David en el trono. Durante cuatro siglos el plan divino parece estar en la ruina, y la última palabra escrita en el Antiguo Testamento es maldición.

El evangelio anuncia en Jesús el cumplimiento de las promesas del Antiguo Testamento. "La simiente de la mujer" nace de una virgen, vive en pobreza y finalmente es rechazado por su propia familia y la institución religiosa del día. Él es el profeta anunciado por Moisés, y al igual que los otros profetas antes que él, Jesús es rechazado. Vive una vida perfecta y es sacrificado por el pecado, como el cordero sin mancha de Dios, cargando la maldición del pecado en su propio cuerpo. Resucita de la muerte victoriosamente y manda a sus discípulos que extiendan su reino. Regresa al cielo y afirma su reinado universal. El fracaso de cada agente humano de Dios contrasta con el éxito del verdadero campeón, Dios mismo en la carne.

Deben entenderse muchas diferencias muy importantes entre Israel y la iglesia para poder leer y aplicar el Pentateuco correctamente.Empezando con Jacob, la "simiente de la mujer" se identifica con la nación de Israel, aunque no todos los israelitas son verdaderos creyentes (Rm 9:6). Muchos de los que entran en pacto con Dios en Sinaí no son verdaderos creyentes, como ilustra el libro de Números. Sin embargo, en el nuevo pacto todos los participantes son verdaderos creyentes. La iglesia es un cuerpo espiritual sin fronteras físicas, estructura política global o identidad étnica.

El tema de TB de bendición sufre un cambio significativo en el nuevo pacto. La iglesia no espera que su obediencia tenga como resultado la bendición física que Dios le prometió a Israel. Pablo afirma que Dios "nos bendijo [a los creyentes] con toda bendición espiritual...en Cristo" (Ef 1:3). La bendición física, aunque es experimentada por los creyentes con frecuencia, no es prometida como un resultado de la obediencia. De hecho, la promesa del Nuevo Testamento es que "todos los que quieren vivir piadosamente en Cristo Jesús padecerán persecución" (2 Tm 3.12). Jesús le dice a sus discípulos: "En el mundo tendréis aflicción" (Jn 16:33). El testimonio de Israel a las naciones debía estar basado en las bendiciones que surgían de su obediencia, mientras que la iglesia normalmente testifica a las naciones en medio de tribulación y persecución. El descanso y gozo que un Cristiano tiene durante las tribulaciones es la forma en la que Dios atrae a los pecadores a Cristo. El tema de TB de debilidad se ve en el plan de Dios para la iglesia actual.

Aunque las bendiciones que se le da a la iglesia en la tierra son principalmente espirituales, también con Israel, disfrutará todas las bendiciones físicas y espirituales que se perdieron en el Edén (y más) cuando Cristo regrese. Todas las promesas de Moisés y los profetas se cumplirán; Israel y la iglesia con ellos, dominarán y reinarán, bendiciendo a las naciones como Dios quiere (Apc 1:6; 20:4, 6). En la nueva creación, Dios le dará al hombre su herencia final (Apc 21:7). Vendrá a morar con el hombre para siempre. El hombre tendrá acceso a la Nueva Jerusalén, la ciudad donde Dios mismo mora, y descansará eternamente.

APÉNDICE II

CRONOLOGÍA DEL AÑO EN SINAÍ

En la primera sección, después del texto indicado, escribe la edad de Moisés y el evento de su vida. En las secciones posteriores, escribe la fecha y evento de la vida de Israel. Las respuestas están en la página siguiente. No simpre es posible determinar la fecha exactamente, en tal caso, déjalo en blanco.

Texto	Edad	Evento - Moisés
Hch 7:23		
Ex 7:7		
Dt 34:7		

Texto	Fecha	Evento
Israel en Egipto		
Ex 12:2		
Ex 12:3		
Ex 12:6		
Ex 12:29		
Ex 12:15, Lev 23:6		
Israel en Sinaí		
Ex 19:1		
Ex 40:2		
Nm 1:1		
Nm 9:1-2		
Nm 9:10-11		
Nm 9:15		
Nm 10:11-12		

Israel en el desierto		
Nm 11:19-20		
Nm 12:14		
Nm 14:34		
Nm 14:34		
Nm 20:1		
Nm 20:2-13		
Nm 33:38-39		
Dt 34:7		

APÉNDICE III

UN RESUMEN DE LOS CÓDIGO LEGALES FORMALES E INFORMALES EN EL PENTATEUCO

Los eruditos identifican algunas secciones del Pentateuco como código legal formal. Estas divisiones normalmente son enfatizadas por partidarios de la crítica bíblica que, negando la autoría de Moisés, buscan identificar supuestas fuentes originales. Los eruditos conservadores, mientras que niegan la subyacente presima de contenido no-mosaico, han observado la validez de estas divisiones. En general, los códigos legales reconocidos son los siguientes:

El Decálogo (también los Diez Mandamientos): Éxodo 20:1-21; Deuteronomio 5:1-21. Dios dio primero los Diez Mandamientos hablando, y después se los dio a Moisés en tablas de piedra. Esta es la sección de material legal mejor conocida.

El Código del Pacto (también Libro del Pacto): Éxodo 20:22-23:33. Estos tres capítulos y medio complementan las implicaciones del Decálogo para Israel. Junto con el Decálogo forman toda la ley de Israel cuando el pacto fue ratificado en Éxodo 24.

El Código Sacerdotal: Levítico 1-16 (aveces Éxodo 35-Levítico 16). El Código Sacerdotal da las instrucciones detalladas para los sacrificios (Lev 1-7), ordenación de sacerdotes (8-9), pureza e impureza (Lev 11-15) y liturgia para el Día de la Expiación (Lev 16).

El Código de Santidad: Levítico 16-26. Estas leyes son para los laicos. Incluyen reglas generales para la vida diaria del pueblo (Lev 17-20), más leyes para "sacerdotes entre la comunidad" (Lev 21–22), el calendario religioso (Lev 23, 25) y votos (Lev 27). Incluye una sección de bendiciones (Lev 26:1-13) y maldiciones (Lev 26:14-45).

El Código Deuteronómico: Deuteronomio 12-26. Dado por Moisés a la segunda generación brevemente antes de morir, esta sección repite mucho del contenido de la sección legal previa.

Además de la larga sección legal, se pueden identificar una cantidad de secciones más pequeñas. Estas secciones regulan ciertos aspectos de la vida o la liturgia de Israel, pero con frecuencia caen en la narrativa y no se distinguen como entidades literarias separadas. Ya que no existe ningún consenso en esta área, se sugieren las siguientes categorías tentativas:

En Éxodo, las instrucciones de la Pascua se dan en Éxodo 12-13. Estas instrucciones no sólo sirven para prescribir la comida de la Pascua, sino de algún modo describir el protocolo de las ofrendas de paz en general. Éxodo 25-31 da las instrucciones para el tabernáculo, y los capítulos 35-40 describen su construcción.

Levítico 27, que regula los votos, es el único capítulo en Levítico que no se considera parte del código formal. El libro de Números, en contraste, no tiene un código formal, sino que da instrucciones para organizar el campamento (Nm 2) y los levitas (Nm 3-4). Añade una nueva sección de la ley (Nm 5), instrucciones para los Nazareos (Nm 6:1-21) y sacerdotes (Nm 6:22-27), y recapitula la dedicación del tabernáculo (Nm 7-9). Las otras leyes en la narrativa de Números (Nm 15, 18) surgen del contexto de los eventos descritos en su contexto. Con la segunda generación (Nm 26-Dt 34), se aclaran las leyes previas, como las leyes de la herencia (Nm 27:1-11), el calendario religioso (Nm 28-29), y votos (Nm 30). Números termina con leyes sobre las ciudades de refugio (Nm 35) e instrucciones para el matrimonio (Nm 36).

BIBLIOGRAFÍA

Alexander, T. Desmond. *From Paradise to the Promised Land: An Introduction to the Pentateuch*. Grand Rapids: Baker, 2002.

From Eden to the New Jerusalem: An Introduction to Biblical Theology. Grand Rapids: Kregel, 2009.

Alexander, T. Desmond, and Brian S. Rosner. *New Dictionary of Biblical Theology*. Leicester, England: InterVarsity Press, 2000.

Alexander, T. Desmond, and David W. Baker. *Dictionary of the Old Testament: Pentateuch*. Downers Grove, IL: InterVarsity Press, 2003.

Allen, Ronald B. "The 'Bloody Bridegroom' in Exodus 4:24–26.'" *Bibliotheca Sacra* 153:611 (Jul 1996): 259–69.

Arthur, Kay. "The Inductive Method of Bible Study – The Basics." [On-line]. Precept Ministries International. Accessed June 2014. Available from http://www.biblestudytools.com/ bible-study/tips/the-inductive-method-of-bible-study-the-basics-11628183.html. Internet.

Baier, Karl. "Spiritual Authority: A Christian Perspective." *Buddhist-Christian Studies* vol. 30 (2010): 107–19.

Bannister, Andy. "Why do Bad Things Happen to Good People." *Christian Apologetics Journal* 9:2 (Fall 2011): 69–78.

Barker, Paul A. "Faithless Israel, Faithful Yahweh in Deuteronomy." *Tyndale Bulletin* 47:1 (1996): 172–5.

"The Theology of Deuteronomy 27." *Tyndale Bulletin* 49:2 (1998): 277–303.

Barrett, Michael Paul Vernon. *Beginning at Moses: A Guide to Finding Christ in the Old Testament*. Greenville, SC: Ambassador-Emerald International, 1999.

Barrick, William D. "The Eschatological Significance of Leviticus 26." *Masters Seminary Journal* 26:1 (Spring 2005): 95–126.

"The Kingdom of God in the Old Testament." *Masters Seminary Journal* 23:2 (Fall 2012): 173–92.

Beale, Gregory K. "Eden, the Temple, and the Church's Mission in the New Creation." *Journal of the Evangelical Theological Society* 48:1 (Mar 2005): 5–31.

Beale, Gregory K. and Benjamin L. Gladd. *Hidden But Now Revealed: A Biblical Theology of Mystery*. Downers Grove, IL: InterVarsity Press, 2014.

Becknell, Milton. "A Christian Perspective on Health." *Journal of Ministry and Theology* 12:2 (Fall 2008): 116–39.

Block, Daniel I. "Preaching Old Testament Law to New Testament Christians." *Southeastern Theological Review* 03:2 (Winter 2012): 195–221.

"The Joy of Worship: The Mosaic Invitation to the Presence of God (Deut. 12:1–14)." *Bibliotheca Sacra* 162:646 (Apr 2005): 131–49.

"The Privilege of Calling: The Mosaic Paradigm for Missions (Deut. 26:16–19)." *Bibliotheca Sacra* 162:648 (Oct 2005): 387–405.

"Recovering the Voice of Moses: The Genesis of Deuteronomy." *Journal of the Evangelical Theological Society* 44:3 (Sep 2001): 385–408.

"You Shall not Covet Your Neighbor's Wife: A Study in Deuteronomic Domestic Ideology." *Journal of the Evangelical Theological Society* 53:3 (Sep 2010): 449–71.

Blue, Scott. "Meaning, Intention, and Application: Speech Act Theory in the Hermeneutics of Francis Watson and Kevin J. Vanhoozer." *Trinity Journal* 23:2 (Fall 2002): 161–84.

Bock, Darrell L., and Buist M. Fanning. *Interpreting the New Testament Text: Introduction to the Art and Science of Exegesis.* Wheaton, IL: Crossway, 2006.

Brickner, David. *Christ in the Feast of Tabernacles.* Chicago: Moody Publishers, 2006.

Carson, D.A. "Current Issues in Biblical Theology: A New Testament Perspective." *Bulletin for Biblical Research* 5:1 (1995): 17–41.

The Scriptures Testify About Me: Jesus and the Gospel in the Old Testament. Wheaton, IL: Crossway, 2013.

Casillas, Ken. *The Law and the Christian: God's Light Within God's Limits.* Greenville, SC: Bob Jones University Press, 2007.

Chalmers Aaron. "The Importance of the Noahic Covenant to Biblical Theology." *Tyndale Bulletin* 60:2 (2009): 207–16.

Cheung, Alex T. M. "The Priest as the Redeemed Man: A Biblical-Theological Study of the Priesthood." *Journal of the Evangelical Theological Society* 29:3 (Sep 1986): 265–75.

Childs, Brevard S. *Biblical Theology of the Old and New Testaments: Theological Reflection on the Christian Bible.* Minneapolis: Fortress Press, 1993.

Biblical Theology: A Proposal. Minneapolis: Fortress Press, 2002.

Clark, Robert. "The Imperial Priesthood of the Believer." *Bibliotheca Sacra* 92:368 (Oct 1935): 442–9.

Cox, Dorian G. Coover. "The Hardening of Pharaoh's Heart in its Literary and Cultural Contexts." *Bibliotheca Sacra* 163:651 (Jul 2006): 292–311.

Dahood, Mitchell. "Ebla: Archaeological Discoveries and Bible Research." *Bible and Spade* 9:4 (Autumn 1980): 65–84.

Davies, G. I. "The Wilderness Itineraries: A Comparative Study." *Tyndale Bulletin* 25:1 (1974): 46–81.

Davis, Anne K. "Israel's Inheritance: Birthright of the Firstborn Son," *Chafer Theological Seminary Journal* 13:1 (Spring 2008): 79–94.

Davis, Andrew M. "Fathers and Sons in Deuteronomy 6: An Essential Link in Redemptive History," *Journal for Biblical Manhood and Womanhood* 12:1 (Spring 2007): 21–30.

Dempster, Stephen G. *Dominion and Dynasty: A Biblical Theology of the Hebrew Bible,* New Studies in Biblical Theology series 15. Downers Grove, IL: InterVarsity Press, 2003.

"Exodus and Biblical Theology: On Moving into the Neighborhood with a New Name." *Southern Baptist Journal of Theology* 12:3 (Fall 2008): 4–20.

Derickson, Gary. "The New Testament Church as a Mystery." *Bibliotheca Sacra* 166:664 (Oct 2009): 436–45.

Duncan, Ligon. "Genesis 2:18–25: The Ordinance of Marriage." *Journal for Biblical Manhood and Womanhood* 8:1 (Spring 2003): 51–55.

Edersheim, Alfred. *The Temple: Its Ministry and Services As They Were at the Time of Jesus Christ.* London: Religious Tract Society, 1908.

Edwards, James R. "The Servant of the Lord and the Gospel of Mark." *Southern Baptist Journal of Theology* 8:3 (Fall 2004): 36–47.

Emmerich, Martin. "The Case Against Moses Reopened," *Journal of the Evangelical Theological Society* 46:1 (Mar 2003): 53–62.

Farley, Michael A. "What is 'Biblical' Worship? Biblical Hermeneutics and Evangelical Theologies of Worship." *Journal of the Evangelical Theological Society* 51:3 (Sep 2008): 591–613.

Fee, Gordon D., and Douglas K. Stuart. *Lectura Eficaz de la Biblia.* Translated by Omar Díaz de Arce. Miami: Editorial Vida, 2007.

Feldman, Louis H. "Josephus' View of the Amalekites." *Bulletin for Biblical Research* 12:2 (2002): 161–86.

Firmin, Michael W. "A Christian Perspective on Health." *Journal of Ministry and Theology* 12:2 (Fall 2008): 116–31.

Fish, John H. "God the Son." *Emmaus Journal* 12:1 (Summer 2003): 3–127.

Fletcher, Elizabeth. "Miriam" [on-line]. Accessed 30 July, 2014. Available from http://www.womeninthebible.net/1.7.Miriam.htm. Internet.

Fuhrman, Justin M. "Deuteronomy 6–8 and the History of Interpretation: An Exposition on the First Two Commandments." *Journal of the Evangelical Theological Society* 53:1 (Mar 2010): 37–62.

Gentry, Peter John. "Kingdom Through Covenant: Humanity as the Divine Image." *Southern Baptist Journal of Theology* 12:1 (Spring 2008): 16–39.

Gentry, Peter J., and Stephen J. Wellum. *Kingdom Through Covenant: A Biblical-Theological Understanding of the Covenants.* Wheaton, IL: Crossway, 2012.

Goldsworthy, Graeme. *According to Plan: The Unfolding Revelation of God in the Bible.* Downers Grove, IL: InterVarsity Press, 1991.

"The Kingdom of God as Hermeneutic Grid." *Southern Baptist Journal of Theology* 12:1 (Spring 2008): 4–14.

Gonzales, Robert. R. Jr., "Faults Of Our Fathers: The Spread Of Sin In The Patriarchal Narratives and its Implications." *Westminster Theological Journal* 74:2 (Fall 2012): 367–86.

"Where Sin Abounds: The Spread of Sin and the Curse in Primeval History." *Reformed Baptist Theological Review* 5:1 (Jan 2008): 5–41.

Gower, Ralph. *Nuevo Manual de Usos y Costumbres de los Tiempos Bíblicos*. Translated by Santiago Escuain. Grand Rapids: Editorial Portavoz, 1990.

Grant, Reg, "Literary Structure in the Book of Ruth." *Bibliotheca Sacra* 148:592 (Oct 1991): 424–41.

Greidanus, Sidney. "Preaching Christ from the Cain and Abel Narrative." *Bibliotheca Sacra* 161:644 (Oct 2004): 387–97.

"Preaching Christ from the Creation Narrative." *Bibliotheca Sacra* 161:642 (Apr 2004): 131–41.

Grisanti, Michael A. "Was Israel Unable to Respond to God? A Study of Deuteronomy 29:2–4." *Bibliotheca Sacra* 163:650 (Apr 2006): 176–96.

Hafemann, Scott J., and Paul R. House. *Central Themes in Biblical Theology: Mapping Unity in Diversity*. Grand Rapids: Baker Academic, 2007.

Hamilton, James M. Jr., *God's Glory in Salvation Through Judgment A Biblical Theology*. Wheaton, IL: Crossway. 2010.

"Old Covenant Believers and the Indwelling Spirit: A Survey of the Spectrum of Opinion." *Trinity Journal 24:1* (Spring 2003): 37–54.

"The Seed of the Woman and the Blessing of Abraham." *Tyndale Bulletin* 58:2 (2007): 253–73.

"The Skull Crushing Seed of the Woman: Inner-Biblical Interpretation of Genesis 3:15." *Southern Baptist Journal of Theology* 10:2 (Summer 2006): 30–43.

What Is Biblical Theology?: A Guide to the Bible's Story, Symbolism, and Patterns. Wheaton, IL: Crossway, 2014.

Hamilton, Victor P. *Handbook on the Pentateuch: Genesis, Exodus, Leviticus, Numbers, Deuteronomy*. Grand Rapids: Baker Book House, 1982.

Harbin, Michael A. "Jubilee and Social Justice," *Journal of the Evangelical Theological Society* 54:4 (Dec 2011): 685–99.

Hays, J. Daniel. "An Evangelical Approach to Old Testament Narrative Criticism." *Bibliotheca Sacra* 166:661 (Jan 2009): 3–18.

"Applying the Old Testament Law Today." *Bibliotheca Sacra* 158:629 (Jan 2001): 21–35.

Hess, Richard S. "Leviticus 10:1: Strange Fire and an Odd Name." *Bulletin for Biblical Research* (2002): 187–92.

Hodgkin, A. M. *Christ in All the Scriptures*. Basingstoke: Pickering & Inglis, 1985.

Hoehner, Harold W. "The Duration of the Egyptian Bondage." *Bibliotheca Sacra* 126:504 (Oct 1969): 306–16.

Hoffmeier, James. "'The Heavens Declare the Glory of God:' The Limits of General Revelation." *Trinity Journal* 21:1 (Spring 2000): 17–24.

House, Paul R. *Old Testament Theology*. Downers Grove, IL: InterVarsity Press, 1998.

Howard, Kevin, and Marvin J. Rosenthal. *The Feasts of the Lord*. Orlando: Zion's Hope, 1997.

Howell, Don N. *Servants of the Servant: A Biblical Theology of Leadership*. Eugene, OR: Wipf & Stock Publishers, 2003.

Huckaby, Chuck "Spiritual Warfare in the Book of Numbers." *Reformation and Revival* 4:1 (Winter 1995): 43–56.

Hui, Timothy K. "The Purpose of Israel's Annual Feasts." *Bibliotheca Sacra* 147:586 (Apr 1990): 143–54.

Hullinger, Jerry M. "The Divine Presence, Uncleanness, and Ezekiel's Millennial Sacrifices." *Bibliotheca Sacra* 163:652 (Oct 2006): 405–22.

Ingalls, Alan D. "Women and the Work of God in the Pentateuch." *Journal of Ministry and Theology* 12:1 (Spring 2008): 46–65.

Janosik, Daniel. "The Fate of Culture in J. D. Unwin's 'Sex and Culture.'" *Christian Apologetics Journal* 10:1 (Spring 2012): 33–43.

Jeon, Jeong Koo. "Calvin and the Two Kingdoms: Calvin's Political Philosophy in Light of Contemporary Discussion." *Westminster Theological Journal* 72:2 (Fall 2010): 299–320.

Johnston, Gordon H. "Genesis 1 and Ancient Egyptian Creation Myths." *Bibliotheca Sacra* 165:658 (Apr 2008): 178–93.

Johnson, S. Lewis Jr., "Yom Kippur and Jesus Christ, An Exposition of Leviticus 16:1–34," *Emmaus Journal* 20:1 (Summer 2011): 41–62.

"Once in Custody, Now in Christ: An Exposition of Galatians 3:23–29." *Emmaus Journal* 13:2 (Winter 2004): 211–19.

Joslin, Barry C. "Christ Bore the Sins of Many: Substitution and the Atonement in Hebrews." *Southern Baptist Journal of Theology* 11:2 (Summer 2007): 74–96.

Kaiser, Walter C. Jr. *Preaching and Teaching from the Old Testament: A Guide for the Church.* Grand Rapids: Baker, 2003.

"Is it the Case that Christ is the Same Object of Faith in the Old Testament." *Journal of the Evangelical Theological Society* 55:2 (Jun 2012): 291–8.

Kidner, Derek. *Genesis,* Tyndale Old Testament Commentaries, Donald Wiseman, ed., Downers Grove, IL: Intervarsity Press, 1967.

Kline, J. Berbman. "The Feast of Cover-over." *Basics of Biblical Hebrew*, 2nd ed. (Grand Rapids: Zondervan, 2001), 173–4.

Kline, Meredith G. "Investiture with the Image of God." *Westminster Theological Journal* 40:1 (Fall 1977): 39–62.

Kui, Timothy K. "The Purpose of Israel's Annual Feasts." *Bibliotheca Sacra* 147:586 (Apr 1990): 143–154.

Ladd, George Eldon. *The Gospel of the Kingdom: Scriptural Studies in the Kingdom of God.* Grand Rapids: Eerdmans, 1990.

Laney, J. Carl. "God's Self-Revelation in Exodus," *Bibliotheca Sacra* 158:629 (Jan 2001): 36–51.

"The Role of the Prophets in God's Case against Israel." *Bibliotheca Sacra* 138:552 (Oct 1981): 313–24.

Lee, Chee-Chiew. "In Genesis 35:11 and the Abrahamic Promise of Blessings for the Nations." *Journal of the Evangelical Theological Society* 52:3 (Sep 2009): 467–82.

Leithart, Peter J. "Where was Ancient Zion?" *Tyndale Bulletin* 53:2 (2002): 161–75.

Lioy, Daniel T. "The Garden of Eden as a Primordial Temple or Sacred Space for Humankind." *Conspectus* 10:1 (Sept 2010): 25–44.

Livingston, G. Herbert. "The Archive of Nuzi." *Bible and Spade* 7:1 (Winter 1994): 27–31.

Lopez, Rene. "Israelite Covenants Understood in the Light of Ancient Near East Covenants (Part 2 of 2)." *Chafer Theological Seminary Journal* 10:1 (Spring 2004): 72–106.

"Israelite Covenants Understood in the Light of Ancient Near East Covenants." *Conservative Theological Journal* 8:25 (Dec 2004): 192–211.

Longman III, Tremper. "The Divine Warrior: The New Testament Use of an Old Testament Motif." *Westminster Theological Journal* 44:2 (Fall 1982): 290–307.

Luther, Martin. *An den christlichen Adel deutscher Nation* 1520.

MacArthur, John. *The MacArthur Study Bible English Standard Version*. Wheaton, IL: Crossway, 2010.

MacLeod, David. "Biblical Theology: An Evangelical Approach." *Chafer Theological Seminary Journal*, 12:2 (Fall 2006): 26–43.

Martin, Oren R. *Bound for the Promised Land: The Land Promise in God's Redemptive Plan*. New Studies in Biblical Theology series 34. Downers Grove, IL: InterVarsity Press, 2015.

Mathewson, Steven D. "Guidelines for Understanding and Proclaiming Old Testament Narratives." *Bibliotheca Sacra* 154:616 (Oct 1997): 410–35.

The Art of Preaching Old Testament Narrative. Grand Rapids: Baker, 2002.

McCabe, Robert V. "The Old Testament Foundation for Separation." *Detroit Baptist Seminary Journal* 7:1 (Fall 2002): 3–22.

McClain, Alva J. *The Greatness of the Kingdom: An Inductive Study of the Kingdom of God*. Winona Lake, IN: BMH Books, 1959.

McCune, Rolland. "An Inside Look at Ecclesiastical Separation" [on-line]. Accessed 7 July 2014. Available from https://www.dbts.edu/pdf/shortarticles/insidelook.pdf, Internet.

McKeever, Stacia. "So, What are the '7 C's' Anyway?" [On-line]. Accessed 10 August 2014. Available from https://answersingenesis.org/museum/docs/7cs.asp. Internet.

McLean, John A. "The Prophets as Covenant Enforcers: Illustrated in Zephaniah." *Michigan Theological Journal* 5:1 (Spring 1994): 5–25.

McRae, William J. "The Finger of God." *Emmaus Journal* 4:2 (Winter 1995): 155–67.

Merrill, Eugene H. *Deuteronomy*. Nashville: Broadman, 1994.

"Internal Evidence for the Inerrancy of the Pentateuch." *Conservative Theological Journal* 2:5 (Jun 1998): 102–22.

"Name Terms of the Old Testament Prophet of God." *Journal of the Evangelical Theological Society* 14:4 (Fall 1971): 239–48.

"Royal Priesthood: An Old Testament Messianic Motif." *Bibliotheca Sacra* 150:597 (Jan 1993): 50–61.

[Miller, Glenn M.] "On the Mosaic Authorship of the Pentateuch." 9 November 1997 [on-line]. Accessed 30 June 2014. Available from http://www.christianthinktank.com/ pmoses1.html. Internet.

Moo, Douglas J. "The Fulfillment of the Law of Moses: A Modified Lutheran View." In *The Law, the Gospel, and the Modern Christian: Five Views*. Edited by Willem VanGemeren. Grand Rapids: Zondervan, 1993.

Moon, Joshua N. "Preaching Deuteronomy as Christian Scripture." *Southeastern Theological Review* 2:1 (Summer 2011): 39–51.

Nadler, Sam. *Messiah in the Feasts of Israel*. Charlotte: Word of Messiah Ministries, 2007.

Oberholtzer, Thomas. "The Warning Passages in Hebrews Part 2: The Kingdom Rest in Hebrews 3:1–4:13." *Bibliotheca Sacra* 145:578 (Apr 1988): 185–96.

Ohm, Andrew T. "Manasseh and the Punishment Narrative." *Tyndale Bulletin* 61:2 (2010): 237–54.

Pagolu, Augustine. "Patriarchal Religion as Portrayed in Genesis 12–50." *Tyndale Bulletin* 47:2 (1996): 375–8.

Patterson, Richard D. "Joseph in Pharaoh's Court." *Bibliotheca Sacra* 164:654 (Apr 2007):151–64.

Peckham, John C. "The Canon and Biblical Authority: A Critical Comparison of Two Models of Canonicity." *Trinity Journal* 28:2 (Fall 2007): 229–49.

Plummer, Robert L. "Righteousness and Peace Kiss: The Reconciliation of Authorial Intent and Biblical Typology." *Southern Baptist Journal of Theology* 14:2 (Summer 2010): 54–60.

Prince, Michael J., and Richard M. Felder. "Inductive Teaching and Learning Methods: Definitions, Comparisons and Research Bases" [on-line]. Accessed 17 June 2014. Available from http://www4.ncsu.edu/unity/lockers/ users/f/felder/public/Papers/ InductiveTeaching.pdf. Internet.

Queen-Southland, Kandy. "Cultic Calendars in the Old Testament." *Faith and Mission* 8:2 (Spring 1991): 76–85.

Ronning, John. "The Naming of Isaac: The Role of the Wife/Sister Episodes in the Redaction of Genesis." *Westminster Theological Journal* 53:1: (Spring 1991): 1–27.

Rooker, Mark F. "The Best-Known Verse in Leviticus." *Faith and Mission* 21:2 (Spring 2004): 3–14.

"The Genesis Flood" *Southern Baptist Journal of Theology* 5:3 (Fall 2001): 58–71.

Ross, Allen P. *Holiness to the LORD: A Guide to the Exposition of the Book of Leviticus*. Grand Rapids: Baker, 2002

Ryrie, Charles C. "The Cleansing of the Leper." *Bibliotheca Sacra* 113:451 (Jul 1956): 262–7.

Sailhamer, John. "The Mosaic Law and the Theology of the Pentateuch." *Westminster Theological Journal* 53:2 (Fall 1991): 241–61.

The Pentateuch as Narrative: A Biblical-Theological Commentary. Grand Rapids: Zondervan, 1992.

Sagebeer, Joseph Evans. "The Appeal to Reason." *Bibliotheca Sacra* 57:228 (Oct 1900): 709–22.

Savelle, Charles H. "Canonical and Extracanonical Portraits of Balaam." *Bibliotheca Sacra* 166:664 (Oct 2009): 387–404.

Schreiner, Thomas R. *The King in His Beauty: A Biblical Theology of the Old and New Testaments.* Grand Rapids: Baker, 2013.

Smith, Bryan. "The Central Role of Judah in Genesis 37–50." *Bibliotheca Sacra* 162:646 (Apr 2005): 158–74.

Smith, Michael J. "The Role of the Pedagogue in Galatians." *Bibliotheca Sacra* 163:650 (Apr 2006): 197–214.

Stevens, David E. "Does Deuteronomy 32:8 Refer to 'Sons of God' or 'Sons of Israel'?" *Bibliotheca Sacra* 154:614 (Apr 1997): 131–47.

Strickland, Wayne G. "The Inauguration of the Law of Christ with the Gospel of Christ: A Dispensational View." Pages 229–79 in *Five Views on Law and Gospel.* Edited by Stanley N. Gundry. Grand Rapids: Zondervan, 1996.

Sprinkle, Joe M. "The Rationale of the Laws of Clean and Unclean in the Old Testament." *Journal of the Evangelical Theological Society* 43:4 (Dec 2000): 637–57.

The New Inductive Study Bible. Eugene, OR: Harvest, 2013.

Thomas, Robert. "The New Testament Use of the Old Testament." *Masters Seminary Journal* 13:1 (Spring 2002): 79–98.

Trimm, Charlie. "Did YHWH Condemn the Nations when he Elected Israel? YHWH's Disposition toward Non-Israelites in the Torah." *Journal of the Evangelical Theological Society* 55:3 (Sep 2012): 521–36.

Ulrich, Dean R. "The Framing Function of the Narratives about Zelophehad's Daughters." *Journal of the Evangelical Theological Society* 41:4 (Dec 1998): 529–38.

VanDrunen, David. "Israel's Recapitulation of Adam's Probation Under the Law of Moses." *Westminster Theological Journal* 73:2 (Fall 2011): 303–24.

VanGemeren, Willem. *A Guide to Old Testament Theology and Exegesis: An Introductory Articles from the New International Dictionary of Old Testament Theology and Exegesis.* Grand Rapids: Zondervan, 1999.

"Israel as the Hermeneutical Crux in the Interpretation of Prophecy." *Westminster Theological Journal* 45:1 (Spring 1983): 132–44.

"The Sons of God in Genesis 6:1–4: (An Example of Evangelical Demythologization?)" *Westminster Theological Journal* 43:2 (Spring 1981): 320–48.

Vanhoozer, Kevin J., Craig G. Bartholomew, and Daniel J. Treier. *Theological Interpretation of the Old Testament: A Book-by-Book Survey.* Grand Rapids: Baker, 2008.

Vos, Geerhardus. *Biblical Theology: Old and New Testaments.* Grand Rapids: Eerdmans, 1948.

Waltke, Bruce K., and Charles Yu. *An Old Testament Theology: An Exegetical, Canonical, and Thematic Approach.* Grand Rapids: Zondervan, 2007.

Ware, Bruce. "Male and Female Complementarity and the Image of God." *Journal for Biblical Manhood and Womanhood* 7:1 (Spring 2002): 14–23.

Wenham, J. W. "Large Numbers in the Old Testament." *Tyndale Bulletin* 18:1 (1967): 19–53.

West, Stuart. "The Nuzi Tablets Reflections on the Patriarchal Narratives." *Bible and Spade* 10:4 (Autumn 1981): 65–73.

Wheaton, Byron. "Focus and Structure in the Abraham Narratives." *Trinity Journal* 27:1 (Spring 2006): 143–62.

Wiener, Harold M. "Essays in Pentateuchal Criticism." *Bibliotheca Sacra* 66:263 (Jul 1909): 411–30.

Wilder, William N. "Illumination and Investiture: The Royal Significance of the Tree of Wisdom." *Westminster Theological Journal* 68:1 (Spring 2006): 51–69.

Wolf, Herbert. *An Introduction to the Old Testament Pentateuch*. Chicago: Moody Press, 1991.

Wood, Bryant G. "Hittites and Hethites: A Proposed Solution To An Etymological Conundrum." *Journal of the Evangelical Theological Society* 54:2 (Jun 2011): 239–50.

"The Royal Precinct at Ramses," *Bible and Spade* 17:2 (Spring 2004): 45–51.

Xun, Chen. *Theological Exegesis in the Canonical Context : Brevard S. Childs' Methodology of Biblical Theology*. New York: Peter Lang, 2009.

www.ingramcontent.com/pod-product-compliance
Lightning Source LLC
Chambersburg PA
CBHW062039090426

42740CB00016B/2958